U0021173

好想法 相信知識的力量
the power of knowledge

寶鼎出版

好想法　相信知識的力量
the power of knowledge

寶鼎出版

我的
財富自由
手冊

才女到財女的
人生必修課

亭主 著

The book to Financial Independence

目錄

跳出誤區，開啟你的財富之路

誤區一｜只要多掙錢就會致富

誤區二｜工作做得好不如嫁得好

誤區三｜錢一直在貶值，存錢沒什麼用

誤區四｜理財是富人的專利，沒錢的人不需要理財

誤區五｜理財是男人的事，女人不喜歡也不擅長

誤區六｜我不在乎錢，知足常樂挺好的

誤區七｜理財等於節約，勤儉是最大的美德

誤區八｜理財就是投資賺錢

誤區九｜努力工作就能致富

誤區十｜盲目厭惡風險或追求超高收益

把金錢放在你的價值所在之處

比起脫單，你更需要脫貧

最值錢的，是你自己

女人，請建立富人思維

將時間、精力、金錢澆灌在提升自我價值上

各界好評

「每本書的背後都蘊藏著作者的某種精神，亭主在學習時間管理的同時，用五年時間從理財『小白』成為理財高手，也成為更好的自己，努力實現著時間自由、財務自由、心靈自由，這是我透過這本書看到的一種精神。」

——鄒小強／時間管理類暢銷書
《小強升職記》作者

「亭主的新書與她的公眾號文章一樣乾貨滿滿，實操性極強，尤其適合理財『小白』。內容三觀正、體系化、邏輯嚴謹，介紹了豐富多樣的投資工具，值得在投資過程中隨時翻閱。相信大家讀後都會有很大收獲。投資什麼，都不如投資自己，讓我們就從這本書開啟理財投資之旅吧！」

——艾瑪·沈／《理財就是理生活》、
《高財商孩子養成記》作者

「對於想學理財的人來說，不是苦苦找不到入門的方法，就是入門後遇到各種困難與阻礙。而亭主這本書恰好用通俗易懂的語言，教會我們如何用正確的方式進入財富增值的通道。尤其書中用較大的篇幅告訴了我們多個思維誤區、投資陷阱，這是難能可貴的。因為賺錢的經驗千篇一律，而失敗的總結萬裡挑一。減少一些不必要的投資失誤，不僅可以變相提升收益，還能使你的資金更安全。所以希望你能好好讀這本書，一定會有所收獲。」

——正太叔／國家理財規劃師、金融專欄作家

「財富管理向來是一個嚴肅而專業的話題，財富管理的魅力來自於為不同人群在不同的人生階段做出豐富多采的設計和規劃。亭主這本書深入淺出地為廣大女性朋友提供了專業又實用的理財建議，我也會把它推薦給身邊的朋友。」

——高思宇／凡普金科集團創新事業部總經理

「亭主用簡潔清晰的文字，帶領讀者們從知識上、實操方法上，了解從才女變成財女的個人財富之路，相信會帶給女性朋友們積極向上的力量。」

——克莉醬／前簡書網財經主編

投資理財是一種為人生負責任的態度，現在就開始吧！

　　其實我從來沒想過自己有天能夠走向財富自由或創造出什麼被動收入。我是設計學系畢業的，說到會計、經濟、企管或行銷，都覺得離自己非常遙遠。我熱愛設計，也做了近八年的視覺設計師，原以為自己會一直這樣做下去，但卻發現不彈性的工時與辦公地點，讓我的生活愈來愈沒朝氣，工作也愈發沒動力。

　　我發現自己非常嚮往地點自由，能一邊工作一邊旅行的生活，但想要達成這樣的 lifestyle，首當其衝要面對的就是「錢」這個議題，沒錢怎麼旅行呢？哪個老闆願意讓我這樣跑來跑去，還給我薪水跟獎金？在遠距工作還不是那麼流行的年代，我開始意識到如果我只做設計師，那會是一個吃力不討好且無法規模化的工作型態。我們的體力都有限，每一天或每個月能做的設計案一定會有上限，更不用說是被動收入了，這完全是一種有做才有錢且凡事都得親力親為的職業。意識到這一點，我才從夢中醒過來，就算是設計師，就算是藝術家，

我們都要學會理財，無論男女、無論學識、無論生長背景，理財為的不一定是過上豪氣富貴的生活，理財的目的，是為了讓你過上你理想的生活，就這樣而已。

　　本書作者用非常生動且幽默的口吻來打破我們對於投資理財可能會有的迷思，包含「錢都不夠用了，哪能理財？」、「賺得多不如嫁得好」、「我知足常樂無欲無求，根本不需要理財吧」，這些主題都讓我非常有感，因為我身邊真真實實地存在著有這樣價值觀的朋友們。

　　然而，人是階段性的動物，你的工作會變、環境會變，就連你的夢想也一直在改變，理財除了能讓你預備緊急突發事件，也讓你更有餘韻地去設計和探索更不一樣的人生。人類是成長取向的動物，我們自然會想要有更大的房子、更高的成就、更精采的生活體驗，這些事情都要錢，都考驗著你的財商。因此，本書除了破除財務迷思之外，也帶你用最簡單的記帳與帳戶分離法去建立理財知識。我認為這本書除了自己讀之外，也非常適合唸給小孩聽或送給身邊的女性朋友，投資理財是一種為人生負責任的態度，而最好的開始時機，就是 right now！

Zoey／佐編茶水間創辦人

創造自我價值及財富，
投資自己最划算

「財富自由」在近年成為大眾熱門的討論話題，人人都夢想著可以早日享受輕鬆自由的人生，漸漸地，財富自由的定義被人們逐步放大，大家幻想著透過中獎樂透等一夜致富的方式來達成，但與其成為樂透得主這樣的天選之人，靠自己理財才是人人都可以累積財富的方式。

陪在先生身邊從事律師事務所工作的這些年，遇過許多將自己完全託付給老公的女性委託人，她們除了將自己的青春交給老公，更把人生的財富寄望在老公上，最終在婚姻破滅時，卻落得連律師費都需要四處籌措才能替自己捍衛權益的窘況，因此我經常在粉專上鼓勵我的讀者，無論是單身貴族、家庭主婦還是職業婦女，都可以經營自己的斜槓事業，不是要大家為日後的分離打預防針，而是希望可以鼓勵女性替自己創造自我價值及財富，我們女生只有多愛自己一點，才配得到更多愛！

能夠讀到此書的讀者十分幸運，因為我必須在這裡自首，關於理財的觀

念，我也是在中年才慢慢建立的，年輕時的我根本沒有這樣的意識，所以我的起步比起很多人都要晚了許多，無形中我也讓自己流失了許多財富。我知道很多女性對於理財並不是太了解，有的人光是看到數字就頭痛，更別說是利息、複利的計算，抑或是大家覺得投資必須承擔風險，所以經常選擇自認最安全的方法：儲蓄，只把賺的錢存下，而不懂得利用主動收入來獲利，當然，每個人對於錢的需求及定義不同，期望的財富程度也不同，因此這些方式並沒有絕對的對錯，只有滿不滿意！

「富人愈富，窮人愈窮」，許多年輕人抱著如死水般漲幅不大的薪資，對著遙不可及的房價望之興嘆，經常以買不起作為及時行樂性消費的理由，卻忘了「你不理財，財不理你」，財富並非一蹴而就，從一到十，再從十到百，是需要經年累月的積累，但當你總是「月光」，從未開始理財，連一都沒有的時候談何財富自由呢？

若你對於現在的財務狀況不滿意，或總是在不知不覺中把錢花光，那麼此書絕對是你的一盞明燈，它將透過完整的體系、實作練習，手把手帶你破除理財誤區，一步步建立理財觀念，累積財富！

林靜如／律師娘

翻轉理財思維，擁抱財富自由！

「你想要什麼樣的人生？」

提早退休、環遊世界？工作倦怠，可以隨時炒老闆魷魚？最好存個3000萬，下半輩子不必愁？……

當出版社找我推薦這本《我的財富自由手冊》時，第一時間我便欣然接受，因為這本書所提倡的觀念，不僅和我長期投入在「小資理財」、「兒童理財」、「退休理財」課程領域所倡導的做法有異曲同工之妙，更因為我自己就是靠著自學，從理財小白晉升為理財講師，從「才女」邁向「財女」的過來人。

每一次演講場合或是我的粉絲專頁，總會有人來問我以下問題：存不了錢，怎麼辦；雙薪家庭收入不多，可以養得起小孩嗎；勞保退休金快要破產了，我退休後怎麼辦；剛畢業起薪好低，30歲前存到第一桶金根本是奢望……

「變有錢」幾乎是每個人的財務目標，但對於薪資長期漲不動、物價上漲卻回不去的現今社會，「努力把錢存下來」似乎已經是理財一族最悲催的入門檻，因為「總要先存到錢」，才有機會

透過投資理財，把錢變大、變多吧？

身為理財規劃顧問的我，在輔導很多小資族或是夫妻族群時，經常會遇到這類的困境。欣見這本書除了導正讀者理財觀念的十大誤區之外，也從財務規劃的觀點，教大家檢視自我財務的健康程度、幫財務狀況把脈診斷，最後也透過一步步詳實的規劃建議，用SMART 原則引導大家設立未來的理財目標，透過把預計完成時間、理財目標金額數據化後，讓讀者更清楚該如何一步步實踐夢想，真的是一本「財富自由使用手冊」。

口袋窮，沒關係，只要腦子不窮，就只會窮一陣子，總能脫貧；但腦袋窮，很可能就會窮一輩子，無法翻身。

最後，邀你一起加入使用財富自由手冊的一員，早日換顆富腦袋吧！

祝大家藉由翻轉理財思維，早日掙脫金錢的束縛，擁抱財富自由！

郭莉芳／理財專家

01

大寶六歲了，最近一直纏著我問「養雞」的事情。因為吃飯的時候，我和孩子爸爸探討最近證券市場轉暖，帳戶飄紅，家庭資產有了不少增值，兩個人都很高興，盤算著停利部分基金，一家人去旅行。

大寶嘟囔著，為什麼我的錢沒有變多呢？過年的時候，我和他商量如何打理自己的壓歲錢，他有自己的小主意，堅持要把錢放進儲蓄罐。我也不強求，只跟他說那媽媽去「養雞」，到時候給你看金蛋。

如今看我們討論熱烈，他有些懊惱，後悔自己沒有跟我一起「養雞」。

我問他，寶寶，人類的眼睛長在前面還是後面？他答，前面啊，媽媽你的問題真幼稚。我笑，並不簡單哦，眼睛既然長在前面，就是讓我們往未來看，因為最好的開始，就是 right now！

02

最近編輯和我說：亭主，你的書要在臺灣出版了。

真的超級開心，美麗的寶島臺灣，是我很喜歡的地方，能夠透過文字和那裡產生新的連結，於我，又是一種全新的體驗。

在寫這版序言的時候，書的內容在腦海中重現，那些寫書的日子彷彿就在昨天。

「工作副業顧小孩，我一定沒時間寫書。」

「寫文章和寫書完全不同，我肯定搞不定。」

「截稿日期太趕，我一定完成不了。」

那時候，有 100 種理由勸退自己，但只有一個理由，最終讓我完成了這個看似不可能的任務。

那就是，不試試怎麼知道不行呢？有猶豫懷疑的時間，不如就從當下開始。

放下那些所謂的問題，一切都順理成章起來。

03

我一直篤信吸引力法則。

你想過什麼樣的人生，就把自己全部的思想、精力、時間集中在這個領域，這時候相關的人、事、物就在你不知不覺間被吸引而來。

這背後奇妙的能量，會幫助你、指引你過上自己無與倫比的獨特人生。

幾年前，我過著一眼就能望到頭的尋常生活，職業天花板明顯，賺得不多花得不少，房貸孩子追著跑，每天都在焦慮。

這樣的人生境況，還有改變的可能嗎？

我開始試著在網路上寫作，以輸出驅動輸入，又大量閱讀學習，積累提升自己，有了薪資之外的可觀收入。當現金流充沛起來，投資理財又為我打開了嶄新的大門。原來，金錢可以自動為人們工作，財務自由並不是紙上談兵。

近幾年的變化，讓我感觸最深的有以下三點：

第一，不要想太多，先從一點一滴開始行動。

第二，在行動中試錯，逐漸找到自己的方向。

第三，風口永遠是給有行動力的人準備的。

04

可能有人會說：亭主，我沒有錢，怎麼理財？

本金真的很重要，多數人的第一桶金都是從工作而來。剛畢業的前幾年，一定要把握黃金期，幾年時間就可以和同齡人拉開巨大差距。

在書中，我將理財融入日常生活，從記錄帳目、制定預算、存錢大戰到投資理財，有著「理財小白」從零開始的實操經驗，讓大家閱讀起來一目了然，方便上手。

寫作和理財是我的終生課題，甘之如飴。而我也在實踐一個原則：做自己喜歡的事情，同時讓大家有收穫。

感謝我的編輯黃益聰，給了我很多鼓勵和建議，耐心且專業！

感謝每一位閱讀過我的文章、讀過我的書的朋友，與你們之間的連結，給我太多支持和能量。

你的改變我來見證，就從現在開始！

引言

有一天，我獨自坐在一家街角的咖啡廳等人，旁邊座位上是兩位年長的女士，一看就關係親密，大概是多年閨密。兩個人閒聊著，因為上了年紀，聲音多少有點大，讓我不免聽到了她們的談話。

「唉，兒子快 30 歲了還沒有對象，我真是急得半夜睡不著覺。」

「你呀，就是想不開，兒孫自有兒孫福。」

「話是這麼說，但咱們小城市，姑娘除了看小夥子的工作，還不就看個家庭嘛，說到底，都是我們把兒子耽誤了。」

「你不是剛買了新房子嗎？也算有房一族了，丈母娘還不滿意啊？」

「唉，別提了，你也知道，我們這些年沒存下什麼錢，眼瞅著姑娘都挑男孩有沒有房，才急著買房子，頭期款都不夠，還跟你借了不少。唉，現在每個月都過得緊巴巴。都怪我不聽你的，年輕時候光想瀟灑了。」

「真不急。不過那時候，大家可都羨慕你啊，衣食住行樣樣你都是最好

的。」

「唉，你那時候什麼都不捨得買，我還笑你傻。」

「那時候日子過得是真苦，所以現在才覺得輕鬆吧。」

我在旁邊聽著，腦海中不禁湧現出鮮活的畫面。

兩個女人，都曾經青春蓬勃，同樣的人生起點，同樣經歷工作、結婚、養育孩子、經營家庭，不同的人生態度，讓她們在不同的人生階段有了不一樣的經歷和體驗，最終，在歲月魔法師的妙手之下，成就不同的人生軌跡。

我不禁有些出神。

時光匆匆，人生不過短短幾十年，該如何度過，是永恆的話題。

如果給那位訴苦的女士一個機會，回到年輕的時候重來一次，她是否會有不同的人生選擇？

有人說，人年輕的時候就該自由、放縱、揮霍，那是屬於年輕人獨有的權利；也有人說，關於金錢、關於理財這件事，愈早知道愈好，愈早實踐愈好；還有人說，談錢太俗氣，我們想要的是星辰大海，是詩和遠方。

我不敢說我已經了解了人生的奧義，但我想，財富對於人生的重要性不容迴避。畢竟，生活中大部分的事情都跟財富有關。大到人生選擇，小到柴米油鹽，人不缺錢的時候想不起錢的好，但當你體會到缺錢的滋味時，那種束縛會讓你無暇顧及「靈魂的香氣」。

投資大師查理·芒格（Charles Munger）曾說：「走到人生某一階段時，我決心要成為一個富有之人，這並不是因為愛錢的緣故，而是為了追求那種獨立自主的感覺。我喜歡能夠自由地說出自己的想

法，而不是被他人的意見左右。」財富，在很大程度上，能夠帶來自由。從另一個角度來說，財富還意味著安全感。有句話說得實在：「最好的安全感是飯在鍋裡，錢在口袋裡。人會反目，但錢不會。」因此在現代社會，財務獨立才是女人最大的安全感來源。

　　女人終其一生，最應該考慮的，並不是要嫁給某個人，而是無論結婚與否，都要追求自己人格的獨立。只有財務獨立的女人和有理財能力的女人，才有資格拒絕把自己的命運完全寄托在別人身上。

　　那麼我們該如何梳理自己的財務狀況，避免錯誤的理財觀念，合理進行資產配置，在保障財務安全的基礎上，讓錢穩健升值，跑贏通貨膨脹，幫助我們從容優雅地面對生活和歲月呢？這是本書要解決的問題。

　　我將自己五年的知識積累和實際操作經驗，以及從「小白」到高手的心路歷程，濃縮成這本小書，送給你讀。作為一個從零基礎開始學習理財的人，我了解在學習理財的過程中，可能會遇到的困難和障礙。同時，作為一個女人，我深刻地體會到了學習理財給我的生活帶來了哪些變化。因此，在寫作中，我提倡將重視理財作為一種重要的生活理念，願良好的財務習慣讓你成為更好的自己。

本書特色

　　第一，這是一本把理財融入生活的書籍。以往的理財書注重講「金錢」二字，這本書以金錢為線索，教你理財就是理生活，提醒你投資自己是最重要的一項投資，是理財的第一步。

第二，這是一本極具操作性的理財書籍。從記帳、制定預算、開展存錢大戰、制定理財目標、梳理財務狀況，到投資理財用錢生錢，這裡有從零開始的操作指南。

第三，這是一本內容豐富，可當作工具書使用的書籍。從信用卡、保險、基金定投，到國債、可轉債等投資工具，這本書都有簡潔明瞭的介紹，是你可以長期放在案頭的理財工具書。

本書內容及體系結構

第 1 章：跳出誤區，開啟你的財富之路

本章列舉了人們對金錢和理財的十種誤區，你會在其中或多或少找到自己現在或從前的影子。本章將從裡到外剖析產生誤區的原因、陷入誤區的表現，幫助讀者樹立全面、正確的理財觀。

第 2 章：把金錢放在你的價值所在之處

當我們談理財時，我們第一步要做的，是把金錢放在自己的價值所在之處，努力讓自己變得值錢。因為值錢的人一定會有錢。本章主要講述金錢的意義、人的意義及如何讓自己更值錢。

第 3 章：給自己的財務狀況把個脈

本章分別從應急備用金儲備、負債比例、家庭保障及家庭理財效果四個方面，教你如何診斷並預判自己的財務狀況，為下一階段的投資理財做準備。

第 4 章：明確你的理財方向

想要擁有良好的財務狀況，讓資產保值增值，跑贏通膨，將會是

一個系統工程。第一步就是制定投資目標、明確理財方向。本章將手把手教你制定適合自己且行之有效的理財目標。

第 5 章：積少成多的強大力量

本章從記帳、制定預算開始，帶你樹立正確的消費觀念，從零開始建設自己的小金庫，徹底告別「月光」，實現「錢生錢」。

第 6 章：建立四個帳戶確保理財安全

本章教你建立安全帳戶、時差帳戶、退休帳戶和夢想帳戶，避免可能會遇到的財務風險。

第 7 章：避免投資者常犯的十大錯誤

在投資理財領域，有十大錯誤是最常見也最難避免的，看了本章的你將獲得「避坑寶典」，在理財道路上走得更穩。

第 8 章：理財從小開始

本章會從八個方面闡述兒童財商（FQ）培養的意義和方法，非常實用，是給下一代最好的禮物。

第 9 章：遵循十二條戒律，吸引巨大財富

本章將為你闡述生活與工作中的十二條戒律，按照本章所說的做，可以把日子理順，把生活過好，財富隨之而來。

第 10 章：閱讀案例分析，獲取理財靈感

本章提供了作者在讀者諮詢時遇到的三個典型理財案例，帶你在實際操練中，實踐投資理財的理念和方法。

本書讀者對象

- 各年齡層女性，尤其是年輕女性
- 理財「小白」
- 對理財感興趣，苦於不知從何開始的人
- 財務狀況糟糕，亟需改善的人
- 其他對投資理財感興趣的人

　　因受作者程度和成書時間所限，本書難免有疏漏和不當之處，敬請指正。

Chapter 01

跳出誤區，開啟你的財富之路

有人說，中國人恥於談錢。的確，很多人認為，金錢是萬惡之源，因此，在多數人的成長過程中，缺乏適當的財商教育，更沒有實際投資理財過。人們對金錢有著諸多誤區和偏見。尤其是在一個女孩子的成長過程中，往往能聽到這些話：小女孩怎麼總想著花錢呢；需要什麼爸爸媽媽會給你買，你不需要自己管理金錢；工作做得好不如嫁得好；張口閉口都是錢的女人太現實……

有人認為理財是富人的專利，窮人根本不需要理財；有人認為理財是男人的事，女人不喜歡也不擅長；有人認為理財就是勤儉節約，不花錢最好；有人認為理財非常難，自己根本學不會；有人認為只要努力工作，就可以發家致富；還有人會在理財的過程中盲目厭惡風險或追求超高收益……這些都是理財誤區，是對金錢有著錯誤的認知，我們來一一釐清。

誤區一 ｜ 只要多掙錢就會致富

✒ 小心老鼠賽跑怪圈

經典理財書《富爸爸，窮爸爸》（*Rich Dad, Poor Dad*）中提到過一個概念，叫「老鼠賽跑」，意思是籠子裡的老鼠再拚命往前跑，也仍然是停留在原地。放到理財的領域，指的就是這種錯誤理財觀——只要多掙錢就會致富。因為隨著收入的增加，你的開銷也在不斷增加，每個月的實際現金流並未增加，這樣你無論花多少力氣賺錢，都無法真正實現財富的積累。

人們總是去追求符合自己所處階層的商品，尤其是女性，在「買買買」的道路上，我們從不缺少理由。可惜的是，過度消費已經成了很多女性的通病，甚至有很多人超前消費、負債消費。殊不知，提前使用更貴的東西，就像甜美的罌粟，只會帶來短暫的快感，而後患卻是無窮的。

更好的車子、更大的房子、更高級的旅行，以及各種各樣的消費名目……讓你掏錢的地方和理由簡直數不勝數。

但你可能忘了，金錢的首要作用是為生活提供保障。沒有儲蓄，就沒有抗風險能力，這樣「有品質的生活」，並不能長久。

每個月薪水幾千元甚至過萬元，工作了幾年，少說也應該存下 5 萬到 10 萬元現金了。結果呢？你竟然還是位「月光女神」！

你可能會說，要花錢的地方太多了，總要有幾件像樣的衣服吧，新開的網紅餐廳怎麼能不去嚐嚐呢，和朋友逛完街還要一起看個電影，這樣很容易就「月光」了，不負債已經難得。

這大概是當下很多年輕人的通病，尤其是年輕女性的通病。

但你可能沒有意識到，自己早已掉入消費主義的陷阱。

小心消費主義的陷阱

我們都嚮往「更好的生活」，但什麼是更好的生活，在這個劇烈變動的社會，似乎沒有一個共識。起碼目前，定義這個詞彙的權力被利益至上的商業圈壟斷了，它們用各種管道向我們灌輸，成功、幸福、理想、格局、終極追求，都要用擁有的物質來衡量，只要做好一件事就好，那就是──「買買買」。

簡單粗暴，豈不快哉？

於是我們在腦中形成了這樣的消費觀念——你消費了什麼，就代表你是誰。

因此，太多女性被誤導，為了配得上自己的「社會地位」，而讓消費的階梯無限制地提高。月入 5000 元，也要去買奢侈品的包，因為有包就有「尊嚴」，就是在過「精緻的生活」，就代表你值得尊重。

這就是消費主義的陷阱，你愈信奉，就愈是難以積累資產，沒有資產就去借貸，以滿足自己超前行走的消費欲望，最後積重難返，陷入生活的深淵。

普通人致富的三大要素

普通人致富的三大要素，包括努力賺錢、學會花錢和投資理財，這三項缺一不可。

很多人終其一生都不知道如何與金錢相處，不知道該如何建立合理的消費觀，以及維持長久穩定的現金流。

有些人沉迷於揮霍金錢的快感，認為這才是瀟灑，而量入為出、斤斤計較讓人變得「俗氣」。他們似乎既拜金又仇視財富，唯獨不能和金錢友好相處。

錢本身是沒有價值的，但是它作為交換媒介是有價值的，價值就在於可以換取我們想要的、需要的東西。比如衣食住行、服務建議等等。

在你需要錢的時候，你應該想辦法擁有更多的錢。漠視金錢是一種愚蠢，不要還沒有賺來「五斗米」，就已經開始高舉「不為五斗米

折腰」的旗號自我安慰了。

但等你賺來了「五斗米」，接下來要學習的是如何管理這「五斗米」，而不是一次性把它都吃光。

米糧如果只是放在米缸裡，總有一天要被吃完，有頭腦的人會留下一部分作為種子，播撒下去，來年收獲更多的糧食。這就是投資。

我們父輩那代人多生活在物質極其匱乏的年代，受限於時代和環境，他們會認為錢是省出來的，或者錢是賺出來的，其實不光工作能賺錢，錢自己也會賺錢。特別是，如果你想實現財富自由，你就更需要學會讓錢為自己工作。

誤區二 ｜ 工作做得好不如嫁得好

嫁得好，不容易也不牢靠

每個女孩肯定都聽過這句老話：「工作做得好不如嫁得好。」這句話讓人覺得，「嫁得好」可以解決人生中的一切問題，嫁個好男人，你就不愁沒錢花，你一生都不必擔心財務問題。可是真的如此嗎？

在我看來，這句話有兩個錯：第一，否認了女性個人奮鬥的價值；第二，把「嫁得好」等同於「嫁個有錢人」。

當你以「嫁得好」為人生目標時，你會發現「嫁得好」真的不容易。

第一，自己不夠優秀，很難接觸到優秀的男性。

第二，即使接觸到了精英階層的男性，自身不夠優秀，也無法贏得對方的尊重和愛。

　　如果你認同傳統觀念，覺得養女人是男人的義務，那麼你可能也要遵守其他相關的傳統觀念，比如女人要三從四德、包攬家務、伺候丈夫等等。

　　不可否認地，婚姻品質對於生活品質的確有非常大的影響，但是「嫁得好」的確不是萬能的。

　　當今離婚率逐漸提高，其中有個嚴峻的現實是，一旦夫妻離異，很多妻子的生活水準會直線下降。中國女人在婚姻中幾乎可以用「裸奔」來形容，如果不去工作、沒有收入，那麼她們的幸福要依靠的，大都是丈夫的良心。中國電視劇《我的前半生》中，羅子君十年全職太太的生活換來的是丈夫的背叛，離開婚姻的她，什麼都沒有，不得不從零開始，工作賺錢，面對生活。

　　公平地說，世上有許多好男人，嫁得好不一定就要嫁入豪門，高品質的婚姻可以提升女性的生活品質。但即使你有幸得到這樣一個男人，也不能保證未來一定幸福無憂。請記住，女性的平均壽命比男性長七年，女性更有可能要獨自面對人生中最後的一段時光。

　　當然，沒有人願意考慮這樣的事。很多有著美好願望、熱愛妻子和家庭的男人也不願面對這個不可迴避的事實。這種想法使得那些好丈夫遲遲不解決令人不快的後顧之憂問題，如投保壽險、撰寫遺囑等等。

　　由於不願接受這個令人不快的事實，所以當那一天來臨時，我們一般毫無準備。因此，一個失去丈夫的女人往往承受著精神上和經濟上的雙重打擊。其實，所有生活在貧困中的寡婦，其中足足高達八成在丈夫去世前過得並不窮。為什麼她們的生活會在丈夫去世後陷入低

谷呢？原因是計劃不周，或者根本沒有計畫。

 嫁得好看運氣，工作做得好憑自己

幾年前，在中國中央電視臺《對話》節目中，一個還未畢業的女大學生提出了這樣的問題：「現在社會上都說，學得好不如嫁得好，是這樣嗎？」當時擔任主持人的王利芬聽了，對她說：「別讓時代的悲哀，成為你人生的悲哀。」

婚姻，很多時候像是一場人生的賭局，有太多未知的因素，有太多你無法掌控的因素。那結果也就很可能千差萬別了，極大可能並非如你所願。

工作做得好則不同了，你憑的是自己，在所有未知的因素中，這是你唯一可以把控的。你無須看旁人的臉色，無須把自己命運的權杖交給他人，你只要遵從自己的內心，努力向前就好。

請記住：要先做一個成功的人，然後才有資本做一個成功的女人。

要想嫁得好，先得工作做得好

女孩大體上可以分為兩種類型。第一種追求安逸、喜歡平穩的生活，那這種女孩選擇嫁得好，幸福的概率會比較高。第二種喜歡挑戰、熱愛自由，那麼選擇工作做得好，更容易讓這種女孩幸福。

但有一點要注意，想嫁得好，你是否有這樣的資本？人人都羨慕前中國跳水運動員郭晶晶嫁給了香港大富之家的霍啟剛，可正如她所說：「你想嫁到什麼高度，先得把自己送到什麼高度。」郭晶晶很有底氣，富豪有很多，世界冠軍卻不多。

當你把實現自我價值作為人生的目標時，你就會不斷努力、不斷成長、不斷進步，當你在自己的領域內熠熠生輝時，那你的身價無形中就提高了。也許，「嫁得好」在不經意間就實現了。

而當你實現了個人價值後，即使沒有實現傳統意義上的「嫁得好」，你也為自己人生的畫布塗抹了不一樣的色彩，這是誰也無法取代、誰也無法剝奪的，屬於你自己的人生財富。

登山是為了看風景，但風景並非只在山頂能看到。登上山頂，看到的是大江大河，但爬上半山腰，也能看到雲霧繚繞、青藤欄杆。唯一可以肯定的是，自己一步一個腳印爬山的人和坐著纜車到達山頂的人，看到的風景不同，看風景後的心境更不同。

誤區三 ｜ 錢一直在貶值，存錢沒什麼用

存錢還有意義嗎

前幾天老媽買回幾個豆沙包，香甜軟糯，我邊吃邊隨口一問：「豆沙包多少錢？」

「一塊錢一個。」

「啊？去年兩個才一塊半呢。」

「可不，十年前還一塊錢四個呢。」

33 年前，假如你往銀行裡存了 400 元，當年這筆錢能蓋一間房子，買 400 斤豬肉、1018 斤麵粉、727 盒中華香菸或 50 瓶茅台酒。今天，你取出這筆錢，連本帶息 835.82 元，僅夠買 40 多斤豬肉、420 斤麵

粉或 1 瓶茅台酒。

衡量通貨膨脹程度最重要的一個指標是 CPI，也就是消費者物價指數，它監測「一籃子」商品和服務的價格，包括了老百姓日常生活中衣食住行的方方面面。

CPI 指數是多少呢？我們看看網站提供的相應數據，如圖 1-1 所示。

圖 1-1　中國消費者物價指數（CPI）

來源：東方財富網

簡單地說，這個月的 CPI 比去年同期上漲 3%，就表示我們的生活成本比去年同期上漲了 3%；也就是說，原先 100 元的東西，現在要花 103 元才能買得到了。

那我們存錢還有意義嗎？我們又應該怎樣存錢呢？

複利，是最重要的理財觀念

複利，是理財的起始，也是最為重要的一個概念。愛因斯坦（Albert

Einstein）曾說：複利是世界第八大奇蹟。知之者賺，不知者被賺。

什麼是複利呢？簡單來說，複利是一種計息方式。每一個計息期後，將所生利息計入本金，再計算下期的利息。其最大的特點是生出的利息不能花掉，滾入本金，以利生利，也就是我們常常說的「利滾利」。

說到複利免不了要講講這個故事：

古代印度有個國王迷戀下棋，宰相達依爾發明了西洋棋，國王決定獎賞他。

達依爾說：「陛下，請您在棋盤的第一小格內賞給我 1 粒麥子，在第二個小格內賞給我 2 粒麥子，第三小格 4 粒，以後每一小格都比前一小格多一倍。請您把擺滿棋盤上所有 64 格的麥粒都賞給您的僕人吧！」國王聽了，覺得達依爾的要求並不高，便答應了他。

那麼，達依爾可以得到多少麥粒呢？

答案是 1+2+4+8+16+32+64+…… ＝ 18446744073709551615 粒麥子，折合小麥的重量達到 2587 億噸以上。別說全印度的糧食，就是當時全世界的糧食也無法讓國王兌現對達依爾許下的諾言，因為這個數字相當於全世界 2000 年所生產的全部小麥。

這個故事說的就是複利的力量。我們也發現，計息的週期愈密，財富的增長愈快；計息的年期愈長，複利效應愈明顯。

舉個具體的例子，小 A 現有存款 1 萬元，年利率按 5% 計算，一年後本息合計是 10500 元。但到了第二年，小 A 有兩種選擇。

方案一：把 500 元取出來，1 萬元的本金繼續存起來。第三年，她又把利息單獨取了出來。周而復始，小 A 的 1 萬元始終還是 1 萬元。當然，她每年都獲得了 500 元的利息。

方案二：第一年過去，小 A 沒有把利息單獨拿出來，而是把利息匯入本金，把 10500 元再次存起來，那麼第三年，她的本息合計變成 11025 元，兩年下來，比方案一多了 25 元。

不要小看這 25 元，上文說了，時間是魔法師，我們把年限拉長到 30 年來看，按照方案二，小 A 的本息合計達到了約 4.32 萬元，而按照方案一，小 A 本息合計為 2.5 萬元。方案二帶來的純收益，比方案一高出了 221%。

 ## 複利的三個關鍵點

如果說投資理財是三駕馬車，那它的三匹馬便是本金、報酬率和時間，三者缺一不可。

本金

馬太效應告訴我們「窮者愈窮，富者愈富」，說的就是本金的作用。上文中小 A 手中的 1 萬元，如果變成 10 萬元、20 萬元呢？顯然，本金多了，收益也會水漲船高。

可以說，早一步踏入十萬俱樂部，就早一步進入百萬俱樂部，一旦擁有百萬資產，那千萬資產就會在不遠處。

報酬率

2% 的銀行定期存款利率，4% 的銀行理財利率，10% 的基金綜合報酬率，還有股神巴菲特（Warren Buffett）20% 的投資年利率，這之間到底相差了多少呢？

我做了一個表格，大家對比一下（如表 1-1 所示）。

表 1-1 四種理財方式下 30 年後的本息合計

年分	本金（元）	報酬率	本息合計（元）
30	10 萬	2%	181136
30	10 萬	4%	324340
30	10 萬	10%	1744940
30	10 萬	20%	23737681

同樣的 10 萬元本金，同樣的 30 年期限，最後的本息合計分別約為 18 萬元、32 萬元、174 萬元、2373 萬元，相差的可不是兩倍、十倍，而是上百倍。

巴菲特的投資報酬率普通人難以望其項背，但是跳出銀行的低息理財陷阱，透過學習實踐方法，讓資產保值增值，跑贏通貨膨脹，並沒有那麼難。

時間

達依爾的麥粒故事裡，前幾個棋盤格，只是 1 粒、2 粒、4 粒、8 粒、16 粒，很不起眼，但到了後面，這個數字膨脹到位數你都數不清。

這說明時間是複利的點睛之筆，少了時間，其他兩個要素就少了很多精采。五年、十年、20 年、30 年，不同的時間造就的結果是令

人驚嘆的。繼續拿上文中的小 A 做例子，我們看看方案二中資產的增值曲線，如圖 1-2 所示。

圖 1-2　資產的增值曲線

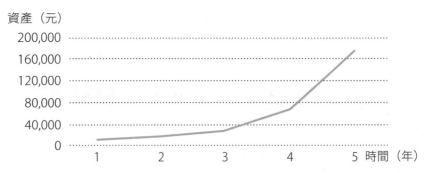

可以看到，資產增值曲線的斜度隨著時間的增加愈來愈大。也就是說，在剛開始那幾年，你可能感受不到複利的魔力，但隨著時間拉長，複利的效應會突然顯現。

時間是最偉大的魔法師，它讓美人遲暮，英雄氣短，也讓金錢呈等比級數增長，在未來給你意想不到的驚喜，這就是「錢生錢」效應。

誤區四｜理財是富人的專利，沒錢的人不需要理財

有錢沒錢，都要理財

說到理財，很多人會說：「我又沒錢，等有錢了才需要理財吧。」或者說：「富人才需要理財，窮人拿什麼理財？」其實這就是誤區所在。理財的含義不只包括用本金投資，賺取收益，更重要的是一種財

商思維。也就是說，一個人如何看待金錢、賺取金錢、打理金錢，都在理財的範疇之內。你收到一筆額外的獎金，是歡歡喜喜地拿去買了一個名牌包背上，是去報了一門想了好久的自我提升課程，還是轉手買了一個理財產品，這些選擇裡面體現著你的金錢觀。

很多人都聽過一句話，叫「你不理財，財不理你」。但太多人，尤其是資金不多的年輕人，往往忽視了理財的重要性，認為那是富人的專利。富人確實需要理財，一個沒有財商的富人，很可能因為駕馭不了財富，而把財富揮霍一空，甚至負債累累。財富的傳承就更需要智慧和策略了，否則「富不過三代」的魔咒很可能降臨。

但沒錢的人就不需要理財了嗎？顯然不是。因為只有理財才會讓你從沒錢變有錢，而這個實踐的過程，也會在你變有錢之後，幫助你掌握管理金錢的規律，不會讓你賺得多了，卻任由欲望一山更比一山高，變成「能賺錢的窮人」。

來看一個故事，感受會更強烈：

從前有個富人，遇到一個貧困潦倒的窮人，發了善心。富人對窮人說，我送給你一頭牛吧，讓它好好耕地，明年開春，我再給你送點種子，種上糧食，到了秋天，你就不用再過這種窮日子了。窮人聽了，滿心歡喜，信心滿滿，想要奮鬥出一番樣子。

窮人開始耕地，幾天過去了，土地並沒什麼明顯變化。窮人又發現，人要吃飯，牛要吃草，生活負擔似乎更重了。他開始盤算，不如把牛賣了，換幾隻羊，殺一隻填飽肚子，

其他的生小羊，再拿去賣，賺錢會快點。窮人如願換回幾隻小羊，美美地吃掉一隻後，小羊羔卻遲遲沒生下來。

日子愈發艱難，窮人忍不住又吃了一隻羊。羊愈來愈少，這下窮人著急了，這怎麼得了，不如把羊賣了，換成雞，雞下蛋會快一點，這樣就可以拿雞蛋換錢了。於是他把羊換成了雞，照例回家先殺一隻吃。窮人很快發現，日子跟之前沒什麼區別，雞也愈吃愈少。剩最後一隻雞的時候，窮人徹底絕望了，把這隻雞也給賣了，換了一壺酒，三杯下肚，萬事不愁。

到了春天，富人帶著種子，興沖沖地來到窮人家，卻發現窮人家家徒四壁，一切照舊。富人失望地走了，窮人依舊過著自己的窮日子。

理財並非富人的專利。窮人得到了一頭牛的「資產」，卻沒有抓住財富增值的機會，這就是窮人思維和財商不足導致的後果。

你可能也發現了，錢不多的人，才更需要合理安排和規劃支出，讓每一分錢都發揮最大作用，合理配置資產使利益最大化，實現財富增值。

有一位成功人士曾經透露自己的財富祕訣，那就是：沒錢時，不管再困難，也不要動用投資和積蓄，因為壓力會迫使你找到賺錢的新方法，幫你還清帳單。

沒錢的人更需要理財

如果你提出疑問：「我沒有存款，還需要理財嗎？」我會跟你說：「歡迎你，理財『小白』。」

聽我說，你需要，真的需要，迫切需要。

我們的前半生可以依賴主動收入，拿時間去換取勞動報酬，但是後半生則需要依靠被動收入，也就是資產產生的收入（比如房產出租獲得的租金、股票基金的分紅、現金存款的利息等等），沒有被動收入，你將永遠無法成為可以掌握自己命運的「財富管道建造者」。

這類朋友，我給你的建議是：馬上開始你的存錢計畫，哪怕你只是月入三四千，也要至少把收入的 10% 存起來。

存不下來怎麼辦？老辦法，支出＝收入－儲蓄，每個月薪資一到，馬上把一部分拿來儲蓄，強制性存下一筆錢。

此外，還有一類「小白」，我稱呼他們為「抱著金鵝的窮人」。

這類人的特點是：手中有錢，但是缺乏相關的理財知識和投資管道，只跟銀行定期打交道，稍微高階的會買點銀行理財、國債之類，除此以外，別無他途。

之所以稱他們為「窮人」，是因為他們不具備富人思維，不能讓資產為自己創造更多財富，只能任由資產的購買力不斷下降。對於這些人來說，學習理財更是非常必要了。否則即使收入不錯，也很難實現財富自由。

窮人照樣可以財富自由

什麼是自由？

財富自由這個詞彙裡，「財富」兩個字估計吸引力不大，感覺是學會計的人才要關注的事情。讓我們兩眼放光的應該是「自由」二字。沒錯，活了這麼多年，我們似乎還沒體驗過這兩個字呢。

小時候，要被父母管著，忍受被拿來和「別人家小孩」比較；上學了，要被老師盯著，每天有做不完的作業、上不完的課；工作了，要看老闆的臉色，要讓客戶滿意；有小孩了，要被孩子拴住，你去哪裡他就要跟到哪裡，不帶著自己心裡又難受；偶爾放縱一下，熬個夜，睡個懶覺，第二天起來渾身骨頭快散了似的。說好的自由呢？原來放縱並不能帶來自由。

有人會說，我沒有縱橫四海、馳騁天下的野心，不追求「風一樣的自由」。其實財富自由裡的「自由」並不是「你想做什麼就能做什麼」。關於自由，更好的解釋大概來自哲學家——「自由是你不想做什麼就可以不做什麼」。

什麼是財富自由？

有人說，財富自由大概是不上班還依然可以讓家人衣食無憂。

也有人說，財富自由就是增加你的被動收入，直到這部分「睡後收入」大於日常開銷。

更有人給出具體數字，如果你有了年度開銷 25 倍的儲蓄金，加上一間沒有貸款的房子，你就自由了。

還有個專門給中國人制定的財富自由路線圖，大家可自行對照：

初段——菜市場自由：在菜市場裡自己想買哪種菜就買哪種菜，不必看菜的價格。

二段——飯店自由：去飯店吃飯，自己想去哪個飯店就去哪個飯店，不必看飯店菜單的價格。

三段——旅遊自由：自己想去哪裡旅遊就去哪裡，不必看旅遊的花費。

四段——汽車自由：自己想選擇買什麼車就買什麼車，不必看車子的價格。

五段——學校自由：自己想選擇什麼學校就讀就選擇什麼學校（這主要是為子女），不必看學校的學費高低及其他成本。

六段——工作自由：自己想選擇什麼工作就選擇什麼工作，沒有這個工作就自己創造一個這樣的職位，不必計較這個工作能否賺錢。

七段——看病自由：只要能看好病不必計較醫療費的高低。

八段——房子自由：自己想買什麼房子就買什麼房子，不必計較房價的高低。

微博上還有一種戲謔的說法，將財富自由分為六個階段：奶茶自由、櫻桃自由、口紅自由、酒店自由、包包自由、買房自由。

對於「小白」來說，財富自由的高級階段不是那麼容易達到的，但只要我們開始覺醒、開始行動，我們就在朝著目標努力奮鬥的路上，即使沒有到達山頂，我們也至少不是停留在山腳。

半山腰有半山腰的風景，暫時無法實現包包自由、買房自由，也因為先前的努力，而至少讓自己實現了奶茶自由、櫻桃自由，某一天醒來會發現，口紅自由和酒店自由也悄無聲息地在生活中實現了。可能到了那個時候，我們反而不會任性地買口紅、住高級酒店，而是理性又智慧，懂得把錢花在真正重要的地方。孔老夫子曾說過一句話，叫「從心所欲不逾矩」，當一個人真正到了這樣一個階段時，他無心抬頭看風景，因為身邊皆是風景；無須仰望別人的自由，因為自己就身處自由之中。

誤區五 ｜ 理財是男人的事，女人不喜歡也不擅長

中國女性正在崛起

關於這個話題，我們先看一組數據：美國國際勞工組織（International Labor Organization）公布的國際男女勞動力參與率數據顯示，2016 年中國女性的勞動參與率超過 63%（世界平均水準不足50%），為世界第一，這一數據甚至比義大利、希臘等國家的男性勞動參與率還高（分別為 58% 和 60%）。如果僅從此角度考慮，毫無疑問，中國女性已經站在了世界的頂端。

這樣的勞動參與率的形成，一方面是由於女性地位不斷提高、教育事業的進步和普及，讓更多中國女性具備了一定的知識水準和生產能力；另一方面是由於中國人的家庭觀念重，家庭整體協作互助的理念廣泛存在，家中長輩多會幫助看護孩子和協助做家務，這也有助於

女性在工作上投入更多的時間。

除此以外，工作帶給女性獨立的經濟和社會地位，帶來職場和社會認可，也讓女性願意投入到工作中去。另外，多數中國家庭需要女性努力工作賺錢，分擔家庭的經濟壓力。

中國女性為社會做出了巨大的貢獻，也證明了自己的價值。很多過去被認為女性不適合的工作，現在都已經被事實證明，女性可以做得很好。

女人付出了勞動，自然擁有財務發言權，女性也更需要透過投資理財，讓薪資保值增值，獲取薪資之外的被動收入。

對於理財，女性有優勢

那些把「理財是男人的事，我不喜歡，也做不好」當作口頭禪的女性，基本上已經等同把自己的財富自由權拱手相讓。請不要再用這樣老套又落伍的理由自我設限了，投資理財不是什麼上天入地的難事，它是每個人都應該掌握的生活能力，女性可以做，還能做得很好。

根據和訊網發布的〈2017 年中國女性財富管理報告〉，女性所掌握的財富總量已極大增加，可支配的財富類型也愈發豐富。無論是對生活消費、家庭理財還是創業資金的管理，女性所掌握的財富管理知識、技巧、管道、資源都有極大提升，女性正以前所未有的勢頭重新站上時代的風口。

在中國，女性企業家目前占企業家總數的四分之一左右，其中絕大部分擁有大學及以上學歷，超過 60% 由女性領導的企業在中國東部地區。中國女企業家在早期創業時，「需求驅動」的比例更高，占

總數的 40%，是歐美國家的兩倍。

和訊網發布的〈2017 年中國女性財富管理報告〉顯示，女性是更為穩健的理性經濟人，因為她們更為嚴謹、理性，這使得女性在處理財務問題時更加注重規劃性和全面性。在家庭中，女性擔任的母親角色也使得女性更具責任感，在經濟行為中更為誠信、謹慎。和男性相比，女性能更好地管理資金的去向，不輕易借錢，借錢及時繳款率更高，信用更加牢靠，也更為誠信。在逾期違約率方面，女性創業者或企業主比男性低 20% 以上。

只要你想做，理財很簡單

理財本身並非一件難事，你遲遲沒有行動，更多的是因為害怕困難而造成拖延。

心理學上認為，拖延在本質上是因為害怕造成的。比如，晚睡是因為害怕孤獨，不能提早開始工作是因為害怕做不好。

拖延症非常普遍，理財專家簡七曾在專欄中分享過一個例子，可以安慰你我。

多年前，美國一位經濟學家喬治・阿克洛夫（George Akerlof）面臨一個極其簡單的任務：他當時在印度常駐出差，有個同事來看他，在他住處落下了一箱衣服，喬治想把衣服給同事寄回去，可是印度當時的物流系統很拖沓，這件事也許會耽誤他一些時間，於是他一週又一週地推遲這件事，他多次在待辦事項上寫上了他要出去郵寄包裹這

件事，但他始終沒去做。

猜猜最後他花了多久才完成這件事？

八個月。是的，他拖延了八個月，最後是因為他的另一位同事需要郵寄東西，他才把自己的包裹交付出去。

日後這位經濟學家寫了著名的論文〈拖延和順從〉，從此將拖延症引入了學術討論範圍。

各位專家從很多角度討論了拖延症的原因與應對方式，我們不妨參考一二。

加拿大卡爾加里大學（University of Calgary）的皮爾斯・斯蒂爾（Piers Steel）教授提出過一個被廣泛接受的「拖延症公式」：$U = EV/ID$ [*]，即動力等於期望乘以價值，再除以分心和回報的時間。

在這個公式中，動力、期望值與價值這三項很好理解，我要特別解釋一下分心和回報的時間。

首先說為什麼分心會造成拖延。

很久以前，人類的大腦就進化出一種機制，當我們獲取新的訊息時，大腦就釋放一點多巴胺。人類步入 21 世紀之後，獲取訊息的速度遠超過往，於是大腦不斷被刺激釋放出多巴胺，讓人感到即時的快樂。因此人們要專注一件事，需要的自律也比以往多很多。這無疑對新時代的人們提出了新的挑戰。

再給你舉個例子解釋回報時間和拖延的關係。

如果有一個人過來跟你說，現在有兩個選擇，第一是 100 天後給

---

[*] U=Utility, E=Expectation of Sacess, V=Value of Completion, I=Immediacy of the Task, D=the Personal Sensitity of Delay。

你一顆糖，第二是 101 天後給你兩顆糖。你大概會選擇 101 天後獲得兩塊糖。

但如果題目變了，這個人跟你說，現在馬上給你一顆糖，或者明天給你兩顆糖，你也許就會猶豫了，甚至你很可能就選擇了現在先吃一顆糖，誰等得了什麼明天啊！

這在經濟學上叫作「折現」，指的是不同時間點的資金價值是不同的。人們也會傾向於選擇能更快得到的選項，因為快樂也會「折現」。即時的愉快對人們有著強烈的吸引力，這種吸引力往往超出人們自己的想像。

克服拖延，著手理財，你可能需要……

克服拖延，快速著手理財，我有幾個建議給你。

忘掉邏輯性

一旦你決定要做什麼事，邏輯理性暫時可以放到一邊。你就開始做就好了，哪怕只是一點點，一小步。

舒服最重要

太麻煩的事情、太複雜的事情，人們很難堅持，當你把理財這個大目標簡化成小目標，比如記帳一個月，每個月薪資到帳定存一半時，你會發現理財也沒有那麼難。

培養紀律性

一旦成功做完某件事，就獎勵一下自己；一旦沒有成功做成某件事，就懲罰一下自己。還有好方法：加入一個組織，與其他人一起為某個目標奮鬥。人是群體動物，群體行為更容易堅持。

刺激小情緒

把理財過程中的小確幸和不開心都即時分享出來，即時疏解壞情緒，強化正面情緒。對於堅持這件事，小情緒是種能量巨大的催化劑。

誤區六│我不在乎錢，知足常樂挺好的

富翁與漁夫的故事

先給大家講個俗套的雞湯故事，你可能聽過，但不一定思考過。

一日，富翁在海邊散步，看見一個漁夫悠閒地躺在沙灘上晒太陽。

於是富翁問道：「你為什麼不出海多捕幾船魚呢？」

漁夫懶懶地回答：「我為什麼要多捕幾船魚呢？」

富翁說：「你每天多捕魚，多拿些到市場上去賣，你就能賺更多的錢啊。」

漁夫問：「我賺更多的錢幹什麼呢？」

富翁說：「賺更多的錢，你就可以在海邊蓋間大屋子，然後躺在沙灘上晒太陽了啊。」

漁夫說道：「可我現在不正在沙灘上晒太陽嗎？」

高中時代的我，聽到這個故事的時候，感覺漁夫真酷，過著自由自在的生活，富翁很蠢，急功近利地做事情，不像漁夫那樣本真。我

心裡暗暗下定決心，長大要做那個純粹的漁夫，做自己喜歡做的事，不為世俗折腰。

你欣賞什麼樣的人，就會成為什麼樣的人。

慢慢地，我成了那個漁夫。

離開校園那座象牙塔後，我開始實習、工作，用賺到的錢滿足自己的各種欲望。閒下來，就在我的「沙灘上」晒太陽，宅在家裡追劇，約閨密上街血拼，直到那份工作讓我沒有動力繼續下去，每天上班都變成一種痛苦，我想炒老闆魷魚。但此時我發現，我沒有辭職的資格，因為那樣我將立刻斷糧。沒有積蓄，就不可能將悠閒「晒太陽」的生活維持下去。

這時我意識到，也許，富翁說的話有些道理。

如果我在閒暇時，多下海捕幾船魚，拿到市場換錢，如果我把那些錢存起來了，我的銀行帳戶上有幾萬元的話，我就可以炒老闆魷魚，用積蓄度過過渡期，尋找喜歡的新工作。

我突然意識到，真正的自由不是你想做什麼就能做什麼，而是你不想做什麼就可以不去做什麼。

在那個故事裡，漁夫沒有這種自由，他為了生計，必須每天堅持出海捕魚，一旦他停下來，他的家人就可能挨餓。但是富翁不一樣，他可以選擇出海捕魚，也可以選擇不去，他可以繼續在沙灘上晒太陽，也可以選擇飛去沙漠探險，或者乾脆什麼都不做。

因為富翁有積蓄，他有能夠持續為他創造財富的「金鵝」。

重視金錢和知足常樂並不矛盾

知足常樂本身沒有錯，畢竟欲望和能力之間常有差距；知足常樂的人往往欲望較低，大多都力能所及，也更容易獲得快樂。

但說真的，真正知足的人並不多，很多人所說的「知足」無非是不想努力的藉口或者是自我麻痺「阿Q精神」，「反正也搆不到，那就這樣吧」。

得道的高僧或者隱世的高人，之所以能夠恬淡過人生，是因為他們見過了繁華，體會過了繁華，富足奢靡的生活於他們早已是過眼雲煙。

大部分普通人則不同，他們還沒有「得到」，談何「看開」。

放棄欲望或者壓制欲望，是一個艱難的過程，需要極其豐富的內心世界和極其強大的自制能力。

就像是流感一樣，你總得得過一次，才知道怎麼預防，那些在流感中病得最重的，往往不是得過流感的，而是從沒得過流感的。

重視金錢和知足常樂並不矛盾，相反地，能重視金錢的人在面對財富的得失時，會更平和，他們往往不會因追求過高的報酬率而導致本金虧損。

上文中的漁夫知足常樂，在日常生活中，沒有太高的欲望，捕一天魚過一天日子，但這不妨礙漁夫開始正視金錢的作用、重視金錢的作用。

有一天漁夫出海，大風大浪打壞了他的船，漁夫沮喪地回到家，卻發現自己連一點備用的工具都沒有，不能繼續去捕魚，漁夫接下

來的基本生活都成了問題。這個時候，他才意識到，富翁說的話有些道理。

沒有魚捕，就沒有飯吃，生活就是這麼殘酷。

漁夫只好去找人借錢，用他唯一的小房子做抵押。為了棲身之所，為了日常生計，漁夫拚命捕魚，悠閒晒太陽的日子已經好久沒有過了。多捕來的魚，漁夫拿到市場上去賣，用賣得的錢買了自己的工具，也還了錢。

這個時候，漁夫又回到了從前的起點，不捕魚的時候可以悠閒地去海邊吹吹海風、晒晒太陽，但漁夫沒有繼續這樣生活。

他開始考慮以後的生活，考慮未知的風險。現在的自己還年輕，有滿身氣力，等自己老了，出不了海捕不了魚了，該怎麼辦？

至少得有一套備用的工具，得把小房子再加固加固，也許可以換個大點的房子。對，大房子！上次來的富翁當時這麼提醒我，他也喜歡這片沙灘，我還可以帶他們出海，教他們捕魚，我可是這一帶數一數二的漁夫。

漁夫發現除了乾巴巴地晒太陽，有意思的事情還有很多，但漁夫還是喜歡吃自己捕的魚，愛那口無與倫比的新鮮滋味。

漁夫還是過著以前的日子，但漁夫的日子更豐富了。

請在人生中，把眼光放得長遠些

從前的日子悠閒自在，大海幾乎免費給漁夫提供了日常生活中所需要的一切。但天下沒有免費的午餐，這時候給你免費了，之後可能要你加倍償還。

瑪麗‧安托瓦內特（Marie Antoinette）原是奧地利公主，14 歲成為法國的太子妃，18 歲成為法國王后。丈夫寵愛她，由著她建宮殿、辦宴會，夜夜笙歌，奢靡享受。

瑪麗的親哥哥看不過去，從奧地利專程跑來規勸自己的親妹妹，你現在是法國王后，不能再這樣下去，哪怕每天讀一小時的書呢。

瑪麗卻說，我不喜歡讀書，我喜歡享受生活。

20 年後，瑪麗上了斷頭臺，被稱為斷頭王后。作家褚威格（Stefan Zweig）在為她寫的傳記中提到她早年的奢侈生活，感慨道：「她那時候還太年輕，不知道所有命運贈送的禮物，早已在暗中標好了價格。」

很多時候，我們需要把眼光放長遠一些。

對一件事是不是值得做，心理學博士采銅在《精進：如何成為一個很厲害的人》這本書中給出了兩個評價的標準：收益值和半衰期。收益值，指的是這件事帶來的收益大小；半衰期，指的是收益持續的時間，它決定了收益隨著時間削減的速度。半衰期愈長的事件，影響會愈長久。

漁夫在業餘時間，選擇躺在沙灘上晒太陽，這是一件低收益值、短半衰期的事情；而漁夫選擇思考今後的道路，提前為未來做打算，這是一件高收益值、長半衰期的事情。

前者省時省力，收益立竿見影，後者則進程緩慢，需要長期積累。

投資理財也是一件高收益值、長半衰期的事情，短期可能看不到明顯的成效，但隨著時間的積累，本金在不斷膨脹，複利也在悄然發揮作用。

人生中，總要多去做一些高收益值、長半衰期的事情，少一些及時行樂，多去看看未來的回報，做一些長遠的投資。所謂「放長線，釣大魚」也是這個道理。

誤區七｜理財等於節約，勤儉是最大的美德

理財不等於節約

「我才不要理財，賺錢那麼累，還不是為了能開開心心地花。」不少「月光」族女孩這樣說。

在這些消費至上的女孩的觀念中，理財等於節約，理財會失去花錢的樂趣，甚至降低生活品質，不能買名牌，不能去餐廳吃飯，不能出去玩。這種對理財的看法是不正確的。

年輕的白領女性中，很多人收入不低，但是她們的消費領域也極其廣泛，除了吃住費用，還要買化妝品、新衣服，以及參加各種花費不菲的娛樂活動。如果再有個愛好，那又是一筆不小的花費。

這樣一來，不僅可能薪資「月光」，估計還得超前消費、負債消費。

與此相反的是抱持另一種生活態度的女性，她們認為節約是最大的美德，只要少花錢，就是在理財。她們不看重生活品質，希望積攢下更多的財富，卻不能讓金錢產生更大的價值。

其實，這兩種對金錢的態度都犯了同一個錯誤：認為理財等於節約。

誠然，節約是個美德。對毫無消費規劃、缺乏理財觀念的女孩

來說，節儉是她們必修的一課，但是理財絕不只是節約這麼簡單。

19 世紀的英國作家查爾斯·狄更斯（Charles Dickens）在《塊肉餘生錄》（*David Copperfield*）中寫道：「年收入 20 鎊，年支出 19 鎊 19 先令 6 便士，結局是幸福；年收入 20 鎊，年支出 20 鎊 6 便士，結局是痛苦。」

幸福程度與消費結構直接相關。消費結構合理，消費會產生積極的效益，獲得的幸福程度就高。反之，獲得的幸福程度就低。

我們常說理財就是理生活，當你的財務狀況一片混亂時，相信你的生活也不會太有條理。理財是讓你把整個工作生活安排合理，既活在當下，又籌謀未來。

一味節省辜負生活

中國人最喜歡給女人的一句讚美是：勤儉持家。

大概是因為幾千年來，中國人的物質生活都不算富裕，必須省吃儉用，不浪費每一分錢、每一粒糧食，才能照顧一家人的溫飽。因此，傳統觀念裡，好媳婦就得精打細算過日子，也有人管這叫「會過」。

但是在現在，物質生活水準已經有了極大的提升，人們對生活品質的要求也愈來愈高，更多人追求的不再是溫飽，而是讓生活更加豐富精采。如今節約和會過日子還能畫等號嗎？恐怕未必。

人們擺脫了過去的困窘模樣，吃飽穿暖不再是我們生活的主要追求，節約也不再是個單純的褒義詞了。

在經濟條件尚可、後續現金流充足的情況下，一味地節省勤儉甚至節衣縮食，降低生活品質，把本該自在從容的日子，過得緊巴巴苦

哈哈,其實是對自己的壓榨。

真正的會過日子,是把窮日子過富。而這個「富」,應該包含物質和精神兩個層面。物質上要充裕,精神上也得豐盛才行。

一個會生活的女人,會把生活安排得妥貼,既不鋪張浪費,也懂得在平淡的生活裡增加情趣和儀式感,讓日子過得豐富而有趣味。

會過日子跟省錢並無太多直接的關係。會過日子的女人知道如何在該省錢時省錢,也知道有所取捨,懂得省錢應該有原則。

該省的錢滴水不漏地省下來,但絕對不能省健康,省快樂,省一家人團聚等這些隱形涉及家人幸福感的金錢。

不該省的錢大大方方花出去,花在提高家人生活品質,為家人帶來快樂、健康和幸福感的地方,比如旅行和閱讀。

有些女人雖然家庭條件並不富裕,卻可以把生活過得有聲有色。因為她懂得在有限的物質條件下,用心去經營生活。

在有限的條件下,盡可能地把生活打理得有品質、有情調、有意思,才是真的會過日子。

財商高的女人更幸福

這個嶄新的時代,給所有人的財商都帶來了挑戰,同時也為人們財商的提升創造了空間。那些有智慧、有著強烈敏銳度和超強規劃能力的女人,她們注定會變有錢,過上想要的生活。

別的女人在為了男神要死要活的時候,她們白天在職場奮力打拚,晚上抓緊時間學習,提升自己。

別的女人在月薪 3000 元卻負債購買 3 萬元的包時,她們在學習

理財知識，買股票看基金，默念並實踐「女人一定要有錢」的信條。

後來，前一種女人還在過著重覆的日子，或者尋求一個男人成為她們的錢包和供養者，後一種女人卻可以不靠父母、不靠男人，靠自己買得起房子，開得起好車。

賺錢很苦，學習更苦，很少有人願意吃完這些苦，她們只要在路上一直堅持，慢慢地就把旁人甩在了後面。

現實情況是，很多女人只注重智商、情商，而忽視了財商。其實相較而言，財商才是決定一個女人生活品質的最重要因素，也決定了未來一個家庭的生活走向。一個對財富沒有規劃的女人，是很難把日子過好的。

所謂財富自由，其實是指你慢慢學會把錢花對地方，讓錢為自己生錢，讓自己過上自由自在的生活。

你知道嗎？當一位女性可以為自己的人生買單時，她就不容易被擊倒，也更容易幸福，因為她們在談錢的時候功利，才能在談愛的時候純粹。

誤區八 ｜ 理財就是投資賺錢

賺錢並非理財的全部

在很多人的觀念中，理財就是賺錢。

其實賺錢只是理財的其中一個結果，卻不是理財的全部含義。

可以這樣說，理財的內容非常豐富，它是一種包含風險意識、規

劃意識、目標意識在內的財務綜合管理能力，甚至是人生管理能力。

舉個簡單的例子。不少初入職場的「小白」都是「月光」族，賺多賺少都存不下錢，如果你問他錢花到哪裡去了，他也是一頭霧水，等到資歷經驗都齊備，職位上升、收入大增的時候，他看人家股市賺錢眼饞，把所有家當拿去炒股，絲毫不給自己留下任何後路。

「小白」眼中股市是提款機，是走上人生巔峰的終極武器。殊不知，其中風險極大。

那麼不進入股市，不進行高風險投資，是否就能保證財務安全呢？事實上，一場大病或是一次失業，都可能讓資金能力不差的中產階級一夜返貧，近幾年類似的悲劇可以說在輪番上演。

由此可見，風險意識和規劃意識是多麼重要，不知股市為何物就盲目進場，跟兩手空空就衝進硝煙彌漫的戰場廝殺一樣，說好聽點，叫無知者無畏，說直白點，這就是直接送死。

真正的理財不是讓你一夜暴富，而是利用時間槓桿，細水長流，獲得穩定豐厚的回報。

別只盯著鑰匙孔看

李笑來曾經提出過一個「萬能鑰匙」的概念。意思是，當你遇到一扇鎖著的門時，你應該去哪裡找鑰匙？顯然不應該只盯著鎖頭看。

同理，當我們遇到問題時，要做的不是盯著問題看，因為答案像鑰匙一樣，這個時候肯定沒在鑰匙孔裡插著，一定是在別的什麼地方。所以，當我們嘗試解決問題的時候，只盯著問題看，盯著問題想，盯著問題找解決方案，通常會以失敗告終。

賺錢這件事其實是一樣的。

有人說，你追錢，追不上錢，錢追你，你跑不掉。別人以為理財就是賺錢，然後就只盯著錢看，事實上，解決方案一定在其他地方。我認為，這個地方是能力，更是認知。

總盯著錢的人，通常賺不到錢；真正賺到錢的人，通常都會把注意力放到自身能力的提高和認知的疊代上，這才是理財的深意。

把財理好最重要的不是盯著錢看，而是盯著創造財富的能力及掌控好財富的認知這兩大技能。

理財是認知和能力的變現

我們再來設想一個熟悉的場景，你早晨上班出門，碰見了隔壁李阿姨，她剛去菜市場買完菜回來，跟你嘮叨一會兒要去銀行，上次買的 50 萬元的理財產品今天到期，想趁早取出來。這家銀行的理財收益只有 4.5%，李阿姨不滿意，知道你在金融機構工作，就問你，有什麼利率更高的理財產品。不等你推薦，李阿姨自己碎唸著，別人跟我說買基金不錯，現在大盤 3000 點出頭，未來應該能賺錢。但她又很擔心，畢竟是自己的養老錢，擔不得風險。你剛想勸她，她自己又興沖沖地說，買基金倒不如去買朋友推薦的民間借貸項目，收益高，又有熟人擔保，安全。

這位上年紀的阿姨，並不缺消息來源，但是她在認知層面出現了偏差。首先，風險承受能力較低，任何市場的波動都可能讓她心態崩塌，割肉出局，用這種心態去買基金，十有八九是要虧錢的。其次，風險承受能力低，卻因為對賺錢的盲目追求、對風險的認知不足，很

可能最終進入「熟人」推薦的民間借貸項目。因為在她的觀念中，熟人可靠，市場不可靠。在更深層次的認知裡，她認為事物的發展應該是直線上升，而不是波動上升的。

你一方面為李阿姨擔著心，另一方面老家的叔叔來了電話，鄉下的消息來源不多，在金融行業工作的你，成了家鄉有頭有臉、有知識有文化的代表，親友們都愛跟你諮詢關於錢的事情。叔叔這次是「報喜」的，上次投了幾萬元到股市試水溫，幾個月就賺了一倍。叔叔很高興，認為自己有炒股的「天分」，幾個月也把股市「看明白」了，分析起來頭頭是道。這次他要「大幹一場」，把家中全部積蓄 60 萬元全投入進去，年底要資產翻倍，到城裡買大房子。

你心中一驚，嚴肅地說：「叔叔，不要。」他卻覺得你耽誤他賺錢，本想請你推薦幾支「牛股」，這下憤憤然掛了電話。

叔叔把股市當成了改變家庭命運的神器，把運氣和時機誤認為是自己的能力。他對風險的認識不足，對財務的規劃能力不夠，除了股市，沒有更多的投資管道，心中又對理財的「賺錢」功能過於樂觀，最終的結果可想而知。

你對著電話嘆口氣，趕緊致電父親，請他千萬勸叔叔慎重。

馬雲曾經說，任何一次機會的到來，都必將經過四個階段：「看不見」、「看不起」、「看不懂」和「來不及」。

投資即決策，是對未來的不確定性擲出籌碼，在風險與收益之間做平衡。因此，對自己的認知能力要有一個較為清晰的認知，盡量不要做超出自己能力範圍的決策。

同時，還要不斷學習，拓展知識邊界，提升認知能力，從而在理

財投資的領域，做出勝算更高的決策。

誤區九 ｜ 努力工作就能致富

🖋 錯誤的教育理念

在十幾年的學校教育中，我們一直被灌輸這樣的成功路徑：你們一定要努力學習，將來考個好大學，找份好工作，從此就能衣食無憂，一世幸福。可是當我們擠破了腦袋，闖過了學測與指考的獨木橋，又在畢業的時候突出重圍，找到了旁人眼中的好工作，真正到了「社會大學」打拚時，卻發現之前想像中的人生藍圖，並沒有成為現實。

我們在讀書的時候成績優異，名列前茅，是「別人家的孩子」，是同齡人的偶像，是老師眼中的寵兒。可如今，我們要不是在昔日成績不如我們的人底下打工，低聲下氣、舉步維艱，不然便是領著還算不錯的薪水，卻發現幾年辛勞積攢的錢都不夠在大城市買下一間浴室。

世界怎麼能如此不公呢？

朋友，因為你一直是用打工者思維來思考問題的。

🖋 警惕打工者思維

舉一個簡單的例子，一家麵包店的老闆和打工者，對產品和經營會有完全不同的思維方式。在打工者眼裡，我拿多少錢，就出多少力，最開心的時候就是發薪資的那幾天，最想知道的是老闆明年會不會給自己漲薪資；老闆想的則是，我如何做出更好的麵包，如何行銷打出

知名度，創出自己的品牌，是融資還是加盟，如何開更多的店鋪，如何藉由資本的運作賺取更多利潤。

老闆思維看重的是未來更大的發展空間，為了長遠發展，可以接受現在不賺錢；打工者思維則看重當下，看重穩定，希望旱澇保收*。

很多人都在自我設限、自我封閉，他們最喜歡說的是：這個我不會，這個我不知道，這個我不擅長。然後就依然故我，沒有任何改變的念頭。

如果一個人一直用打工者思維思考問題，那他永遠只能做自己能力範圍內的事，收穫的也就只有與付出勞動對等的價值，無法產生新的收入增長點和價值增長點。

不會那就學，不知道那就查，不擅長就把它做到擅長，不去嘗試，怎麼知道不會成功呢？

你需要財富管道

《富爸爸，窮爸爸》這本書向我們揭示了什麼是真正的有錢：「真正的有錢，不是看你有多少現金和資產，而是看當你不想工作或者不願工作時，你還能維持體面的生活多久。」

貨幣一直在貶值，通貨膨脹從未停止，僅僅依靠工作、存錢很難讓你真正變有錢。

上班打工賺的薪資，叫主動收入，是用時間換取金錢，一旦停止工作，薪水也就中斷了。

被動收入則不然，即使你在休息、在度假，它也能源源不斷為你

---

*不論乾旱或下雨，都有好收成，泛指獲利有保證之意。

產生收益，比如投資賺取利息、出書賺取版稅、投資企業收穫分紅。

當被動收入超越日常生活支出時，我們就獲得了一種相當大的自由。

對於大多數人來說，想實現這種自由，最為可靠的方法一是挖掘財富管道，二是進行財富管理。

誤區十 ｜ 盲目厭惡風險或追求超高收益

盲目厭惡風險

2002 年，諾貝爾經濟學獎得主康納曼（Daniel Kahneman）教授將心理學研究和經濟學研究有效結合，解釋了人在不確定條件下要如何做出一種「自利」的決策。

康納曼認為，在可以計算的大多數情況下，人們對「所損失東西的價值」的估計要高出「得到相同東西的價值」的兩倍。也就是說，人們的視角不同，其決策與判斷會存在極大「偏差」。

舉個簡單的例子，我們在麻將桌上輸掉 100 元所帶來的不愉快感要比贏得 100 元所帶來的愉快感強烈得多。隨著「價值數量」的增加，這種「正負感受」也會同樣升級，也就是說，損失帶來的痛苦遠大於收益帶給我們的滿足。

風險又往往意味著損失，因此人們對於風險的承受能力，往往比自己想像中要低。這種心理動因，導致大部分人不願意接受風險或者承擔風險。

中國人的傳統觀念中，有保守、安於現狀、過度擔心的思想。女性相較男性來說更厭惡風險。根據華爾街一項針對 1 萬 1500 人的調查，55% 的女性認為自己比市場中的平均投資者懂得少，而這一比率在男性中只有 27%。願意「把大多數財產投入到高風險領域中」的男性有 15%，女性僅有 4%。

追求超高收益

與盲目厭惡風險相對的，是還有一群人會盲目自信，追求不合理的超高收益。他們往往隨波逐流，缺少獨立判斷，或者在高收益面前失去本就不多的理性。他們也喜歡放大成功的可能，尤其是當他有過成功的經驗，或者嚐到了甜頭之後，會對這項投資的價值無限誇大。說到底，還是內心一夜暴富的心理作祟，這種心理煽動著人們對於收益的欲望，最終可能導致巨大損失。

很多踩過雷的投資者都清楚，為什麼有些平台背景不是很強、產品訊息披露不足，還是有很多人購買它的理財產品。答案就是產品收益很高，很多人被高收益蒙蔽了雙眼，忽略了產品背後隱藏的巨大風險。因此大家如果看到一款產品的報酬率遠高於正常水準，就一定要注意了，背後大多有問題。網路借貸平台 e 租寶、錢寶都是血淋淋的例子，報酬率高達 20%、30%，甚至 40%，資金用於哪裡才能支撐這麼高的報酬率呢？用腦袋稍微想想，就知道其中風險不小。

然而，有很多人，為了高收益，把全副身家投入進去，最終落得血本無歸。

有句話說：夢想一夜暴富的人，容易孤注一擲。

往往是注重長期回報的人，才能獲得更多收益。巴菲特就是其中的典型代表，他擅長「滾雪球」式的投資，在可口可樂滾出了 100 多億美元。

持續小賺更可靠

中國電視劇《漢武大帝》中主父偃曾經對漢武帝說過這樣一句話：「刀子磨得太快太鋒利，用起來順手但容易折斷。」投資也如此，要考慮的不是今天、今年回報有多麼豐厚，而是投資能否獲得持續穩定的回報。回報週期可能會以數年，甚至數十年來計算，做得愈久，最後會變得愈強。

現在給你出道問題：在股市中，你持有一支股票，第一天漲了 10%，第二天又跌了 10%，最終你收益多少？

相信不少人的第一感覺是不賺不虧，你看漲 10% 又跌 10%，不就是沒漲沒跌嗎？

其實計算一下就清楚了，答案是虧了，假設每股股價最開始是 20 元，漲 10% 是 22 元，第二天跌 10%，22 元變成 19.8 元，每股虧了 0.2 元，虧損率是 0.2÷20 = 1%。

由此可見，大賺大賠，不如持續穩定的小賺可靠。

對大部分普通人來說，家庭的第一桶金往往來自一分一毫的積攢，容不得不計後果的賭博。追求財富應該遵循持續穩定的資產增值曲線，透過多元化配置方案分散風險，實現人生財富的持續積累。

Chapter 02

把金錢放在
你的價值所在之處

現在，請安靜地想一下，你所在的位置突然響起警報，人們狂喊著：「失火啦，快跑！」你身邊較遠的地方放著萬貫家財，你會選擇冒著生命危險衝過去搶救財產呢，還是先保命，把黃金逃生時間留給自己呢？

這道題並沒有標準答案，但是在我看來，錢很重要，人更重要。只要人還在，就總有東山再起的機會；錢還在，人沒了，那就什麼都沒了。努力讓自己變成一個值錢的人，才是最佳選擇。因為值錢的人一定會有錢，不管早晚。當我們談理財時，我們第一步要做的，是把金錢放在自己的價值所在之處，努力讓自己變得值錢。

比起脫單，你更需要脫貧

錢能解決大部分問題

現代經濟學有一個核心概念——稀缺，無論是有形資源，還是機會、注意力等無形資源，稀缺的總是昂貴的。

這背後的原因很簡單，好的東西誰都想要。供求關係影響價格，大家都想要的東西，價格自然高。

這個時候，什麼能解決問題？沒錯，錢。

人的需求隨著社會的發展，也在不斷升級。以前吃飽穿暖就好，現在則想吃出健康，穿出品味。不能說這些是不必要的需求，只能說社會進步，帶來的是個人的進步、需求的升級。

著名經濟學家周其仁老師舉過一個例子：有兩種治療高血壓的

藥，一種國產，一種進口，兩種藥在藥效上基本一致，都能有效控制血壓升高，讓血壓保持穩定，但問題是，前者服用以後病人的手會發抖，後者則不會。病人要治療的是高血壓，手抖重要嗎？如果你是病人或者病人的家屬，你會毫不猶豫地說，重要！

怎麼解決這個問題呢？多花錢，買進口藥就解決了。

生活中，還有很多類似的問題，唯一能解決的方法，是錢。甚至有人說，生活中 90% 的問題都能用錢解決，剩下的 10%，則需要很多錢。或許這個說法有些絕對，但錢的重要性卻是無法否認的。

女性朋友面臨更為嚴苛的世俗標準，既要承擔家庭的經濟壓力，又要擔負絕大部分養育子女和照顧家人的責任。

網路上的哏是怎麼說的？上得了廳堂，下得了廚房；殺得了木馬，翻得了圍牆；開得起汽車，買得起洋房；鬥得過小三，打得過流氓！經濟是社會生活的基礎，我認為，人在生活中遇到問題，大部分是可以用錢來解決的。

安全感，從這裡來

安全感，從哪裡來呢？

答案是，自己給自己！

我們家的老人特別喜歡看家庭調解類節目，我耳濡目染，也見識了很多家庭悲劇。

最常見的戲碼，比如丈夫在外賺錢，妻子在家做全職太太，妻子指責丈夫出軌，丈夫埋怨妻子又不賺錢養家還管這麼寬。有些人看到這裡，會氣憤地說，碰到這樣的丈夫為什麼不離婚？要知道，離開職

場的女性想重回職場是多麼艱難，如果離婚會失去經濟保障，那麼忍受當下的狀態就成了唯一的選擇。

說到底，還是因為沒有錢，所以沒有底氣。

每個女性朋友，都應該給自己存下一筆「去你的」資金。

「去你的」這個詞聽上去有點粗鄙，但含義卻很有吸引力。意思是可以讓你有底氣說「不」，當你面對誘惑或者苛求的時候，可以遵從內心的選擇，不被金錢脅迫去做違背自我意願的事情。

這個詞源於一位「彪悍」的女性——劉玉玲。

她的臉稜角分明，小眼睛高顴骨，臉頰上還有雀斑，算不上傳統意義上的美女，但卻定義了外國人對東方美的認知，她曾被美國《時代》（Time）雜誌評選為全球最美的 50 人之一，也因此成為迪士尼的動畫片《花木蘭》（Mulan）中花木蘭形象的原型。在一項名為「美國人心中最有名的中國人」的調查中，她和成龍一起上榜，是榜上唯一的華人女性！她是好萊塢歷史上第二位在星光大道上留名的華人女性，上一位要追溯到 60 年前了。

劉玉玲出生在紐約皇后區的貧民窟，父母是赴美的第一代，雖然他們都是高知識分子，但她的家庭經濟拮据，劉玉玲可以說是從小窮到大的「窮二代」。

19 歲的時候，她被星探發掘，拍了人生中第一支廣告，這喚醒了她內心對表演的熱愛。大學畢業後，她不顧家人的反對，搬到了洛杉磯，開始了自己艱難的演藝之路。

在好萊塢，華裔面孔很難生存，想要出名就更難了。何況劉玉玲身材平平，身高不到 160 公分，外在條件並不突出。

從跑龍套開始,到演電視劇配角,劉玉玲慢慢為自己贏得了一席之地,直到電影《霹靂嬌娃》(*Charlie's Angels*)上映,她才真正在好萊塢有了自己的名字。

當演員不過癮,她還做導演,指導過包括《福爾摩斯與華生》(*Elementary*)在內的美劇和電影。此外,她學畫畫、做雕塑、開個人攝影作品展,涉足的領域十分豐富。

在事業上高調,在生活中又異常低調的她,每次出現都讓人驚嘆。她提出的「去你的」資金,點燃無數女性爭取獨立的激情。她開畫展,在沒有說出自己就是畫家的情況下,一幅畫能賣出十幾萬美元,她將這些錢全部捐給了慈善機構。

她用自己彪悍的人生,向世人重新定義華人女性。對女人來說,最重要的從來不是外表,而是強大的內心和獨立的能力!

她曾說過這樣一段話:

> 我從爸爸那裡學到:什麼事都可以算作一門生意。所以我努力工作賺錢,我把這筆錢叫作「去你的」資金。這樣,當你老闆要解僱你,或是讓你去做你不願意做的事情時,你就可以很有底氣地回他一句:「去你的!」

「去你的」資金的含義應該更豐富。

在我的心裡,「去你的」資金的含義其實不侷限於一筆錢。畢竟,錢多少才夠呢?想要來一趟說走就走的旅行,需要 2 萬元;想要一年不工作仍能維持生計,需要 5 萬元;想要被動收入大於個人消費支出,

需要 100 萬元；想要提前退休逍遙自在，需要 1000 萬元⋯⋯

更能讓人有底氣、有安全感的，不是一筆錢，而是個人能力。

比如我的作家朋友藍田，她自知自己的性格不適合朝九晚五、按部就班的白領工作，因為自己擅長寫作，才有底氣離開職場，去做一名自由工作者。

再比如我在論壇認識的網友傻傻，她在工作中很受上司器重，但她始終沒有放棄提升自我價值，開民宿、開裝修公司，樣樣做得風生水起。她現在可以胸有成竹地跟大家說：「我有隨時炒掉老闆的底氣。」

最值錢的，是你自己

在任何領域，人的價值都是最大的

在金融領域，企業經營的三要素是「人、物、錢」。

人之所以是企業經營的第一要素，原因在於：人最能夠創造現金流。而在現代企業的經營中，現金流決定企業的興衰存亡。

日本的金融學家野口真人說，從資產負債表上看，資產按照現金、應收帳款、存貨、固定資產的順序排列，反映的是資產變現的難易程度，但是，現金不等於現金流，企業的價值是資產產生現金流的價值。

因此我們可以看到：

1. 現金不等於現金流

2. 應收帳款也只能變成現金，但無法創造現金流

3. 工廠、設備自身可以創造現金流

4. 人可以讓設備和工廠創造更多的現金流

不會背叛的財產只有你自己

很多人憧憬財富自由，認為如果有一天，僅靠被動收入就讓自己過得很好，「就可以不流汗工作，把時間花在自己的興趣愛好上了」。各種投資理財的書籍，擺在書店內非常顯眼的位置上，各種價位的投資理財課程，放在網路平台的推廣位置上。並且購買者大多是年輕人，少有中年人、老年人。

妄圖跳過年輕時的積累，只依靠投資理財實現財富自由幾乎是癡心妄想。

根據 2017 年胡潤研究院提出的報告，中國的財富自由門檻比前一年上升 50%，其中一線城市達到 2.9 億元，二線城市達到 1.7 億元。*胡潤表示：「財富自由門檻上升 50%，主要原因可能是房價快速上漲和人民幣貶值。比較有趣的是，當你還沒實現財富自由時，很容易低估了門檻，會認為『有錢』兩個字就夠了。」

貧窮不只會限制人們的想像力，更會限制你的視野和見識。

實現財富自由說難也難，說簡單也簡單。難的地方可能在於剛剛說的數字距離普通人有些遙遠；而簡單的地方在於，要實現財富自由無非在兩個方向上努力：一是努力增長本領，憑本事掙本金；二是學

---

*為中國民間劃分城市等級的稱謂，目前公認的一線城市為北京、上海、廣州、深圳，二線也皆是經濟較發達的大城市。

習投資理財，讓本金去錢生錢。

第一點永遠是根本，是雪中送炭；第二點是保障，是錦上添花。

理性的婚姻經濟學

婚姻，除了有「你愛我，我愛你」的浪漫一面，還是一種非常古老的契約現象。

早在 1887 年，一位美國法官就說過：婚姻當然有它浪漫的一面，但法官只看重它商業的一面，我們把婚姻看作一個商業合約，我們關心的是，雙方怎樣才能締結一個比較公平的合約，這合約怎樣才能更好地履行下去，從而促進婚姻的幸福。

經濟學家薛兆豐更為直白，他認為婚姻很奇特，因為男女雙方的權利和義務太複雜，要寫條款的話，根本寫不完，於是乾脆就簽一份簡單的婚約，只有一張紙，裡面幾乎沒有任何實質條款。但這並不意味著婚姻雙方不在乎權利和義務，他們只是採用了另外的辦法──依照社會習俗、社會輿論、雙方的生活習慣等等，來確定婚姻的條款和各項權利義務。

之所以談到婚姻不那麼浪漫的一面，是為了給即將進入婚姻及身處婚姻中的女性提個醒。當然，你也可以像劉玉玲一樣選擇不結婚。無論結婚與否，你都應該明白婚姻意味著什麼。

想要提醒你的是什麼呢？很簡單，婚姻需要務實。

女性的獨立並不是指女性要無所不能，而是指女性要珍視自己的付出，計算可能的得失。婚姻是什麼？婚姻是一個經濟利益共同體，默認的是合夥人制度。兩個人最大的不同，是分工不同。

如果妻子選擇去做全職太太，放棄工作，照顧家庭，那麼丈夫的收入不能只歸屬於丈夫，而應該作為家庭收入。

兩個人分工不同，妻子照顧家庭也在創造價值，只不過很多丈夫都把這作為「理所應當」的事情。聰明的妻子不會糊裡糊塗地放棄工作，而會和丈夫達成共識——在外工作賺錢，在家照顧家庭，分工不同，但都對家庭有價值和貢獻。

事實上，婚姻中，女性承擔更高的風險，包括生育的責任、養育的任務。權利和義務應該是對等的，婚姻理應為女性提供更多的保障。

如果制度本身不能提供足夠的保障，請女性自己為自己謀劃。在剝離了浪漫外衣的婚姻中，女性無須把自己架到道德的制高點上。

生活中，妻子應該對家庭的財務狀況有知情權，並且積極參與家庭的經濟活動。

育兒時，該讓丈夫參與就讓他參與，養育孩子既是父親的義務，也是男人的修行，不要剝奪他的權利和成長機會。

受社會刻板印象的影響，女性往往在婚姻中比較弱勢，努力做更好的自己，捍衛自身的尊嚴和權利，婚姻這艘小船，才會行駛得更加平穩。

女人，請建立富人思維

財富分配不均，在任何社會中都非常普遍。托瑪・皮凱提（Thomas Piketty）在《二十一世紀資本論》（*Le Capital au XXIe siècle*）中寫道：「貧富差距只會愈演愈烈。」是什麼原因造成了這樣的差距呢？

不得不承認，其中一個深層原因，在於思維方法。財富的分野，很多時候是從這裡開始的。

窮人用時間換取金錢，富人則會花錢買時間

對大部分人來說：時間和錢都是稀缺資源。一個人如何使用時間，往往決定了他的未來。是把時間花在刀口上，在專業領域深耕細作，成為行業裡的佼佼者，還是無謂地浪費閒暇時光，成為平庸的人，淹沒在人群中？

有人會說，我也希望把更多時間用在有價值的事情上，可有很多事情不得不做，而這些事勢必會用掉一部分時間。面對這個問題，有一個解決方法，是花錢買時間。

什麼是花錢買時間呢？舉個例子來說明。

當你想學習一項新技能時，是自己去紛亂如麻的資訊中梳理學習，還是直接花錢找領域內的「大咖」，跟著他學習呢？自己悶頭思考，肯定要花掉大量時間，走很多彎路，跟著「大咖」則不一樣，他已經花了很多時間去試錯，可以幫助你節省大量時間，少走很多彎路。

再看個數據。

有人算了這樣一筆帳：若每天三餐都清洗餐具，每天洗餐具需時15分鐘，按一生要洗碗40年算，則40年洗碗用掉的總時長為3650小時。

3650小時是什麼概念呢？

簡單地說，假如洗碗是一項職業，以每天工作8小時計，則我們的一生，光是清洗餐具就花了450天左右，即15個月的全職工作。

家務勞動中的大部分工作是由女性來承擔的，看來我們的確有大量的時間被無謂的瑣碎事情消耗掉了。

對時間的有效管理可以讓時間產生更高的單位價值。

這裡說的單位價值不一定指產生了多少經濟效益，即使只是讓我們的身心得到放鬆，心情變得愉快，也很有意義。

一位把大部分閒暇時間放在家務上的女性，恐怕很難騰出精力來自我提升。

哈佛大學（Harvard University）教授穆來納森（Sendhil Mullainathan）提出了一個「頻寬」概念。所謂「頻寬」，就是指一個人心智的容量。如果這個「頻寬」老是被塞滿，就會影響一個人的認知能力和執行控制力。窮人或者過於忙碌的人，為了解決眼前的問題，滿足當下的需求，就會沒有「頻寬」去為將來打算，替自己安排更長遠的發展。

我的一位女性作者朋友本職工作很忙，家裡還有年幼的雙胞胎要照顧，因此她請了兩位保姆，一位做飯和打掃衛生，一位專門照顧寶寶，這讓她得以騰出時間做自己喜歡的事情，堅持每晚 8：00 休息，早晨 4：00 起來寫文章。有人質疑她請保姆浪費錢，也有人說不親自照顧寶寶就不是好媽媽。她不以為意，比起做一位幽怨的媽媽，她開拓副業，獲得了本職工作和家庭之外的認可，順便還把錢賺了，收入是請保姆費用的幾倍。

當然，每個人的經濟條件不同，並非所有人都能請得起兩個保姆，我想傳達的理念是，為了提升生活品質，不被瑣碎事情包圍，給自己自我提升的機會，在可承擔的範圍內付出一點金錢是值得的。不要被「能省一分是一分」、「好女人必須樣樣家務親力親為」等觀念

束縛，讓自己更自在、更專注，是自我提升的第一步。

窮人喜歡量入為出，富人則以目標為導向

有位作家曾在專欄中講過一個故事，他的妻子想買一間市中心的房子，需要 500 多萬元，但是他們兩人手裡只有 300 多萬元，沒有那麼多錢，作家表示買不起。可是他妻子說，買不起可以想辦法啊，這間房子很有投資價值，一定要拿下。

於是她四處找親友借錢，還把舊房子抵押了，又去辦信用卡，甚至各種借貸 App 都用上了，終於把 500 多萬元的購房款湊齊了。

作家很驚訝，哪裡來的這麼多錢？妻子則驕傲地說：「沒錢可以想辦法啊。」

作家對此很是感慨。

窮人的思維方式是，先看自己的金錢、資源和能力，再判斷自己能不能去做這件事。

而富人的思維方式則是，先明確目標，進而合理地整合資源。

網路上曾經流行一個故事，說的是一個人和全球首富的女兒戀愛，怕她的父親不同意，於是就對她的父親說，世界名校校長的兒子想娶你的女兒。富翁一聽是名校校長的兒子，就毫不猶豫地答應了。

然後他又去和那位名校的校長說，我是富翁的女婿，想做你的乾兒子，校長也同意了。

本來不可能的事情就這樣變成了可能。

這也是運用目標導向思維的一個案例。

在財商啟蒙書《富爸爸，窮爸爸》中，作者也提到過富人具有以

目標為導向的逆向思維，他們會先在腦海中確定一個目標，然後根據目標倒推所需要的資源，接著看自己缺少哪些資源，再想辦法補充這些資源，從而達到目標。

窮人則認為有多大的能力，做多大的事。他們常常會想：我現在沒有錢，等有錢了再去理財；我現在資金還不夠，等資金充足了再去創業。他們心目中成熟的時機，可能因為等待，一直都不會來。

所以，做任何事情的最好時機永遠是當下。

種一棵樹最好的時機是十年前，其次是現在。

窮人看重眼前利益，富人則目光長遠

窮人說：「賺錢要賺看得見的，自己腰包裡的才是錢。」富人則說：「現在能拿多少不重要，將來才重要。」

窮人往往等不及、等不起，對金錢的渴望往往讓他們急功近利，他們想要在最短的時間內賺到錢，他們缺少耐心，也往往錯失機會。富人則不同，他們往往看重未來，不計較眼前的收入。

窮人容易被蠅頭小利吸引，看不到大方向，撿了芝麻丟了西瓜。富人則目光長遠，提前布局，統籌全局，在未來獲得超額收益。

有句話說：「投資者最大的美德是耐心。」

經濟學家薛兆豐在書中分享過一個例子，他的一位企業家朋友開了一家採石場，又在採石場旁邊買了一塊空地，空地上有魚塘，還有一片小樹林。朋友們疑惑，問他：「買這塊地是要養魚，還是要開發房地產？」他回答：「我既不打算養魚，也不打算開發房地產。買這塊地，只是為了讓它空著。」

讀到這裡,你可能疑惑了,或者覺得這位朋友只是「有錢,任性」。

事實上,企業家有自己的考量,他做的是採石生意,旁邊這塊空地如果一直沒賣出去,很可能會吸引一些地產開發商。如果地產開發商買了這塊地,用它修建住宅,居民住進去了,肯定會抱怨採石場發出的噪聲,這樣有可能會對他的採石場生意造成影響。他要的是一種確定性,確定自己的生意能夠穩定地經營下去,於是就把這塊空地買了下來,讓它「空著」。

很多人會覺得這樣有些浪費,但是薛兆豐卻從經濟學的角度論證了,這樣才是符合成本法則的做法。可見,衡量得失不能只看一時一地,而要將目光放長遠。

《孫子兵法》中說:「役諸侯者以業。」意思是說,想要打敗敵人,就要用小事折磨對方。一支軍隊,如果總是被各種小事折磨,戰鬥力會被大量消耗。人亦是如此,被各種瑣事牽絆,眼界和格局都會受到限制,只能看得到眼前的大地,卻不會抬起頭來仰望星空。

將時間、精力、金錢澆灌在提升自我價值上

提升自己,是最大的投資

很多女人會把男人戀愛時、求婚時的誓言銘記於心,天真地認為那誓言一定會地久天長、海枯石爛。

靠山山會倒,靠人人會跑。人說過的話、講過的誓言,時過境遷,是可能改變的。

當初他跟你說：「你回家帶孩子，我會愛你一輩子。」後來會嫌棄你：「什麼都不會，哪裡還愛得起來？」當初他向你承諾：「我的都是你的，別上班，我養你。」後來會抱怨：「自己也是普通人，也會累，也會疲憊。」

如果你傻乎乎地付出一切，放棄工作，放棄底線，不斷地犧牲，最後的結局很可能是一無所有，再無可失。

婚姻當然也講犧牲，但請記住，犧牲一定是雙方的。一味犧牲自己成全對方，自己承受的風險係數當然會提高。

人的心容量有限，全部給了別人，一定就少了對自己的滋養和獨立的思考。很可能走著走著就丟失了自我。所以，任何時候，女人都要記得留三分愛給自己。

與其做一位隨時可以被替代的全職太太，不如在自己的工作中拚殺，把自己打造成無可替代的「職場白骨精」。

努力去做一個亦舒筆下的獨立女子：「在陽光下，她的臉上有一層晶瑩的光采，那麼愉快，那麼自然，她雙眼中有三分倔強，三分嘲弄，三分美麗，還有一分挑逗。她是永不言輸的，奮鬥到老。」

女人，無論結婚與否，都應該把提升自己當作一筆最大的投資。

結婚前後都不能放棄自己想要和想堅持的東西，無論何時都要有自己的主見、自己的追求，尤其是自己的事業，那是支撐你不至於對這個世界的打擊驚慌失措的底氣。

請把你的錢包分成三份

一位就職於北京市朝陽區一家新媒體公司、25 歲左右的年輕女

性，在一個週末寫下這樣的文字：「昨晚又加班了，今天早晨睜開眼睛已經十點多了。洗漱妥當後，簡單地化個妝，直接和朋友約在商場的餐廳見面，見面後飽飽地吃了一頓美餐。朋友年後跳槽了，薪水漲了 20%，真好。我們兩個人邊聊天邊逛街，我看上一件套裙，剪裁、質感很好，但是價格有點高，好不容易才招架住朋友和店員的勸，唉，商場裡的衣服愈來愈貴了。和朋友分開後，各自回家，租屋樓下就是一家彩券投注站，門口的橫幅上寫著『恭喜 ×× 在我站投注獲 ×× 大獎』。想想剛才錯過的裙子，我走了進去，精挑細選買了十張。回家後打開電腦處理了一點工作，然後繼續學習網路提升課程，每週只能抽出週末的兩小時學習，這是第三週了，希望能堅持下去，明年也能跳槽加薪成功。」

這位女士今天的開銷是：外出用餐 200 元，網路課程 399 元，彩券 20 元，其他費用 80 元。從帳目紀錄上看，這位女士的錢包今天共支出 699 元。

所有的支出可以分為三類：消費支出，為了滿足生活必需或個人欲望而花錢；投資支出，為了增加將來的資本（生產能力），而投入現有資本的活動；投機支出，做好了虧損的心理準備，挑戰一下，看能否獲得比付出的金錢更多的超額回報。

分析一下這位女士今天的支出，將其歸入三個錢包中。

消費錢包：餐費、其他費用
投資錢包：課程費用
投機錢包：彩券費用

消費與投資互相聯繫、關係緊密，既要保持平衡，又要分清輕重緩急。對於年輕人來說，消費錢包應該合理控制，投資錢包應該盡量充足，因為年輕可以設置一定金額的投機錢包，以小博大，但不要「貪杯」。

用投資的思路看待成長

曾經有人問羅振宇，如果給你花不完的錢，你會怎麼花？

這個自媒體領域風口浪尖上的人物是這樣回答的，他說自己腦袋裡首先跳出來的是一張鬆軟舒適的沙發。

他坦承自己對飛機和遊艇並不感興趣，還是買個好點的沙發實在，可以躺在上面，慢慢消磨時光。

沙發好像用不了那麼多錢，他想了想，說如果非要有這麼變態的一道題，他會花錢僱一個豪華團隊，為他跑遍世界尋找各個領域的「大神」，他們有洞見、會表達，他們能夠為自己專門打造一堂堂精采的課程，告訴他那些聞所未聞的事。

不得不讚嘆，羅振宇真的很會花錢。

沒有什麼比讓自己愈活愈值錢回報更高的投資了。

羅振宇捨得花大錢投資自己，把「大神」們厲害的地方都化為己用，這就是「高段位」的花錢。

用投資的思路去看待成長，眼光就會不同，就會更長遠。大多數時候，成長比成功還重要。

Chapter 03

給自己的財務狀況把個脈

戰國時期，有位醫生被尊為「醫祖」，他就是大名鼎鼎的神醫扁鵲。

一次，魏文王問扁鵲：「你家兄弟三人，都精於醫術，到底哪一位醫術最高呢？」扁鵲答：「大哥最高，二哥次之，我最差。」

魏文王又問：「那麼為什麼你最出名呢？」扁鵲答：「大哥治病，是治病於病情發作之前，由於一般人不知道他事先能鏟除病因，所以他的名氣無法傳播出去；二哥治病，是治病於病情初起時，一般人以為他只能治輕微的小病，所以他的名氣只在當地傳播；而我治病，是治病於病情嚴重之時，一般人都看到我在經脈上穿針管放血、在皮膚上敷藥等等，以為我的醫術高明，名氣因此響遍全國。」

在現實生活中，我們也常會只關注出了問題（特別是大問題）後該如何解決，而忽略了預先處理和事前掌控。

近年來，體檢愈來愈受到年輕人的重視。一是因為大家健康意識逐漸加強，對於身體健康愈來愈重視；二是事實證明，透過體檢，在身體出現小問題的時候及時治療，治療效果更好，治療成本也更低。如果到了疾病爆發的時刻，可能就已經錯過了最佳治療期，錢包受罪，人更受罪。同理，對財務狀況也需要進行「體檢」，從而發現問題，解決問題，為下一階段的投資理財做好準備。

步驟一｜查看應急備用金夠用嗎

衡量標準：流動性比率。

計算方法：流動性比率＝流動資產÷每月支出。

理想參考值：3 ～ 6。

　　這個比率代表的是應急能力的高低，也就是說，在沒有收入的情況下，應急備用金能否支撐一個人或一個家庭一段時間的正常生活，涵蓋衣食住行方方面面的開銷。

　　不要覺得這種情況距離我們非常遙遠，不少年輕人在剛開始工作的時候，由於積蓄不多，即使工作再不喜歡、再沒有前景，在辭職的時候都要戰戰兢兢。因為沒了飯碗，吃飯都成問題，你如何能保證自己在很短時間內就找到心儀的工作呢？這時候應急備用金就是你辭掉老闆的底氣。再比如一個大城市的普通三口之家，雙方收入再高，一旦一方突然失業，大城市高額的開銷及不能中斷的車貸、房貸都會追著你跑，讓你在面對突發狀況時，無法也無力招架。

　　我們用流動性比率，也就是一個家庭中流動資產與每月支出的比值，來簡單計算一個個體或者家庭的應急備用金是否充足。一般而言，流動性比率至少應在 3 左右，也就是說，要預留出三倍於每月支出的流動資產作為應急備用金。對於不同人群來說，這個比值還應該有所調整。比如對於收入來源不穩定的個人或者家庭，比值應達到 6 以上，12 為佳；高負債、高消費家庭的流動性比率則應該達到 12 以上，24 為佳。

　　這筆錢放到哪裡比較合適呢？

　　由於這筆錢是應急備用金，因此應該要能隨時取用。放到家裡就太老土了，既不安全又沒有放大資金價值。很多朋友會把這筆錢放到銀行活存，也就是發了薪水、獎金，就任其趴在金融卡上「睡覺」。這樣做利率確實太低了，幾乎可以忽略。建議朋友們將這筆錢放到安全性高、收益穩定、流動性好的貨幣基金中。中國最知名的貨幣基金

恐怕就是支付寶旗下的餘額寶了，但是現在餘額寶已幾次下調了購買額度，甚至需要搶額度，每天 9：00 開始，幾分鐘就賣光了。

實際上，除了餘額寶，中國還有很多合適的貨幣基金，比如支付寶網上銀行的餘利寶、騰訊理財通的零錢理財、京東旗下的小金庫等等。另外，銀行推出的一些貨幣基金使用體驗也很不錯，比如招商銀行的朝朝盈等等。

步驟二 │ 查看負債比例是否過高

衡量標準：償債比率。

計算方法：償債比率＝每月償債額÷月收入。

理想參考值：理論上以 30% 左右為佳，最高不超過 50%，根據具體情況可適當提升。

著名財經作家吳曉波說：「負債是實現財富自由的第一步。」這句話單獨看有點絕對，但放到負利率時代的大背景下，就顯得意義非凡。

負利率時代是消費者物價指數快速攀升，導致銀行存款利率實際為負的時期。

中國已經進入低利率時代，甚至有研究機構如海通證券認為「零利率將是長期趨勢」。

有錢人都在賺「睡後收入」，普通人卻是在睡夢中被蠶食本就不多的資產，還有比這更悲傷的故事嗎？

　　但你看，身邊太多人都是如此，早出晚歸辛辛苦苦地工作，每月賺取不多的薪水還要省吃儉用，滿懷希冀地將這筆錢存進銀行中，暢想著未來富裕的生活。

　　所以吳曉波說：「要學會利用貨幣的槓桿效應，放大自己的財富。」

　　吳曉波本人也是槓桿效應的受益者。十幾年來，他一年買一間房子，全世界各地去買，但最看好的還是中國，如今他的身家超過 10 億元。

　　他提出過一個「屌絲*告別曲線」理論很有趣，如圖 3-1 所示：

圖 3-1　「屌絲告別曲線」

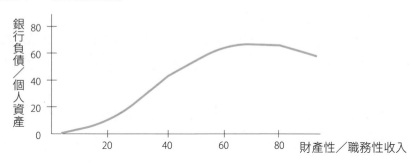

・重度「屌絲」──銀行貸款為零
・中度「屌絲」──銀行負債：個人資產＜ 1：5
・輕度「屌絲」──銀行負債：個人資產＜ 2：5

　　讀者朋友們可據此查看自己屬於哪個區間，看看差在哪裡，爭取

＊網路用語，意指相對於「高富帥」、「白富美」，生活拮据的失敗者。

早日「逆襲」。

當然，並不是負債愈多愈好。負債多少合適呢？

關於負債多少合適，個人認為沒有放諸四海而皆準的標準，需要考量的因素很多，包括家庭成員的年齡構成、風險承受能力、收入是否持續穩定、家庭保障是否完善等等。

但總體來說，為避免因負債造成財務危機，要求在家庭財務能力可以承受的範圍內，不影響現有家庭生活水準為宜。

這裡要介紹一個概念：償債比率。償債比率可用來衡量個人或者家庭償債能力的高低，具體數值為每月用於償債的金額占月收入的比重。償債比率過高的個人或家庭可能因為過高的債務導致生活品質的降低，也更容易發生財務危機。

半年前，我認為 50% 的償債比率對我們這個雙薪小家庭已是極限，但現在看，房價在上升，薪資水準在提高，我的理財能力也在不斷提升，壓力已明顯減小。

我的朋友在北上廣*，感受更為明顯。剛買房時小倆口的月收入是 1 萬多元，房貸就要還 1 萬元，壓力大得要命。三年後呢？兩個人薪資都有大幅增長，房貸早已不在話下，房價更是漲了一倍。

當然，每個人、每個家庭還要從實際出發。如果小家庭年齡構成較大，超過 35 歲，償債比率可適當降低，因為人到中年，會有一個大的消費區間，包括子女的教育金等等；如果小家庭收入較高，未來還有不錯的收入提升空間，償債比率可適當提高。

---

*中國三大城市的簡稱，即北京、上海，廣州。

步驟三 ｜ 查看家庭保障是否齊備

> 關注重點：家庭收入的主要貢獻者是否配備了相應保障。
>
> 配置原則：家庭中誰的責任最大、誰的在經濟方面貢獻最大、誰發生風險家庭更容易陷入困境，就先保障誰。

年輕時對保險的作用體會不深，學習理財之後，愈來愈深刻地體會到家庭財務安全的重要性。儘管我們都不希望不幸發生，但天災人禍不可避免。與其避諱這個話題，不如未雨綢繆，為自己和家庭提前做好風險備案。

我們能做的，是在風險來臨之前做好預防。在風險面前，最有用的就是充足的資金了。

出於這樣的考慮，購買一些種類的保險變成了我們必須考慮的事。保險能幫助我們轉嫁一定的未知風險。花了錢，如果遇到狀況，能有一筆錢和災難對抗；如果沒發生什麼事，一些險種也能帶來一定的投資收益。

在配置保險的時候，有幾個基本原則需要注意。

投保時大人優先還是孩子優先

中國人的觀念是，凡事孩子優先，父母都希望把最好的給孩子。但在為家庭配置保險時，這種想法是否是最科學的呢？其實大部分保險經紀人都會建議在投保時大人優先。

第一，家庭的經濟支柱更需要保障。家庭是一個基礎性單位，在

這個小集體中，首先要保障的是「頂梁柱」，也就是經濟支柱，因為一旦經濟支柱出現問題，家庭的整體財務狀況很可能陷入困境。到時候，誰來繼續給孩子繳納每年的保費呢？

第二，相比孩子，大人更容易出現問題。現代人面臨高強度的工作、更為複雜的外部環境，生病或者遭遇意外的概率更高。因此把保額更大的保險分配給大人，起作用的可能性更大。

第三，大人身上背著更多的責任。尤其是已組建家庭的中年人，上有雙方父母要贍養，下有孩子要撫養，中間有房子、車子要供養。如果沒有雄厚的家產，一旦夫妻雙方有任何一方出現意外，小家庭很可能陷入財務危機。

我們努力奮鬥，為的就是讓一家人平安喜樂地度過一生，這個夢想的核心，不是孩子，不是老人，恰恰是我們自己。

 買消費型保險還是儲蓄型保險

首先介紹一下這兩種類型的保險。

消費型保險是一種傳統的保險品種。簡單來說，就是拿錢買保障，你花 1000 元和保險公司簽訂一份一年期的合約，在約定的時間內，發生保單中承諾保障的事情，保險公司會按照約定的保額進行賠付，如未發生，到期合約終止，錢歸保險公司。

後來保險業在發展過程中，慢慢衍生出了投資理財的功能，出現了一些具有儲蓄作用的險種。比如，投保人每年給保險公司交 1 萬元，保險公司為投保人提供保障，過些年，保險公司不但把本金還給投保人，還會給投保人一定金額的利息。

這就是新型的儲蓄型保險，兼具了保障和儲蓄的功能。

儲蓄型保險又稱返還型保險、投資型保險，凡是跟「分紅」、「萬能」等字眼有關的保險，基本都屬於這一險種。

看上去，第二種更划算，但你稍微有點理財常識就會發現，保險公司能夠給投保人提供的利息實在非常有限。十幾二十年後，用返還給投保人的利息計算一下利率，比銀行一年期定期存款的利率還低。

不過對於保險公司來說，儲蓄型保險才是利潤大頭。而對於保險業務來說，因為儲蓄型保險能提供的佣金更高，所以他們也更願意推銷儲蓄型保險。

儲蓄型保險划算嗎？

在這兩種保險類型的選擇上，我覺得還是要「因人而異」。

儲蓄型保險有其存在的意義。對於不會理財也不想理財的人來說，起碼「強制儲蓄」的功能就很重要。

對於不少「月光」族來說，每年存下一筆錢是很困難的，但儲蓄型保險每年強制投保人繳納一筆錢，這樣既能存下本金，又有保障功能，還兼具投資理財功能，對他們來說，是適合的。

用我一位同事的話說：「是不怎麼好，但省心啊，等於替孩子存下一筆錢。」

可以說，兩種類型的保險各有優勢，投保人應該結合自身情況，為自己合理配置不同險種。

步驟四 │ 查看家庭理財效果好嗎

> 衡量標準：資產成長率。
> 計算方法：資產成長率＝資產變動額 ÷ 期初總資產。

資產成長率用來衡量個人或者家庭的總體理財效果，與衡量某個理財產品的年化報酬率的計算公式類似，但家庭的資產變動額實質上包含兩部分，即薪資收入與理財收益，兩者之和減去生活成本（即所有支出），就是資產變動額。顯然，資產成長率愈高，證明資產產生的被動收入愈多，也就說明財務狀況愈好。

還記得前文提到的通貨膨脹嗎？如果你的資產成長率低於通貨膨脹率，就說明你努力積攢下來的錢，不但沒有升值，還被通膨白白蠶食了購買力。

我們來回顧一下複利的三大要素。

複利有三大影響因素，分別為本金、報酬率和時間。

本金

如果想七年積累 100 萬元現金資產，有以下幾條可行路徑：

1. 每年投入 10 萬元到一個年化報酬率為 12% 的投資項目，七年後你會擁有 100 萬元。

2. 每年投入 10.6 萬元到一個年化報酬率為 10% 的投資項目，七年後你會擁有 100 萬元。

3. 每年投入 11.2 萬元到一個年化報酬率為 8% 的投資項目，七年

後你會擁有 100 萬元。

4. 每年投入 12 萬元到一個年化報酬率為 6% 的投資項目，七年後你會擁有 100 萬元。

這其中的變量你也看到了，當年化報酬率下降，只要稍微增加資金投入，同樣可以實現既定的目標。

對絕大多數人來說，把年化報酬率從 6% 提高到 10% 遠比每年多投入 1.4 萬元要難多了。

報酬率

報酬率和時間同等重要。

假設你每個月投資 100 元，在年化報酬率分別為 7%、12% 和 15% 的情況下，35 年後的結果分別為：16.6 萬元、52.4 萬元和 107.8 萬元。

坦白地說，如果投資報酬率過低，連通膨率都跑不贏，那還不如現在就把錢花掉享受一下。

這裡有個心算複利的公式，叫「72 法則」，也就是用 72 除以年化報酬率，就可以快速得到投資翻倍所需要的年數。

比如你能達到 12% 的年化報酬率，那投資翻倍需要的時間為：$72 \div 12 = 6$（年）。

時間

假設你從 30 歲開始，每月存 400 元，如果這筆錢保持 12% 的年化報酬率，那麼 65 歲時，你將獲得 210 萬元。

如果你從 45 歲開始儲蓄，那麼你只有 20 年的時間，如果你也想獲得 210 萬元，就必須將每月存款額增加六倍，即 2400 元。

因此，請記住，愈早開始，事情愈簡單。

班傑明‧富蘭克林（Benjamin Franklin）的名言是這樣說的：通往複利殿堂的路有兩條，提高報酬率和增加投入，如果你聰明過人，就會雙管齊下。

只要能夠保障有源源不斷的收入，保持償債比率在合理區間內，並且配置好家庭保障，那麼總體的財務狀況會是相對安全的。如在未來不斷地加速積累金融資產，則在相對較短的時期內，便可讓個人或家庭財務達到良好的狀況，為下一步做好準備。

Chapter 04

明確你的理財方向

有句話說：「如果沒有明確的方向，那麼無論來自哪個方向的風，對你來說，都是逆風。」想要擁有良好的財務狀況，讓資產保值增值，跑贏通膨，將會是一個系統工程。第一步就是，制定投資目標，明確理財方向。

只有寫下來的才是目標，否則就只是一句空談

制定目標的重要性

美國哈佛大學有一項非常著名、關於目標對人生影響力的追蹤調查，對象是一群智力、學歷、環境等條件差不多的年輕人，調查結果發現：3% 的人有清晰且長遠的目標，並能把目標寫下來，經常對照檢查；10% 的人有清晰但短期的目標；60% 的人目標模糊；27% 的人沒有目標。

25 年的追蹤研究結果顯示：

第一組，有清晰且長遠目標的人，25 年來幾乎不曾更改過自己的人生目標，朝著同一方向不懈地努力，25 年後，他們幾乎都成了社會各界的頂尖成功人士，他們之中不乏白手起家的創業者、行業領袖、社會精英。

第二組，有清晰短期目標的人，他們大都生活在社會的中上階層，他們的共同特點是不斷去達成那些短期目標，生活狀態穩步上升，成為各行各業不可或缺的專業人士，如醫生、律師、工程師、高級主管等等。

第三組，有模糊目標的人，幾乎都生活在社會的中下階層，他們能安穩地生活與工作，但都沒有什麼特別的成績。

第四組，沒有目標的人，他們幾乎都生活在社會的最底層，他們過得不如意，常常失業，靠社會救濟生活，並且常常都在抱怨他人、抱怨社會、抱怨世界。

請把你的目標寫下來

美國加州多明尼克大學（Dominican University of California）的教授蓋爾・馬修斯（Gail Matthews）研究發現，把事情寫下來，最後能做到的概率會提高 33%。這一結論適用於大大小小各種各樣的事情。把目標寫下來，能幫助我們處於更好的狀態，我們會更知道自己在做什麼，更知道自己想做什麼，也會更有條理、更有動力去衝破難關。因為，把事情寫下來本身就是一件充滿力量的事情。

德國理財入門書《小狗錢錢與我的圓夢大作戰》中，錢錢教琦菈做的第一件事，就是寫下她的賺錢目標。於是琦菈寫下了「擁有一輛18 段變速的腳踏車、擁有黑色的名牌牛仔褲、擁有一臺電腦」等十個目標。

有了目標，才有行動的方向。從此，琦菈在錢錢的帶領下走上了獲取財富之路。

我們也一樣，在理財的道路上，切忌「假大空」*，類似「我要賺很多錢」這種話意義不大。

很多錢是多少錢呢？ 1 萬元、5 萬元、10 萬元、100 萬元，還是

＊意指說假話、大話、空話。

1000 萬呢？如果一個目標無法量化，那它就無法在你心裡扎根，你也就無法讓它發芽成長，進而結出累累碩果。

目標必須是詳盡、可量化、可檢驗的

✒ 請制定「可靠」的目標

如果你的目標是「我要賺很多錢」，請你馬上修改。因為這個目標不詳盡、不可量化，也不可檢驗。

很多錢是多少錢呢？

是看一場明星演唱會的費用 1000 元，是一次全家旅行的費用 2 萬元，是一間房子的頭期款 30 萬元，還是讓你財富自由的本金 500 萬元呢？

目標的制定要結合自己的實際狀況，目標要具有可操作性，最好是你需要努力才能實現的。

比如小 A 每個月收入 5000 元，那制定每個月賺 2000 元的目標就比較實際，加把勁可以定為賺 3000 元。

算下來，一年可以賺下少則 2.4 萬元，多則 3.6 萬元，加上平時的獎金、年終獎金等等，小 A 給自己制定的年度賺錢目標應該在 5 萬元左右。

有了這個目標，小 A 就可以大膽地開始賺錢了。

制定目標的 SMART 原則

說到制定目標，可能會有讀者提出這樣的疑問：我也不知道自己要賺多少錢才能自由。

這個時候，我們不妨靜下來問問自己：我理想中的財務狀況是什麼樣子的？

我在理財初期曾經這樣記錄自己的人生目標：

· 我希望自己有事做、有人愛、有錢花
· 我要變成大廚，做出美味菜餚
· 我要讀很多書
· 我要賺很多錢
· 我要瘦成一道閃電
············

後來用了制定目標的 SMART 原則進行比對，就發現了問題所在。

SMART 是由五個單詞的首字母組成的，分別為：S ＝ Specific，M ＝ Measurable，A ＝ Attainable，R ＝ Relevant，T ＝ Time-bound。即在制定目標的時候，需要遵循五項原則：內容明確、可以測量、具有可行性、與其他目標具有一定的相關性，並且有明確的時間節點。

由此定義出發，可以發現我之前制定的目標並不能作為真正的目標，原因在於：

不夠明確

比如第一條目標——希望自己有事做、有人愛、有錢花——是一條看上去很美的目標。但實際呢？太過空泛，就像天邊漂亮的雲彩，看上去很美，但看不清具體形狀，風一吹就跑了。

不可測量

讀很多書、賺很多錢、瘦成一道閃電就犯了不可測量的錯誤。

很多書是多少書？50本、100本，還是200本？很多錢是多少錢？是5萬元、10萬元，還是50萬元、100萬元？一道閃電又是多少公斤呢？

如果一個目標不可測量，那它距離實現，可能只有一毫米，也可能有一光年，全看你怎麼說了。

沒有明確的時間節點

很顯然，我在制定目標時沒有給自己一個明確的時間節點，這樣很容易明日復明日，遲遲無法將目標付諸行動。

以讀書為例，我屬於喜歡閱讀，閱讀速度也還算快的人，因此如果給自己制定的目標是每週閱讀一本書，很可能產生不錯的效果，這比單純說「讀很多書」，更能引導我的行動。

現在請拿出一支筆、一張紙，按照以下三個簡單的步驟操作。

第一步，寫下近五年內最想實現的五個願望，註明需要多少錢。

第二步，在五個願望旁，分別寫下你為此做了哪些財務準備。

第三步，計算按照目前的財務狀況，你還有多少財務缺口。

第一步，近五年我最想實現的五個願望是：

· 每年閱讀 52 本書
· 瘦身十公斤
· 每年長途旅行一次
· 讀 MBA
· 買第二間房子

第二步，為了實現這些願望，我需要準備這些錢：

· 一本書 30 至 60 元不等，一年大約需要資金 2000 元
· 瘦身需要去健身房，年卡 2000 元，私教課程一堂 200
  元，預算每年大約 1 萬元
· 長途旅行每年約 2 萬元
· 讀 MBA，預算 20 萬元
· 按照當地房價，頭期款需 50 萬元

第三步，按照目前的財務狀況，我還差多少錢：

我當時小家庭所有的現金資產不過十幾萬元，我看了自己理想生活需要的開銷，一股巨大的失落感油然而生。

需要的錢太多，缺口太大了。

怎麼辦，請仔細閱讀後文。

在接下來的 48 小時內立即行動起來，向目標前進

 行動力的重要性

讓我們假設你的目標是買一間屬於自己的房子。想一想，你即將住進屬於自己的房子，有落地窗、有柔軟的沙發、有薰香，還有大浴缸……這是不是令你開心不已？

這是一個中長期的目標，現實中，你不能指望自己在幾個月裡實現它。但這並不意味著你現在無事可做，在接下來的 48 小時內，就開始為這個目標努力吧。

例如，你可以到網路上瀏覽相關地產的資訊，看看過來人的買房經驗。然後你可以打給房地產開發商或者房屋仲介公司，看看能否得到一些待售房屋訊息，看看能否既符合你的價位要求，又令你感興趣。你還可以關注房地產從業人員，以便掌握當地房屋的情況。

你還可以做很多事，關鍵是要去做。要採取行動，以使你寫下的目標看上去更真實和確定。

當你開始行動後，一切就會順利起來。

有這樣一個小故事：

　　一位農夫一早醒來，跟妻子說要出門去耕地，當他走到自家田地時，卻發現耕地的機器沒油了。農夫打算立刻去加油，又突然想到家裡的三隻豬還沒有餵，於是轉身回家。經過倉庫時，看到旁邊種的馬鈴薯，他想到馬鈴薯可能正

在發芽，於是又走到馬鈴薯田裡去。路途中經過木材堆，又惦記家中需要準備一些柴火。當要去劈柴的時候，瞥見一隻生病的雞躺在地上……來來回回，反反覆覆，跑了幾趟，農夫從清晨一直到太陽下山，油也沒加，豬也沒餵，田也沒耕……什麼都想做，最後卻什麼事也沒有做好。

當你把目標確定下來後，你要做的是把 80% 的精力放在 20% 的目標之上。

八二法則告訴我們，人生 80% 的成績取決於在 20% 重要事情上的努力，現在你的關鍵 20% 已經在眼前，你要做的就是——在接下來 48 小時內立即行動起來。

向長遠目標前進

不少朋友雖然知道了理財的重要性，也制定了相應的目標，但遲遲沒有行動。我問過很多身邊的朋友：「你們很早就說要學習理財，怎麼遲遲沒有行動？」他們有的是從未開始，覺得工作已經夠累了，實在不想費腦筋去想記帳賺錢的事情；有的是短時間內看不到成果，耐心過早地被消耗殆盡，覺得與其花費力氣理財，不如拿錢去享受、去「買買買」更痛快、更爽；還有的是半途而廢了，剛剛積攢了一筆本金，轉身就拿去買了新車或奢侈品犒勞自己。

送你兩條箴言：

一，理財要趁早。愈早開始理財，愈容易創造超出你預期數目的財富，理財開始最好的時機是十年前，其次是現在。

二，財富在未來。財富積累的道路上，剛開始的很長時間裡，似乎都看不到希望，但時間會為用心堅持的人在未來準備最甜美的果實。

投資理財中有個最為重要的概念，就是複利。我們都知道複利好，無論是財富，還是人生中任何可以積累的事情，都有著強大的複利效應。

但你去看複利曲線就會發現，這是一條指數型曲線，在開始的很長一段時間裡，它的上升是如此平緩，慢得幾乎讓你懷疑它是否在上升。

當你熬過這段時間，那條曲線會以令你驚訝的速度和斜率，飛速上升。

現在我來出一道數學題，請作答。

在一座荷花池中，第一天荷花只開了幾朵，第二天開花數是前一天的兩倍，之後的每一天，開花數都是前一天的兩倍。

假設到第 30 天荷花開滿池塘，請問：在第幾天的時候，池塘中的荷花開了一半？

如果你的回答是第 15 天，相信我，你並不孤單。

其實答案是，第 29 天。

這就是著名的荷花定律。

答錯的原因並非僅僅是數學不好，而在於大部分人在人生中沒有經歷過艱難的堅持階段，沒有咬牙熬過第 29 天，因此沒能等到「人生荷塘」中第 30 天滿塘荷花盛開的景象。

拚到最後，你會發現，聰明和才智固然重要，但關鍵因素還是老

生常談的兩個字——堅持。

將你的目標放在每天都能看見的地方

我一度非常喜歡跑健身房，瑜伽、跑步、重訓一樣不少，但苦於自己練習成果並不明顯，所以後來請了一位身材健美的私人教練。教練說，他當初把偶像的照片貼在家中最顯眼的位置上，每天看，激勵自己一點點從小胖子練成如今的身材。

這讓我想起自己很尊敬的一位朋友，她當業務成績斐然。她曾告訴我，她會將每一個銷售環節的目標，都設置成自己電腦的螢幕保護圖案，這樣每次她休息的時候都能看到自己的目標。

於是我發現了一個讓目標更容易實現的小訣竅，那就是——把你的目標放在每天都能看見的地方。

我自己的做法是，把目標寫在一張漂亮的紙上，貼在床頭，這樣我每天都可以看見它。我還會把目標設為手機的桌面，這樣我每天會無數次地看到自己的目標。

我認識的一些朋友還會把目標貼在浴室鏡子上。其實，貼在哪裡不重要，關鍵在於你每天都能看到你的目標。透過每天（最好是在早上剛睡醒時）瀏覽，你能不斷地堅定生活的目標。

結果，你會發現自己下意識地尋找能幫助自己實現目標的訊息和社會資源。另外，每天溫習自己的目標還會使其更加清晰，並最終變得非常個性化和切實可行。

將你的目標告訴你愛並且信任的人

如果你不告訴任何人你的目標是什麼，那你的行動很可能付諸東流。

如果把目標告訴你愛並且信任的人，你離目標就更近了一步。

除此以外，我還讓家人參與進來。

我受論壇的啟發，把 52 週存錢計畫進行了改良，每週和先生各存 100 元，打算存個 52 週，當作我們的旅行基金。每週 100 元，不痛不癢，是屬於我們原本存錢計畫之外的行動，年末的時候估計感覺會像撿了一筆錢，那是整整 10400 元。

每週固定的時候，我都會發一條有趣的簡訊，提醒他轉帳給我，繼續存錢計畫。

比如：

尊敬的 × 先生您好！

由於這兩天您未給老婆補血，她已失血過多，危在旦夕，請選擇——

1. 置之不理

2. 拯救她

如果他選擇 2，我就繼續：

請選擇如何拯救她——

1. 轉帳 100 元，繼續 52 週存錢計畫
2. 給她買包、買衣服，帶她吃大餐

來來往往，妙趣橫生，既存了錢，又增進了彼此的感情。

每年至少回顧一次自己的目標

這節要說的是覆盤的意義。

什麼是覆盤

《荀子・勸學》中講到「君子博學而日參省乎己，則知明而行無過矣」，說的就是要學會覆盤。

覆盤這個詞最早源於棋類術語，指對局完畢後，覆演該盤棋的紀錄，以檢查對局中對弈者的優劣與得失。

覆盤被認為是圍棋選手增長棋力最重要的方法，單調但最有效。

覆盤作為一種常用的工具，運用範圍非常廣泛，在理財中也很常用。

覆盤的四個步驟

- 回顧目標：回顧要覆盤事件的目標，將手段當成目標是我們常犯的錯誤。
- 評估結果：比對結果和目標，進而發現問題。
- 分析原因：透過敘述過程、自我剖析、眾人設問，來

總結規律。

· 總結經驗：覆盤的結論如果落在偶然事件上，則說明
覆盤沒有到達邏輯層面；覆盤的結論如果指向人而不
是事，也說明覆盤沒有到位，因為覆盤的最終目的是
透過事件總結出客觀規律。

 柳傳志環

這是在聯想被廣泛使用的工作方法，又稱 PDF 環。P 代表
Preview，指沙盤推演；D 代表 Do，指做的過程；F 代表 Fupan，指
覆盤。

相當於讓人三次做同一件事情，沙盤推演有備案，執行有實際經
歷，覆盤可以事後重來。

透過這種方法，可以對一件事掰開了、揉碎了進行分析，經過充
分咀嚼後，獲得盡可能多的經驗、真相和規律。

當你時常把自己的目標拿出來審視時，你也給自己提供了調整方
向、積蓄力量的機會。

我們常常高估自己一天能做的事情，而低估自己一年能做的事
情。當我們在一年裡至少回顧一次自己的目標時，我們會欣喜地發現
自己或許早已實現了它。

積少成多的
強大力量

一座新組裝好的小鐘被放在兩座舊鐘當中。其中一座舊鐘對小鐘說：「來吧，你也該工作了。可是我有點擔心，你擺完 3000 萬次以後，恐怕要吃不消。」

「天啊！ 3000 萬次！」小鐘吃驚不已。「要我做這麼大的事？辦不到，辦不到。」

另一座舊鐘則說：「別聽它胡說八道。別怕，你只要每秒擺一下就行了。」

「真的這麼簡單嗎？」小鐘半信半疑，「如果是這樣的話，我就試試吧。」

小鐘很認真地每秒「滴答」擺一下，不知不覺中，一年過去了，它擺了 3153.6 萬次。

這就是積少成多的力量。

理財也是同樣的道理，要從小事做起，小事做到位了，你會發現，自己已經在不知不覺中養成了良好的理財習慣，財務狀況也在潛移默化中改善了。

具體應該怎麼做呢？本章為大家準備了九個小練習，你能以此作為培養自己理財習慣的起點。這些小練習是循序漸進的，相信它們會幫助你逐步建立起良好的習慣，進而掌控自己的人生。

練習一｜記帳一個月

朋友小 A 最近和我抱怨，感覺也沒買什麼東西，可每個月都存不了錢，月月「月光」，偶爾超支了還得動用先前的存款。

小 A：兩個人薪資加起來幾千元，也沒孩子，也不用還貸款，錢都花哪裡去了？

我：以前我也是「月光」一族，但我現在治好了這種病。

小 A：這麼神奇？

我：是啊，很簡單，記帳就行。

治療「月光」，你可以試試記帳

為什麼記帳可以治好「月光」這種病？原因有以下幾點。

一、改變金錢觀念：君子愛財，取之有道，用之有度

中國的傳統教育中，缺失了財商教育。我的一位閨密說過一句話：「我們從小在學校學了太多東西，但沒有一項是跟賺錢有關的。」

我們常常聽「視金錢如糞土」、「不為五斗米折腰」，彷彿關注金錢是件俗氣的事。但隨著成長就會發現，金錢非常重要，衣食住行、教育醫療，哪一樣都少不了金錢的支持。當我開始尊重金錢、重視金錢的時候，金錢也在向我走來。

我想開源，就有論壇的網友介紹兼職給我，從此我開啟了寫作賺稿費的生活，副業做得風生水起；我想理財賺利息，閨密就帶著我炒股，趕上了 2015 年的大牛市，小賺了一筆；我一直想換房子，就趕在房價大漲之前，買入了 CP 值超高的房子，當上了房東收房租。

這就是吸引力法則在起作用，當你心中想著它、念著它時，全世界都會來幫助你。

二、改變消費習慣：從量入為出到量儲蓄為出

以前我的消費習慣是儲蓄＝收入－支出，現在則是支出＝收入－

儲蓄。

如今網路購物如此發達，快捷支付如此便利，消費變得愈來愈方便。每個月不知不覺間就可以把薪水花光。其實我們真正需要的東西非常少，但是我們卻「眼睛大肚子小」，買入太多並不需要的物品。

學習記帳這個小小改變，幫助我達成了第一筆 30 萬元儲蓄，湊夠了第二間房子的頭期款。

三、提升生活品質：記帳不只是為了省錢，更是為了把錢花在刀口上

我曾經看過一篇文章，一位女孩記帳六年，最後控訴記帳讓她變得小氣，錯過了自我提升的機會。我想說，記帳只是一個工具，它的初衷和目的都不是讓你一味地省錢。而是讓你透過記錄，去實現改變。

我們透過記錄，會發現自己在分配金錢時有哪些不足，在哪些不必要的領域支出過多，在哪些重要的領域有缺失。我曾藉由記帳，發現 2016 年自己在自我投資上花費太少，2017 年在制定預算的時候，我專門列出了相應的預算，2017 年藉由付費學習，我自己收穫的成長比過去幾年都多。

我把有限的治裝預算，用在購買價格更高、品質更好的衣服和配飾上，我花了幾千元辦健身卡並購買私人教練課程，體能有了大幅提升，身材也變得更好。記帳教會我的，是把錢用在刀口上，提升生活的品質。

四、改變生活態度：堅持具有神奇的力量

米蘭・昆德拉（Milan Kundera）說：「麻煩的事情裡頭，隱藏著真正的樂趣。」很多人認為記帳麻煩，其實養成習慣以後，它會變得像吃飯要喝湯、睡覺要關燈一樣日常。當我把記帳這件小事堅持了下

來後，我體會到了堅持的樂趣。因為付出了時間和精力，所以享受起來特別有滿足感。我發現，自己把這種堅持的精神用在哪裡，哪裡就會開花結果。

記帳改變生活

在改變「月光」的狀況後你會發現，記帳還會對生活產生更為深刻的影響。有句話叫「理財就是理生活」，記帳最能體現這點。

一、記帳讓收支清晰明瞭

這一點最好理解，生活中的衣食住行、人情往來花費幾何，透過記帳都可以清晰明瞭。很多人會犯一個錯誤，那就是太相信自己的大腦，認為自己「沒買什麼東西」，但實際情況很可能是你一年買了十雙鞋子、五件大衣、無數使用頻率非常低的東西，塞滿並不寬敞的家，最後換來一個「月光女神」、「月光男神」或者「月光家庭」的稱號。記帳，可以讓你隨時檢閱自己賺了多少錢，花了多少錢，個人或家庭的現金流流向了哪裡，自己可以在哪些方面改善財務狀況。了解自己，正是理財的起點，也是改變「月光」狀況的第一步。

二、記帳是制定預算的基礎

有個朋友很早接觸理財，那時我還是「月光」族。有一次我想拉她陪我逛街，她在電話裡很淡定地跟我說，今年的治裝預算已經用完了，年前不會再買衣服了，不如週末去看場電影吧。那是我第一次知道「預算」這個詞。

當我開始學習理財，想要制定家庭預算時，卻發現我根本不知道明年我們家要花掉多少錢。但有了一年的記帳數據，我可以很輕鬆地

藉由對上一年開銷情況的分析，制定出下一年的家庭預算，並且預估出下一小家庭的淨資產。我們常說「量入為出」，預算就是實現「量入為出」的法寶。而做到了「量入為出」，消費自然會有所控制，不會超出我們的收入水準，長期下來，自然會有所盈餘。

三、記帳幫你記錄個人成長

記帳，透過對一筆筆的流入和支出的紀錄，幫我們記錄下了生活的點滴，這些恰恰是我們成長的軌跡。有句話說，你的時間和金錢花在哪裡，它就會在哪裡開花結果。從小處說，這一年錢是花在了吃喝玩樂還是自我提升上，回頭一看都一目了然。從大處說，買車、買房、結婚、生子，這些人生的重要里程碑都蘊藏在你的帳本之中。你現在的氣質裡，藏著你走過的路、讀過的書、愛過的人，更藏著你花過的錢。

當我向身邊的朋友推薦記帳這個好方法的時候，很多人會比較抵觸。抵觸的原因大體上可以分為兩類。

第一類，怕麻煩。有些人會覺得，這麼點錢，記來記去有什麼用，有時間不如好好工作，多賺點錢，就算是追劇、玩遊戲、滑手機，好歹可以放鬆一下精神啊。

第二類，不敢面對。這些人知道自己喜歡「買買買」，害怕記帳之後帳面難看，不能再繼續愉快地「買買買」了，或者一邊「買買買」，一邊內心糾結，錢沒少花，樂趣還少了。

但是別忘了，等到年中年末，發現距離自己年初計劃存下 5 萬元的目標，還有 7 萬元缺口的時候，你應該會更不開心。甚至更可能的是，你連自己差多少都不知道。

簡單便捷的記帳方法

簡單便捷是堅持記帳的基礎，大家應該都有個共識──太麻煩的事情很難堅持。按照我的方法，你會事半功倍。

一、記錄在帳本上

雖然現在電子產品已經非常豐富，但還是有朋友喜歡紙筆的質感，那也無妨，只是你需要找一個漂亮的本子，這樣你會更願意頻繁地打開它，將收入和支出一筆一筆地記錄好。

二、使用記帳軟體

不得不說，科技改變生活。以往使用紙筆記錄的方法，遠不如記帳軟體方便快捷，而且記帳軟體附加功能更多，之後進行數據匯總、分析比用紙筆更簡單。現在市面上的軟體很多，各有千秋，比如老牌的隨手記、挖財，新興的 Timi、財魚管家等等。不必拘泥於某個 App，因為各款 App 基本功能類似，沒有很大的差別，你看誰順眼，用它就好。

三、合理設置帳目類別

生活中的開支項目很多，如果只是單純地記錄流水帳，後期帳目的整理和分析就會變得很困難，記帳的意義也就失去了大半。

就像我們讀書時老師說的那樣，上課聽講只是學習的第一步，後面的複習鞏固意義更大，當我們把衣食住行細緻地分門別類後，我們就可以更為輕鬆地對消費去向了然於胸。

比如經過分類，我們可以知道哪個大類的支出比較多，然後回過頭去，分析這筆錢花得合理不合理，並適當調整下一階段的預算，做

到「更聰明地花錢」。

四、合理設置記帳時間

　　進項我一般選擇入帳後馬上記錄，開支我會晚上睡前用兩分鐘把各項記錄下來。你也可以選擇每筆消費都隨時記錄，但不建議拖到第二天，不要太相信自己的記憶力，好記性不如爛筆頭。另外，記錄的時候最好是有這筆開銷的關鍵詞，比如「×× 品牌長款大衣」、「×× 品牌黑色短靴」等等，這樣回頭檢視可以一目了然，買東西的時候也不容易買錯。

練習二 ｜ 找出非必要的大額支出

　　本節內容僅限記帳一個月成功的朋友可解鎖閱讀，如未做到請自行返回上一節。

　　歷經一個月的記帳之後，相信你已經對自己的月收入和月支出有了一個直觀的認識。對於有固定工作的朋友來說，收入基本上是比較穩定的，支出則可能千變萬化。

　　閨密林妹妹在我的建議下開始記帳。一個月之後，她驚奇地發現，自己單月花在咖啡上的錢就有 1000 元。翻帳本發現，她幾乎每天都要喝星巴克，一杯拿鐵 35 元，她還喜歡買杯子，星巴克的隨行杯她見到新款就要買。也許有人認為自己離不開咖啡，但對於想要省錢的朋友來說，你或許真的要問問自己，咖啡需要每天喝嗎？或者一定要喝星巴克嗎？我這樣問她，她想了想，說其實也不是必須喝，只是每天上班都路過星巴克，就會習慣性地帶一杯。

這之後她換了一條路線，上班路上不會經過星巴克，咖啡改成自己買咖啡豆自製，味道更好，格調更高，花費還少了許多。

這就是記帳的魅力。

練習三 | 記帳三個月到一年

當你剛開始記帳的時候，大概不太會考慮記帳的類別，可以根據記帳軟體的設計來具體操作，但如果你想長期記帳，那就需要根據自己的情況設置記帳類別了。

表 5-1 是我經過兩年記帳的調整後形成的記帳類別，適合三口之家，如果你是單身狀態，可去掉「孩子」類別。類別不建議分得過細，那樣意義不大，也不建議過於粗略，那樣不利於後期進行數據分析。

有兩個小方法可以幫助你堅持下來。

一、讓家人和朋友監督你

我開始記帳的時候，就請我的先生監督我，時間長了，他也躍躍欲試，加入記帳的行列。一個人走路，會孤單、會寂寞；兩個人走路，

表 5-1　我的記帳類別

大類	序號	項目
衣	1	上衣褲子
	2	鞋帽包包
	3	保養化妝
	4	老公的衣服

食	5	早午晚餐
	6	水果零食
住	7	房貸
	8	物業停車費
	9	水電氣暖*
行	10	交通費
	11	油錢與過路費
	12	車險保養
生活	13	手機網路
	14	日常用品
	15	大人保險
孩子	16	吃喝穿用
	17	玩具遊玩
	18	教育支出
	19	保險
雜項開支	20	運動健身
	21	休閒娛樂
	22	培訓進修
	23	旅遊度假
人情往來	24	送禮請客
	25	孝敬家長
	26	婚喪嫁娶
	27	慈善捐助
其他	28	特殊

＊指水費、電費、瓦斯費與暖氣費。

就有了更多樂趣；一群人走路，更可以動力十足。人受環境的影響非常大，如果你身邊沒有這樣的小夥伴，可以選擇到論壇中尋找同伴，和志趣相投的小夥伴組團。

二、體會記帳的甜頭

心理學研究顯示：沒有正向回饋的事情很難堅持。記帳不只是記錄各項支出，你的資產和理財收益也在記帳的欄目中。理財收益是真正的被動收入，也就是並非由你的工作帶來的收入。看著資產欄不斷增長的數字，心裡自然就多了成就感和樂趣。你可以給自己先定一個小目標，比如存下 1 萬元，達成了就獎勵自己一個小禮物，以此鼓勵自己堅持。

練習四 | 制定預算

堅持記帳以後呢？沒錯，是時候給自己制定預算了。

制定預算的作用

生活就像一場長跑比賽。

參加長跑比賽，最重要的是合理分配體力，如果對整個賽程沒有一個合理的預判和規劃，就會亂用力氣，很可能出發不久就精疲力盡，後半程完全亂套。

另外，如果心裡沒底就開始比賽，參賽者就會對比賽充滿恐懼，因為不知道比賽中會發生什麼情況，自己該如何應對，只能被動接受一個失敗的結果。

預算，就像是給你的生活制定備案，使一切有章可循，讓消費、支出變得數字化、程序化。

有了確定的目標值，可以減少很多不必要的開支，並且幫助我們讓金錢最大限度地發揮作用，花小錢辦大事。

有了約束，其實會帶來更大的自由。

買房、買車、養小孩、旅遊，生活中的大筆開銷很多，還有醫療等意外開支。如果不好好規劃，就可能遇到問題措手不及。

所以，有預算，更自由。

制定預算的方法

首先，給要花的錢分類。

第一類：現在要花的錢。指半年到一年時間裡必要的開銷，比如吃飯穿衣、房貸車貸、美容保養、電子產品、學習培訓、奶粉、紙尿褲、玩具、才藝班方面的開銷。

第二類：將來要花的錢。眼前不需要，將來一定會遇到的開銷，比如買房、買車、養老金、教育金、醫療費用等等。

其次，制定預算有兩種方法，根據自己的情況選擇其中一種。

第一種，透過記帳，總結過往收支，以此為基礎，估算下一階段的支出金額。

第二種，先給自己制定盈餘目標，透過消費＝收入－儲蓄的公式，倒推出可以支出的金額。

我個人傾向於第一種方法，因為更貼近實際狀況，也更實用，一個對自己的收支情況完全不了解的人，單憑感覺說出的盈餘目標，很

可能是空中樓閣。

最後，要對制定預算做出幾點提醒。

一、預算是對上一階段的反思

按照前一階段的記帳數據進行匯總整理，找找看，哪些項目開銷過高，是你意想不到的；哪些項目開銷很少，是你應該提高的。

我在記帳第一年年末梳理帳本的時候，發現自己在治裝方面的開銷非常高，但仔細想想並沒買什麼好衣服，也沒有提升穿衣品味。

回頭檢視帳單就發現，自己一年中買了三件大衣、八雙鞋子，這還不是真正的問題，問題在於，當時我的衣櫃中已經有八件大衣，鞋櫃中有 30 多雙鞋子了。

我真的需要這麼多衣服和鞋子嗎？為什麼每次出門之前都覺得少了一件衣服呢？

於是，我就在下一年的消費預算中，對服裝類的預算進行了下調。雖然總體預算下降，但我把之前三件大衣的花費，給一件大衣做足了預算，這件大衣一定品質優良、剪裁得宜，可以穿上幾年都不過時。

二、以年為單位制定預算更合理

我建議以年為單位制定預算，因為一年當中，總有消費比較多的月份，比如過年的時候，需要預留回家的車馬費、包紅包的錢、拜訪親戚購買禮品的錢、買新衣的錢等等，開支可能是平常的幾倍，如果按月進行預算，這個月肯定超支。

當你有了做預算的習慣，預算超支會是一件不太開心的事情。

三、預算總是超支怎麼辦

按照預算消費之後，很多朋友反映：「我又超支了。」甚至有人

說：「我制定預算就是為了超支的。」不要氣餒，這是你的「財務數字化」過程中的正常現象。

你要做的是靜下心來，對比目標值和實際值之間的差額，分析超支的部分到底是該花的還是不該花的，是目標值定得過低、目標設置不合理，還是你的消費欲望過高，掉入了消費主義的陷阱。

如果發現是目標不合理，就要根據實際情況進行調整。事實上，根據記帳數據制定的預算，比憑感覺制定的預算要合理得多。如果支出過多，導致不能實現既定目標，就要減少不必要的支出。但如果發現支出的部分都是必要開支，減無可減，就要調整預算，並努力增加收入，對症下藥。

練習五｜按照預算消費

去年夏天，我和先生一起逛街時，遇到一條紅色的長裙，試穿的時候，所有人都覺得眼前一亮，可一看標價，699 元的價格讓我猶豫了。

當時我心裡就有一個小疑問，699 元買一條裙子，貴不貴？

不同的人，對於這個問題有不同的回答。對於我來說，這個價格正好是一個會讓我陷入糾結的價格。如果放在以前，我會猶豫很久，對於我的消費習慣來說，花差不多 700 元買一條夏天穿的裙子，著實不便宜，但這條裙子我很喜歡，這個價錢也還沒到支付不起的程度，我該如何選擇呢？不管選擇買還是不買，恐怕我都會後悔：買了吧，這筆錢會讓我肉痛不已；不買吧，又會對這條裙子心心念念放不下。

但是現在，我不必糾結，我只是掏出手機，輕點幾下，馬上就決

定買了。

我做了什麼？查看帳本！

我的年度治裝預算是 4800 元，當時半年已經過去，截至我查看帳本的時候，我在服裝品類上的開銷一共是 1558 元，相比我半年的治裝預算少了 842 元，一條 699 元的裙子一點都不貴。

我買下了這條裙子，每次穿它，都會將我襯托得非常優雅，也讓我信心滿滿，這就是「怦然心動的物品」給予女人的愉悅。更重要的是，這筆錢我花得心安理得，不必心疼，這次購物給我帶來的是百分之百的快樂。

各種研究和實踐證明，依靠感覺做事情不可靠，依靠系統才可靠，而預算就是我們家現在的數字系統。

按照預算買東西，不容易超支，還容易買到「貴但有品質」的物品。

練習六 | 不經過 24 小時的思考

不要進行任何超過 100 元的消費

自遠古時代開始，男人與女人的分工就不同。男人在打獵之前，要提前判斷獵物是什麼及如何將其殺死並帶回家中，女人則要到野外尋找蔬果。

有人認為，因為基因的記憶，現代的男人和女人在購物時，也會呈現出和祖先類似的特徵。男人在購物的時候，往往目標明確，並要

東西迅速到手，一旦到手，他的購物行為就結束了。相反地，女人則要精挑細選，關注瑣碎的細節，而且沒有所謂結束的時刻。

心理學專家武志紅老師並不認可這種說法，他認為，女人是人類世界的第一推動力。因為她們孕育、養育，也就是追求「多」，而男人注重思考，一直希望在世界中尋找至簡的規律，也就是追求「一」。

也許因為這個特質，女性的心靈需要很多出口。

因此我說，「買買買」是一種本能，但也可能是一種疾病。為了杜絕衝動消費，請記住一條消費規則：不經過 24 小時的思考不要進行任何超過 100 元的消費。

人最具有購買力的時刻其實是在「心動」的那一瞬間。所以你常常會發現，讓自己在商場裡眼前一亮的漂亮衣服，買回來之後沒多久就沒那麼喜歡了。因此下一次當你看上某件商品時，不要急著將它買下來，給自己一個冷靜期，用這個時間看看自己的帳單和預算。如果沒有預算了，那就別多想，退出你的購物 App；如果還有預算，甚至很充足，也不要衝動。

給自己至少 24 小時的時間，問問自己：「我真的很喜歡它嗎？」、「我真的需要它嗎？」、「買回來我會用它很久嗎？」如果答案是肯定的，別考慮價格，拿下它；如果答案是否定且模糊的，那就不要買。

用電商 App 購物時，如果碰上喜歡的物品，我會把它加入購物車中，但不會馬上付款，而是等一晚上再打開 App，看看這件物品我是否真的那麼需要。多數情況下，等我再次打開的時候，已經感覺其實我不那麼需要這件物品了。還有很多次，我根本忘記自己還有這件待付款的物品。只有少數情況下，我會對那件物品念念不忘，那就痛

痛快快付款買下來,因為我確實需要它。

　　透過記帳,我在幾年內實現了儲蓄翻倍、買房置業,生活品質高出從前幾倍。在記帳之前,我過了好幾年「月光」的生活,那是屬於年輕人隨心所欲的日子,屬於過去,無須後悔。但我更喜歡現在有控制、有節奏、有系統的生活,因為財富自由在未來等我。

金錢具有時間價值

　　先給你提個問題,今天給你 100 萬元和 30 年後給你 1000 萬元,你更喜歡哪個?

　　如果你現在十歲,可能你選擇 30 年後得到 1000 萬元,可如果你現在 70 歲,估計你會選擇今天拿到 100 萬元。

　　你的內心對於什麼時間拿到多少錢有了一個效用評估,很難說什麼方案最優,重要的是這些錢對你的意義。

　　70 歲的你可能覺得 30 年後的自己並不能用上這 1000 萬元,所以這 1000 萬元還比不上當下這 100 萬元。不論做什麼決定,開心就好。

　　經濟學家野口真人還舉了兩個例子進行說明。

　　買保險,你有兩種選擇。A 保險是 10 年期滿返還 3000 萬日元,B 保險是 11 年期滿返還 3100 萬日元。你選哪種?

　　買車,你也有兩種選擇。你想去買一輛心儀已久的車,這輛車要價 300 萬日元,高出你的心理價位,賣家勸你說,下個月這款車有優惠,還有贈品,你要不要等到下個月?

　　結果,更多人選了 B 保險和馬上拿到車。

　　來看看結論:現在是最重要的時刻,人們重視現在並根據這一刻

的效用來進行決策，如果本就是遠期的事，再等等也無妨。

所以，當你特別激動地想要掏出錢包付款時，要理智地告訴自己，你或許是被「當下獲得」的這種感覺控制了。

把想買的物品放進購物車，擱置上幾天，讓頭腦冷靜冷靜，說不定它就從你的「一定要買」、「現在就要」清單上自動移除了。

練習七 ｜ 將正確的消費習慣融入血液

區分消費、投資和投機

經濟學家野口真人寫過一本叫《金錢智能》的書，他建議我們把要花的錢分為三個帳戶，分別是消費、投資和投機。

消費

為了滿足生活必需或個人欲望而花錢。比如，衣食住行、興趣愛好，這些開銷都屬於消費部分，這些錢花掉，換來生存的必需品，或者心理上的滿足，但不會給你帶來新的現金流。

投資

為了增加將來的資本（生產能力），而投入現有資本的活動。簡單說，我在某件事上花費了 1000 元，就會期待今後它可以帶給我超過 1000 元的回報。

比如，你要考一個從業證照，需要花錢補習買書，如果你考取了這個證照，薪水將大幅度提升，增長部分足以抵銷你之前投入的費用。

也就是說，如果當前的花費能在後續為你帶來可以預見的現金

流，且流入大於你當時的投入，這就是投資。

投機

做好虧損的思想準備，挑戰一下，看能否獲得比付出的金錢更多的回報。比如，賭博。

賭博是對各個玩家投入的資金進行再次分配，有人贏錢，有人輸錢，但請注意，贏的錢不等於輸掉的錢。因為莊家需要保證自己的收入，他們會事先扣除一部分，剩下的錢才會拿來給各個玩家分。

獎金總額與賭資總額的比率就是分紅率，賭博的分紅率不會是100%，其中中國彩券的分紅率是 50%，賭馬的分紅率是 75%。

所以，賭博的玩家總體是有損失的，只有極少數的人，能夠以小博大，獲得極小極小的概率才能拿到高額獎金。

但正因為這個概率不為零，所以激勵著許多玩家去賭上一把，他們心裡想的是，萬一中了頭獎呢？

學會花錢的第一步就是區分自己的錢到底是用於消費、投資還是投機。

第二步是進行相應調整，整合資源，比如把更多的錢花到投資部分，以此換取未來更多的現金流。

現在，很多時尚穿搭或美容保養類的博主和公眾號＊，會對讀者說，「女人應該投資一件好的大衣」、「××名牌包是值得投資的」、「××眼影盤簡直是理財產品」。這種說法就混淆了投資和消費。購買大衣、包、眼影盤都是消費，怎麼能把它們稱為投資呢？消費品帶給購買者的是使用價值和心理上的滿足感，而不是可預見的現金

＊博主同等於部落客，公眾號為微信平台上的帳號。

流。認為消費品有投資價值，是一個巨大的誤解。看破了這一點，相信你會減少很多無意義的消費。

關於減少無意義消費的小提醒：

- 買一件衣服的前提是，丟掉一件。
- 不要經常逛商場和超市，只在需要買什麼的時候才去。
- 決定要花錢的項目，買能力範圍內最好的。
- 家居床品買最好的，我們有三分之一的時間是在睡夢中度過。
- 發薪資的當天，留下基本生活費，剩下的立刻定存。
- 只上一個購物平台，只去一家超市，只用一張信用卡⋯⋯記住，關注得愈多，花錢的可能性愈大。
- 買衣服時盡量選擇基本款，選品質優良、能穿上幾季還愛穿的。
- 買一件衣服之前，先想想它能不能至少有三種搭配，有的話再入手。
- 裝修的時候，不要放太大的衣櫃，精緻小巧的最好，確保你的衣物少而精。
- 如果可行，盡量花現金！雖然行動支付很方便，但會讓你感覺不到金錢在流失。

避免高利率的分期付款

之前，我的好友林妹妹想換手機，經過一番比較，她選擇了 iPhone X。她想用京東白條*分期買，認為這樣每個月花錢不多，壓力不大，然後來問我的意見，我便幫她算了一下。

京東上 iPhone X 記憶體為 256G 的機型，標價 10299 元。

京東白條分期 12 期，月費率 0.6%，每月繳款 920.4 元，林妹妹月入過萬，這點繳款額對她來說確實是小意思。

我把問題拋給她：妳說妳向京東白條借款的實際利率是多少？

她也不含糊，幾秒鐘傳來以下數字：

總支出：920.4×12 ＝ 11044.8（元）
總利息：11044.8 － 10299 ＝ 745.8（元）
利率：745.8÷10299 ＝ 7.24%

這個利率比房貸高一些，考慮到電子產品 40% 的折舊率，很划算啊。

林妹妹啊，妳果然掉進陷阱裡了。

實際利率遠不止這些。如果京東允許妳年底一併把本息還上，那這個計算是對的，問題是，妳每個月都要還真金白銀啊。

計算真實的利率，需要用到一個公式——IRR。

接下來，我來演練一下 IRR 公式的運用。

＊京東推出的「先消費，後付款」支付服務。

第一步：輸入期數和現金流

打開 Excel，在表格中輸入期數和現金流（如表 5-2 所示），1 到 12 代表 12 個月的每月繳款額，共繳款 12 期，現金流中，京東白條借給我的 10299 元用正數表示，繳款額從我手裡流走，用負數表示。

第二步：選擇 IRR 公式進行計算

在 Excel 中按照以下路徑打開 IRR 公式：選擇「公式」欄下的「財務」選項，再選擇「IRR」。

然後選中所有現金流，計算得出每一期的利率為 1.09%，也就是月度 IRR ＝ 1.09%。

第三步：計算實際利率

第二步我們得出的是每一期的利率，即月度 IRR，要得到年度 IRR，還需要乘以 12，也就是年度 IRR ＝ 1.09%×12 ＝ 13.11%。

這裡計算得出的是一個大致的結果，如果想知道精確的年度 IRR，需要引用一個新公式，年度 IRR ＝（1 ＋月度 IRR）12 － 1，計算結果約為 13.92%。大多數時候使用大致的結果即可，無須精算。

13.92% 才是林妹妹從京東借款的實際利率。

算到這裡，林妹妹果斷放棄了用京東白條分期買手機的打算。但我提醒她，可以領一張 12 期免息券，把幾百元的利息省下來，這是對抗通膨的好方法。

以上公式，還適用於計算各種借款成本，包括房貸、車貸、花唄、借唄、微粒貸*等的利率。

事實上，京東白條的分期利率相較於各大信用卡還算比較低的，

---

*花唄、借唄、微粒貸皆為中國網路借貸服務。

表 5-2　用 Excel 計算 IRR 的方法

大類	序號
1	10299
2	-920.4
3	-920.4
4	-920.4
5	-920.4
6	-920.4
7	-920.4
8	-920.4
9	-920.4
10	-920.4
11	-920.4
12	-920.4
月度 IRR	1.09%
年度 IRR（估算）	13.11%
年度 IRR（精算）	13.92%

如果是非正常管道的分期付款，實際利率更有可能高達 30% 至 40%，讀者朋友們一定要擦亮眼睛。

我在公眾號的後台就收過一位讀者的留言，說自己想換手機，因為未滿 18 歲，不能申請信用卡，後來想透過線下分期付款的方式購買，算了算，利息就要多付 1000 多元，實際上她想買的手機才不過 2000 元。

買電子產品這種折舊率非常高的商品，懂得使用分期付款，本身是具有理財思維的一種行為。因為以手機為例，折舊率基本在 40% 左右，今年花 2000 元買一臺手機，明年的價值就只剩下 1200 元了，如果使用分期付款，最大限度地利用資金的「時間價值」，是件很划算的事情。

但是，不是什麼樣的分期付款都划算，更不是什麼樣的貸款都良善。

留言的那位讀者如果真用了這種線下貸款，就真的吃大虧了。

利息超過本金的一半，實際的利率可能高達 50% 以上，跟高利

貸差不多了，簡直殺人不見血。而這位朋友還不滿 18 歲，風險承受能力比較低。本來在購買高額商品的時候就應該理性，看看那是不是真的剛性需求，「需要一臺手機當作通信工具使用」和「看別人都用好手機，自己心癢癢，也想換」是完全不同的。

後一種消費應該制止，更應該督促自己形成良好的消費習慣；前一種消費是必要的，如果可以使用划算的分期付款方式購買，對年輕人來說，可以減輕經濟壓力，培養以目標為導向的富人思維。

那哪些管道的分期付款方式比較可靠呢？

第一，京東白條，使用 12 期免息券。京東白條的利率相較於花唄和信用卡還是比較低的，如果使用免息券，那就真的是實實在在的優惠了，不過券得搶，這需要一點運氣。

第二，各大信用卡商城的低利率分期購。一般來說，信用卡的分期費率在 10% 以上，但如果是低利率的相關活動，有些還是很划算的，具體可以參照 IRR 公式，自己計算一下。

千萬不要輕易嘗試線下分期，很容易掉入陷阱。

練習八 | 試試這些簡單但有效的存錢方法

先給大家講個有趣的故事，叫「買牛存錢」。

在一些非洲國家，農民在獲得收入後很難把錢真正存下來。不論是消費誘惑還是親友借錢，都會輕易消耗他們本就微薄的收入。

一頓大餐、一件新衣、一臺電視，都是他們辛苦勞動後的回報，但是這些消費卻讓他們無法積攢足夠的資本走出貧困的循環。

於是經濟學家提出了一個方案，叫「買一頭牛」。

透過扶貧政策，經濟學家在肯亞設立了豐收期的買牛折扣，鼓勵農民把收入拿去買牛。

牛能提高農民的生產效率，而同時它又是流動性很差的資產——你不能為吃頓好的而專門去把牛賣了，同時又有了婉拒親戚借錢的理由。

於是，這些牛幫助大量農民完成了初始的存款目標。

想要存錢的人，都需要這樣「一頭牛」，約束未來的自己。

「牛」的範圍可以很廣。

比如我小時候就喜歡存錢，請媽媽幫我買了一個砸碎才能打開的存錢筒，有錢就丟進去，等到小學畢業的時候，狠下心打開，那些錢到了銀行竟然換回了一張百元大鈔，要知道那是 20 多年前，我吃一頓早餐只要花費 5 角錢，這對於當時的我來說，是一筆名副其實的「巨款」了。

比如貸款買一間房子，東拼西湊付了頭期款，每個月還要還不少房貸，剛開始可能覺得壓力大，慢慢也就習慣了，再後來形成了新的消費習慣，生活步入新的軌道，不知不覺間還完了貸款，房子就是自己的了，很可能房價還上漲了不少，等於躺著賺了不少收益。

再比如基金定投，設置好定投計畫之後，每個月、每兩週或者每

週都默默地從你的帳戶裡把錢扣掉，轉化成基金份額，穩準狠，不容你有吃後悔藥的機會。如果你打這筆錢的主意，贖回至少要三個工作日。工作再忙一點，你很可能會忘記了這個帳戶的存在，等某一天突然想起，打開帳戶，會發現金額真的很可觀。

前幾年，我曾經和閨密相約共同進行定投，當初不怎麼懂選基金，隨便挑了幾支基金，市場也不好，漲漲跌跌始終沒有起色。那段時間她常常加班，根本沒有時間查看帳戶。等到她結婚要度蜜月的時候，閒來無事打開帳戶，那金額令她驚訝，更令我驚訝。後來，她一直和我感嘆：「真沒想到，我能存下這麼多錢，這是最好的結婚禮物。」我則被定投的收益驚呆，這之後更堅定地選擇定投。

我並不是讓你一定要買房或者選擇定投作為投資方式，我想說明的是，你需要的其實是一個「強制儲蓄」機制。

讓我們再來看看其他簡單易行的存錢方法。

52 週存錢法

52 週存錢法是風靡全球的一種存錢方法，金額不需要很多，從10 元開始即可，一年下來，你將收穫 1 萬元以上的存款。

具體操作方法是這樣的：第一週存 10 元，第二週存 20 元，第三週存 30 元……第 52 週存 520 元。

以此類推，每週比上一週多存 10 元，存滿一年 52 週。積少成多，一年下來，實際的金額是 13780 元！

10 元起步，一年存下 1 萬多元，是不是有點心動呢？

在這裡我要給你三點提醒：

- 一開始幾個月比較輕鬆，每月只需要積存幾十元，後期的幾個月小有挑戰，最後一個月的存錢金額是 2020 元。
- 這個方法貴在堅持，可以製作一張打卡表，放在顯眼處，提醒自己完成目標。
- 給自己的存錢計畫起個好聽的名字，會讓你更有動力，比如我的是「泰國遊 52 週存錢計畫」、「Macbook 到碗裡來 52 週存錢計畫」等等。

那可以把錢存到哪裡去？

一、貨幣基金

優點：門檻低，1 元起存，隨存隨取，適合較小的存錢金額。

缺點：利率較低。

備註：支付寶、理財通推出的夢想計畫，具有一定的強制性，除非終止計畫，否則無法取出存進去的錢。

二、基金定投

優點：收益浮動，長期複合報酬率在 10% 以上。

缺點：需要一定的基金知識，能夠承受一定的虧損，要做好長期投資的準備。

備註：螞蟻聚寶和天天基金都有 10 元起步的定投產品，門檻較低，基金「小白」可以少量嘗試。

365 天存錢法

簡單來說，就是一年 365 天，從 1 到 365 中任選一個數字存錢，每一天的數字都不能重覆。

舉個例子：第一天存 1 元，第二天存 2 元，第三天存 3 元，一直到第 365 天存 365 元。一年下來可以存：1 ＋ 2 ＋ 3 ＋ 4 ＋……364 ＋ 365 ＝ 66795（元）。

輕輕鬆鬆實現五位數存款，比 52 週存錢法存得還要多。

無論是 52 週存錢法，還是 365 天存錢法，每週／每天的存款數都可根據自己的實際情況靈活變動。

如果你的收入較高，可以這樣進行：第一天存 100 元、第二天存 200 元……以此類推，直到第七天存入 700 元之後又再從 100 元開始，這樣一直重覆下去。

一次儲蓄的金額最高 700 元，對收入較高的族群來說不會對生活品質造成太大影響。

這樣儲蓄一年之後，你就會有 145600 元的儲蓄了，將近 15 萬元！

如果你覺得每天儲蓄太麻煩，可以先計算好每個月的儲蓄金額，薪水到帳一次性扣除，先強制儲蓄起來。

如果是剛開始工作的年輕人，收入還不高，則可以這樣進行：一年 365 天，從 0.1 到 36.5 中任選一個數字存錢，仍舊是每天的數字不能重覆。

比如，你可以第 1 天存 0.1 元，第 2 天存 0.2 元，一直到第 365 天存 36.5 元。一年下來可以存：0.1 ＋ 0.2 ＋ 0.3 ＋……36.4 ＋ 36.5

= 6679.5（元）。

365 天，最多的一天存款才 36.5 元，買一杯星巴克的錢而已，能存下 6000 多元，是不是不太難？

如果你覺得數字每天遞增有點難度，可根據實際情況進行隨意變動，今天發了薪資就多存，明天繳了信用卡卡費，囊中羞澀就少存。

365 天存錢法，最重要的是每天堅持，古人云「不積跬步，無以至千里；不積小流，無以成江海」就是這個道理。

12 存單法

大名鼎鼎的 12 存單法，是從我外婆到我媽媽再到我，都在實踐的存錢方法，它非常簡單易行。

具體操作方法如下：按月定時定量存入一筆一年期的存款，堅持存滿 12 個月，這樣一年下來就有了 12 張一年期的存單。從第二年開始，每個月都會有一筆存款到期，一年中陸續會有 12 筆存款到期。

比如，小 A 每個月薪資入帳就會存下 1000 元，堅持一年後，她的薪資盈餘加上已到期的存款，每月可以存下的金額是 2000 元，這還沒包括利息。

12 存單法的好處是，既保證了一定的資金流動性，又獲得了一年期相對較高的利率，同時經過資金的循環，可以不斷擴大資金量。每月薪資入帳就存錢，避免過度消費，是上班族很好的存錢方法。

類似的還有 60 存單法和 33 存單法等等。普通版的 60 存單法，原理和 12 存單法一樣，就是每個月存一筆五年定期，五年後就有 60 張存單了。

還有一種快速版的 60 存單法。

第一年：每月存兩年、三年、五年期整存整取，各存一單，完成 60 單中的 36 單。

第二年：每月存三年、五年期整存整取，各存一單，完成 60 單中的 24 單。

第三年：開始循環，把每個月到期的都轉成五年期。這時候，每月都會有到期的存單。

過去生活節奏慢，資訊更新慢，如今的網路時代，一切都是飛速發展的，像是摩拜單車，用三年時間就完成了過去企業得花好幾年才能完成的成長蛻變。五年時間太長了，為了保證資金的流動性和不錯失更好的投資機會，很少有人再去存五年期的定期存款了，因此這種方法我只是略做介紹，但不推薦。

練習九 ｜ 試試斷捨離

經濟學是研究資源配置的學問，從整個社會的角度來說，對自己沒用的物品，對他人也許是有用的。有些女生有滿櫃子的衣服，卻有大部分長期閒置，這就是資源的浪費，如果捐給有需要的人們，則是對這些衣物進行最佳化配置，重新彰顯其價值。經濟學上有個重要的概念叫作「理性人」，指的是每一個從事經濟活動的人所採取的經濟行為，都應該力圖讓自己以最小經濟代價獲取最大經濟利益。

消費主義盛行的當下，人們很容易喪失理性，買入過多無用的物品，投入過多的金錢成本及隱性的心智成本。重回理性，實踐理財，

不妨試試斷捨離。想要了解斷捨離，可以讀一讀《怦然心動的人生整理魔法》，看看日劇《少物好生活》。在這裡也要提醒大家，斷捨離絕不是簡單的「扔扔扔」，它背後有著很深的人生哲理。

斷捨離不只是「扔扔扔」

我最初看《斷捨離》這本書的時候，看完只有一個感覺，這就是叫我「扔扔扔」──斷絕不需要的東西進入自己家中，捨棄家裡到處氾濫的東西。我扔掉了一包保養品和化妝品、兩大箱書籍、三大包衣服、四個包、五雙鞋子，然後我的生活有了哪些變化呢？我覺得自己保養品不夠用，連續囤了 100 多片面膜；換季的時候我想為酒紅色大衣搭配一條圍巾，卻發覺我因為不常用那條墨綠色的圍巾，已經扔掉了；我要出席前男友的婚禮，卻連一雙高度超過五公分的高跟鞋都找不到；我心血來潮想騎登山車去上班，托特包沒地方放，卻發現原來那個單肩斜背包因為一年多沒用，早就二手賣掉了。

然後我陷入一種「扔扔扔又買買買」的無限迴圈。因為「扔扔扔」讓家裡有了更多空間，也給我的「買買買」提供了更多可能性，我覺得家裡太空了，好像什麼都缺，正好一起買齊。

其實「扔扔扔」遠不是大家想像得那麼簡單，因為知道什麼是自己想要的、需要的，這本身就不是一道簡單的命題。

問題在於你還是太空虛

說到底，我還是沒有理解斷捨離的真諦，我只關注了「斷」和「捨」，而疏忽了「離」，即脫離對物品的迷戀。

事實上，斷捨離之所以難，是因為這種行為是在跟人的本能鬥爭。相信大家對於「高築牆，廣積糧」、「手裡有糧，心中不慌」這些經典名言耳熟能詳，人類在進化過程中形成的一種本能就是囤積，在自然界中，我們很容易就能找到囤積松果的松鼠，一如《冰原歷險記》（*Ice Age*）中那隻賊頭賊腦的松鼠一樣，對松果有著謎樣的癡戀，但你肯定找不到一隻會把窩中囤積的松果扔出來的同類。

很多人看似充實又匆忙，但其實內心空虛、生活空虛、感情空虛、夢想空虛，活得像條鹹魚一樣。他沒有閒暇來欣賞和體會美好物品帶來的愉悅感受，他需要不斷用購買和物質來填補自己的空虛，排遣自己的慌張。此時，購買和囤積已經從一種行為變成了目的，空虛的人需要以此來獲取一點可憐的征服感和安全感。但是，根本問題並沒有得到解決，物質只是一顆止痛藥，當新的「空虛」來襲，再多的斷捨離都起不了作用。

因為斷捨之後，如果沒有換來你對其他事物的專注追求，那麼你會更加難以承受隨之而來的空虛和焦慮。

根本在於選擇的智慧

斷捨離的更高境界其實是選擇的智慧，人生最大的選擇是選擇不做什麼，而不是選擇做什麼。選擇不做什麼的權利，其實是很奢侈的。有句話說：「人生的上半場關於下載，下半場則關於解除安裝。」當我們到了一定年齡後，要學習的是選擇不做什麼，也就是要學會捨棄，不會捨棄的人沒有辦法聚焦，也沒有辦法獲得。

王石 50 多歲去攀登珠峰，在小組當中年齡和體力都不占優勢，

但是他深知自己的劣勢，在訓練中盡量避免規定動作以外的行動，因為在高海拔地帶，任何多餘的行動都會帶來體力的巨大消耗。有一天，同組的隊員在帳篷外大喊，夕陽的餘暉太美了，叫王石出來觀看，但是王石耐得住，說不出來就是不出來，他要養精蓄銳，為攀登珠峰積蓄力量。最後，王石成功了，那個忙著看晚霞的隊友雖然更年輕、更有能力，卻沒能登頂。

能夠明白自己想要什麼，然後斷絕對不需要、不應該的執念，這才是更大的人生智慧。

終極目標是讓你找到心中所愛

減少物品只是手段，減少這些生活中無益的事情，從而騰出時間和精力來留給更有益的事情，才是斷捨離的終極目的。至於你把省下來的時間、省下來的精力和省下來的金錢用來做什麼，那就有無限可能了。

「找到心中所愛」這個目標似乎並不容易達到，即使你斷捨離已經做得很好了，這一步也無法水到渠成，它需要長久的實踐和努力。畢竟生活中不是只有物品，還夾雜了太多情緒與情感。在去掉所有不必要的繁雜之後，你還是要去找到你真正在乎、真正愛的事情。

選擇可以有很多：家庭、事業、朋友、信仰、美、幫助別人、興趣愛好、專注力、影響力、決斷力等等。每個人的選擇重點可能也會各不相同，但可以確定的是，真正重要的東西肯定不是物質。

斷捨離的終極目的，就是幫你去掉可能成為生命裡干擾項的東西，讓你更容易找到你真正想找的——心中所愛。

Chapter 06

建立四個帳戶確保
財務安全

　　人生最痛苦的事情莫過於上帝給了我們有限的能力，卻給了我們無限的欲望。常看到這樣的報導：普通人買彩券中了大獎，沒幾年就揮霍殆盡，日子比之前還慘。因為沒有處理大額資金的經驗，沒有與之相匹配的財富觀，因此即使百萬元、千萬元的現金砸到頭上，最終還是成為窮光蛋。

　　為了規避可能的風險，保障家庭財務的安全，讓資金合理配置，實現最大功用，我建議在實際操作中，建立四個帳戶，分別是安全帳戶、時差帳戶、退休帳戶和夢想帳戶。

安全帳戶

　　從前，有位主婦每天煮飯的時候，總是從鍋裡抓出一把米來，放到一個自己特製的米缸中，從不間斷。天有不測風雲，村子裡發生了災害，糧食嚴重歉收，很多人家裡都斷炊了。但是這位主婦因為那個特製的米缸，讓全家得以熬過饑荒。

　　現代社會雖然少了吃不飽的風險，但不確定因素依然很多，為個人或家庭財務設置緩衝的安全帳戶必不可少。這樣遇到風險、意外，你才能從容應對，不至於傷筋動骨、一蹶不振。

　　這個安全帳戶，應涵蓋應急資金、養老基金、健康投資和商業保險四個方面。

✦ 誰也無法預知未來，你必須已經存有應急資金

　　在家庭理財方面，有個著名的「四三二一」法則，也就是將家庭

年收入分為四份：

· 40% 用於房貸和其他投資
· 30% 用於家庭的一般生活開支
· 20% 用於銀行存款以應對不時之需
· 10% 用於購買保險

比如，某家庭年收入 20 萬元，可以這樣規劃：

· 8 萬元用於房貸和其他投資（如股票、基金、國債等等）
· 6 萬元用於日常生活開支（除培訓費用外所有的支出。
  培訓費可算作投資，對自己的投資是最好的投資）
· 4 萬元用於銀行存款（可以隨時動用，如存為活期儲
  蓄、購買貨幣基金等等）
· 2 萬元用於購買保險（意外險／定期壽險／重疾險）

應急資金應涵蓋三至六個月的生活開支，如果每月的日常生活開支為 5000 元，那麼儲備的應急資金應該為 1.5 萬至 3 萬元。

這裡我們可以看到，你需要確切知道兩個數字：年度家庭總收入、月度家庭日常生活開支。

如果你完成了前一章的記帳訓練，要清楚這兩個數字並不難。

不管怎樣，你應該積極地準備一份養老基金

有的朋友可能會說，我一直努力工作，持續地繳納「五險一金」*，其中的「一金」（養老金）就是為我養老準備的啊。

可這「一金」未必完備。

中國正處在社會經濟轉型、人口結構轉變的關鍵時期，老齡化日趨嚴重。簡單點說，整個社會系統中，能工作賺錢的年輕人變少了，需要贍養的老年人變多了，這使得養老金給財政帶來的壓力愈來愈大。

中國的養老體系有三大支柱，來自政府的基本養老保險、來自企業的年金制度，以及來自個人的商業養老保險。這三大支柱和居民儲蓄，共同構成你我養老的本錢。我們所說的「養老金」，指的就是第一支柱，也就是中國的基本養老保險。

作為第二支柱的企業年金制度則發展緩慢，相比較發達國家的高覆蓋率，比如美國的「401K」計畫，中國的企業年金覆蓋率實在低得可憐。

父輩這一代人，對養老所有的期望幾乎都寄託在了體制上，而現在的年輕人，則應增強憂患意識，樹立長期投資的理念，提前為未來的養老布局。

《不用擔心錢的老後——今天就要學的生涯理財》這本書中有句話說：「人生有兩大風險，過早死去和活得太長。」

過早死去，家人也許生活會無所依靠，因此買份保險非常有必要；活得太長，則可能像主人公一樣面臨老無所依的境況。

＊指中國勞工的社保福利，五險為養老保險、醫療保險、工傷保險、失業保險、生育保險，一金為住房公積金。

想到自己辛苦工作了一輩子，到了退休的年紀，卻沒有足夠的養老金，還需要顫顫巍巍地去工作，賺取微薄的薪水，你是否會感到恐慌？房產無法變現，甚至需要你倒貼錢，兒女自顧不暇指望不上。晚景淒涼，何等可嘆。可見提前為自己儲備養老金，是多麼重要。

在個人養老金的儲備方面，我們可以選擇購買房產等固定資產，配置銀行理財、國債等固定收益類資產及配置股票、基金等權益類資產，透過資產配置控制風險、獲得收益，透過時間換取長期穩定的收益。本書後面章節會進一步論述儲備方法。

主動防範，是時候開始對健康進行投資了

健康到底有多重要？

創新工場的 CEO 李開復在 52 歲生日前不久，被醫生告知得了淋巴癌。他是個工作狂、完美主義者，曾天真地和人比賽「誰的睡眠更少」、「誰能在凌晨及時回覆郵件」，他努力把「拚命」作為自己的一個標籤。

在病痛面前，他才明白：健康是 1，其他的一切是 0，有了健康，其他的才有意義。

復旦的年輕才女于娟在離世前總結自己的患病原因，是不正常的工作和不規律的生活所致。她在臨走前，說得最多的一句話是：「長期熬夜等於慢性自殺。」

同為母親，她的文集《此生未完成》中最觸動我的一句話是：「我願像一個乞丐——或者乾脆就是一個乞丐——匍匐在國泰路邊，只要能活著看我爸媽帶土豆經過。」土豆是她的兒子，當時只有兩歲。

之前看過一句話，覺得很有道理：「中國人的日子都過反了！孩子在該玩的年紀卻在拚命學習，青年人在最該學習的時候卻在拚命遊戲，中年人該顧惜身體卻要拚命賺錢，老人該頤養天年卻在拚命健身。」

看看身邊，好像確實是這種情況。

孩子在拚命學習，馬上要升國中的外甥，每天作業都做不完，每次見面他都睡眼惺忪；年輕人聚在一起就是滑手機，不少人還得了「手機依賴症」；中年人都在拚命地奮鬥、賺錢，甚至有種「拿命換錢」的感覺；我去社區花園鍛鍊的時候，看到的幾乎都是老年人。

每每想到這些，我就會提醒自己——健康是最重要的。

如果說以前我願意花 1000 元買漂亮衣服和包，現在我則更傾向於用這 1000 元買健康。

第一，我喜歡健健康康、活力四射的自己，這讓我覺得日子有滋味、有希望。

第二，我希望自己好好的，無須他人照料，還能照顧好家人、陪伴好孩子。

健康是一種重要的投資。《年收入增加 10 倍的時間投資法》的作者勝間和代提出，時間管理的一大黃金原則在於「要不惜在任何方面投資以創造時間」，其中體力是非常重要的一個方面。

「有意義地度過不受疾病干擾、健康長壽的人生，在很大程度上可以改變我們利用時間的效率。」

如果說在人生的前 20 幾年，我喜歡運動純粹是因為興趣愛好，那在學習理財投資之後，我有意關注身體健康，除了上文提到的兩個

理由，還有一個更重要的原因——這是一項報酬率很高的投資。

學過複利的公式，你會發現，財富的積累有三駕馬車，分別是本金、報酬率和時間。這其中的時間取決於兩個因素：一是開始的早晚，二是生命的長短。

回過頭來看看複利的曲線圖，你會發現，愈到後面曲線的斜度愈大，這說明財富的增長速度愈快。也就是說，活得愈長，未來會收獲的財富愈多。

「開始的早晚」，對我來說是既成事實，但是「生命的長短」這件事在我可以有所作為的領域。

在提高身體素質、增強身體抵抗力方面，只要稍微用心，就可以取得不錯的效果，而回報也很巨大：

1. 少生病，可以省去很多看病吃藥治療的費用。
2. 身體健康，可以讓自己保持良好的精神狀態，從而提升專注力和做事效率。
3. 保持好身材，可以省下很多買衣服的錢，穿衣服也更好看。
4. 少生病，減少請假的次數，工作上更容易樹立「可靠」的形象，有利於升職加薪。
5. 好的身體狀況往往帶來好的精神面貌。

可能會有朋友說，誰不知道健康重要？你只關注健康了，光養生了，不賺錢，吃什麼、喝什麼？

　　的確，健康需要我們投入一定的時間和金錢來維持，但是對於健康的投入，應該可以算入「投資」的範疇，而不是一筆筆消費，它會在未來給予我們很好的回報。

　　人生的要義在於兩個字——「平衡」，如何在有限的時間內，平衡好工作、生活、家庭、健康和財富，這本身是個無窮盡的話題。人生也因為這兩個字，而變得豐富。

　　其實對於健康問題，只要抓好關鍵點就可以，關鍵點包括睡眠、壓力、運動、飲食四個方面。

　　下面的五個小方法，幫你關注健康這件重要的小事。

一、盡量不熬夜

　　于娟的話還記得嗎？熬夜等於慢性自殺。

　　從兩年前開始實踐「早睡早起計畫」以來，我深深體會到了早睡的好處，我的皮膚變好了，精神狀態也好了，早晨還多出不少高效時間。

　　如果哪一天因為有事或者做事拖沓熬夜了，第二天保准「萎靡不振」。

　　關於習慣養成，有個觀點和你分享。

　　你無須費力堅持，只要堅持到「初見成效」的那一刻即可。因為體會到好處之後，你會充滿繼續的動力，而無須一直考驗自己的意志力。

二、合理疏解壓力

　　李開復罹患癌症的一個重要原因在於完美主義，給自己的壓力過大，而淋巴癌最愛找上這樣的人群。

人在各個人生階段都會有壓力，尤其是中年人，上有老、下有小，工作和生活常常面目猙獰。

你要做的是找到適合自己排解壓力的方法。

比如我喜歡運動，最近發現畫畫也是很好的抒壓方法；我先生喜歡打遊戲，他說這是男人最安全的抒壓方法；閨密有難過的事，喜歡向我們傾訴，說出來會好很多。

總之，別憋著。

三、每天抽出 20 分鐘鍛煉

向大家推薦一個 App——KEEP。從 2018 年 8 月開始到 2019 年 6 月，我已經累計訓練 3467 分鐘，完成訓練 216 次，消耗 23389 大卡熱量。

其實每天抽出 20 分鐘，就可以達到不錯的效果。定期做做肌肉運動、拉伸運動、有氧體操等等，都是對未來有效的長期投資。

四、合理飲食

少鹽少油、細嚼慢嚥，切忌暴飲暴食。近些年，營養學愈來愈受到關注，有不少營養師透過網路成了意見領袖，獲得這方面的資訊變得愈來愈便捷，此外，還可以參考《中國居民膳食指南》。

五、重視體檢

隨著工作節奏的加快和心理壓力的遞增，如今很多疾病的發作呈現出年輕化趨勢。對於很多疾病來說，及早發現、及時治療，是治癒的關鍵。比如早期肺癌和早期肝癌的存活率可以達到 70%，早期子宮頸癌的存活率可以達到 90%。

所以建議大家按時體檢，花小錢辦大事。

　　儘早發現亞健康狀態*和潛在的疾病，進行調整和治療，對提高療效、縮短治療時間、減少醫療費用、提高生命品質有著巨大意義。

　　很多單位會每年組織員工進行體檢，即使沒有單位的組織，我們也應該自行安排體檢，在健康體檢上花錢，絕對是回報很高的投資。

損失轉移，你需要配備商業保險

　　天災人禍不可避免。尤其是有了孩子之後，更覺得自己的健康和安全不再是一個人的事，還是整個家庭的事。

　　去年，我身邊先後有兩位 40 歲左右的同事因病去世。

　　一位男士，愛抽菸喝酒，作息極不規律，患上了肝癌，從確診到離開不到半年時間；一位女士，就住在我家樓上，半夜哮喘發作，還沒來得及送到醫院就離開了。

　　對於很多中國人來說，討論死亡和生病是一個禁忌，然而，不幸並不會因為人們的避諱就不發生。真正成熟理性的心態應該是，坦誠地面對人生隨時有可能發生災難的現實，並盡可能地妥善做好準備，這樣即使不幸發生，也能將其帶來的傷害降到最低。

　　我那兩位過世的同事都沒有購買過相應的商業保險。社保能提供的補償真的非常有限，後來兩個家庭在財務上遇到了不小的困難，甚至到了要賣房的地步。

　　對於大部分雙薪小家庭來說，夫妻雙方有任何一方出現問題，家庭經濟都要面臨極大的危機。學習理財之後，我甚至覺得，沒有商業保險就像是在「裸奔」。

---

*指身心介於健康與生病之間的狀態，雖無明顯病徵但有潛在發病傾向。

中國人喜歡說「有啥別有病，沒啥別沒錢」，確實是這麼回事，因為「一病回到解放前」。重大疾病摧毀的不僅是一個人的健康，更會侵蝕一個家庭多年的財富積累，繼而摧毀接下來的幸福生活。

〈2019年中國癌症報告〉顯示，近十年來，中國的惡性腫瘤發病率每年保持約3.9%的增幅，死亡率每年保持約2.5%的增幅。目前，每天約有1萬人確診癌症，平均每分鐘就有7.5個人確診。中國已經是癌症大國，癌症病患的數量占全球癌症病患總量的40%。

在疾病和意外面前，人人平等。

面對無法預知的風險，我們只有兩種選擇：一種是用自己的錢去應對，比如存款、房子、車子、親友的錢、父母的養老錢；另外一種是用保險作為槓桿進行應對，用很少的保費撬動大額的保額。保險就像出門隨身攜帶的一把折疊傘，不用的時候它很小，並不起眼，但需要的時候打開卻可以起很大作用。

我在文章中寫過，保險的設計初衷是抵禦人生的三大風險：意外、疾病和養老。其中，意外和疾病是人生在世最難預知和管控的風險。保險最大的意義也在於「投入不多的保費，利用槓桿優勢轉移最大的風險」。

保險是個大議題，就中國的情況來說，社保是必須要有的，這是CP值最高的保險。其次是商業保險，可以按照意外險、壽險、重疾險、醫療險的順序來買，以保額優先，經濟實力不足的可以先少量配置，後期再進行補充。

時差帳戶

自從使用花唄、京東白條、信用卡等信用支付工具之後，我一直覺得免息期讓資金為我賺了不少收益。但具體是多少，我還真沒算過。向朋友推薦信用卡的時候，也會被問道：「你總說信用卡幫你賺錢，那到底賺了多少呢？」

好吧，現在我就來計算一下，用數字說話最為直觀。

以我自己為例，我家的年度日常支出在 10 萬元左右，加上裝修的費用 10 萬元，加在一起差不多 20 萬元。這 20 萬元的支出，如果放在以前，我會選擇用現金支付。

但現在，我改變了支付方式，不用現金了，改用信用卡或者花唄、京東白條。花唄是開通最為方便，免息期又最短，就拿它舉例吧。

花唄的帳單日是每月 1 號，繳款日是每月 10 號，免息期最長可以達到 40 天。

將 20 萬元的支出，整體先放到餘額寶，然後在花唄的免息期結束後，再用現金繳款。按照餘額寶當時的年化報酬率，一天差不多有 23 元的利息，40 天下來，產生的收益總計為 920 元。

如果我們選擇年化報酬率更高一點的理財產品呢？

一、餘額寶的優化投資

七日年化報酬率達到 4.69%，20 萬元的年度支出，收益穩定超過 1000 元。

二、創新性銀行存款產品

比如京東金融 App 常推出一些理財產品，富民寶的七日年化報

酬率曾經達到 4.8%，目前需要搶購了，其他的產品如百信銀行推出
的智惠存，七日年化報酬率達 4.1%，這類產品屬於創新性銀行存款
產品，降息限購是常事，需要的讀者可以多多關注最新產品消息。

1000 元看起來不算很多，但對於收入不高的人群來說，也能做
不少事情，夠全家來一趟短途旅行，夠給家中添置兩三件像樣的小
家電，夠去超市進行三五次週末大採購。對於精打細算過日子的人來
說，還是很有吸引力的。

更重要的是，你不需要做什麼，只要改變一下支付的方式即可。
比如，有支付寶就能開通花唄，購物的時候設置用花唄付款，再設置
自動繳款即可。

你可能會說，我又不可能在帳單日的第一天就花掉所有開銷預
算。我的建議是，增加一兩張信用卡作為補充，把這兩張信用卡的帳
單日和花唄錯開，每次消費都用免息期最長的那張。

花唄的帳單日是每月 1 號，那可以上旬用花唄消費，中旬用 A
信用卡，下旬用 B 信用卡。

怎麼樣，也不是很複雜吧？

現金斷流為哪般

之前遇到過這樣的情況，同事小 A 急匆匆地來辦公室借 5000
元，原因是記錯信用卡繳款日期，錢是有，但在股票帳戶裡，當日
無法轉出。

看他一臉尷尬、手忙腳亂的樣子，不禁替他捏一把汗，還好銀行
及時提醒他繳款，否則出現逾期不還的情況，信用紀錄就有了汙點。

　　小 A 這種把待用現金放到股票帳戶中的做法，我個人很不贊同。既然是要還信用卡的錢，就應該提前準備好，竟然用來買股票，還說什麼「我就炒個短線賺零用錢」，拿股市當成自家的 ATM 了吧？

　　我並沒有要嘲笑這位同事的意思，因為我在使用信用卡的初期，也曾出現過這種問題，刷卡的時候歡欣鼓舞，繳款的時候愁眉苦臉，偶爾還會有手忙腳亂、現金斷流的情況。

　　解決辦法是設立一個時差帳戶。具體做法如下。

一、先做好儲蓄

　　每次薪資入帳，先把一部分拿來儲蓄，因為對理財的人來說，最重要的一個公式是開支＝收入－儲蓄，如果反著來，很可能陷入「月光」狀態。

二、預留消費金額

　　將消費金額存進餘額寶等流動性好、可用於消費的理財產品當中，作為日常開銷用。

三、及時倒換時差

　　日常消費盡量使用信用卡，支出每筆相對大額的消費金額（一般100 元以上）之後，立即將相應金額轉入信用卡繳款帳戶。

　　這個繳款帳戶就是我的時差帳戶。

　　比如我剛剛刷卡買了一臺淨水機，消費金額為 3000 元，刷卡過後我就將錢從餘額寶轉入了我的信用卡管理軟體中，平時有 6% 左右的利息，帳單日一到，馬上自動繳款。

　　建立時差帳戶有以下好處。

一、避免過度消費

每筆消費之後都在我的現金帳戶中取出相應金額，體會「肉痛」的感覺，避免信用卡使用時的「花錢無意識」狀態。

二、避免信用汙點

每筆消費都提前預支了現金，到繳款日就不會出現現金斷流和無力繳款的情況，避免產生信用汙點。

三、利用時差生利息

利用信用卡的免息期，讓時差現金在時差帳戶中滾動生利息，積少成多，集腋成裘。

信用卡繳款具有遲滯現象，這導致持卡人花錢的時候沒感覺，還錢的時候卻會驚呼「我怎麼花了這麼多？」上述方法也是我和信用卡這個「省錢大敵」鬥爭的實戰經驗，與你分享。

除了信用卡消費，房租、房貸、車貸等日常支出都可使用時差帳戶。

對於上班族來說，發薪日相對固定，在薪資入帳的時候，應該及時對本月的消費進行前瞻性的布局，這個時候時差帳戶就顯示出巨大的作用了。

 實用工具推薦

根據時差帳戶使用者的需求，使用的工具應有以下特質：

· 不能用於消費
· 支持信用卡繳款

・可快速到帳

就我了解，比較合適的工具有兩大類：

一、網路貨幣基金

也就是基於網路平台買賣的貨幣基金。其中最常見的是餘額寶，但餘額寶用於消費實在是太方便了，因此並不推薦。你可以試試匯添富基金公司的現金寶、中信銀行的薪金寶等產品。

二、信用卡管理軟體

如 51 信用卡管家、卡牛信用卡管家等等，我自己用的是 51 信用卡管家，用戶體驗還不錯。

退休帳戶

簡單七步幫你這樣規劃養老金

前面提到，中國現有的養老金制度有三大支柱，包括政府提供的基本養老保險、企業的年金制度，但前者因歷史原因和人口老齡化而面臨巨大壓力，後者發展較為緩慢，起不到應有的支柱作用。因此，第三個支柱，即來自個人的商業養老保險將和居民個人的養老儲蓄一併起到關鍵性作用。也就是說，這代年輕人面對未來的養老問題，需要增強憂患意識，樹立長期投資理念，提前規劃布局。

Step1：盤點目前小家庭的年度支出

假設現在你面前有兩個養老方案：方案一是從 20 歲開始每年存

款 1 萬元，一直存到 30 歲，60 歲後取出作為養老金；方案二是從 30 歲開始每年存款 1 萬元，一直存到 60 歲，然後在 60 歲時取出作為養老金，那麼在理財年化報酬率為 7% 的情況下，請問你會選擇哪個方案？

方案一：總共存了 10 萬元，但需要從 20 歲開始連續存 10 年。

方案二：總共存了 30 萬元，是從 30 歲開始連續存 30 年。

大家想一想我們應該如何選擇呢？

選擇方案一：60 歲時可領取 1051739 元。

選擇方案二：60 歲時可領取 944607 元。

為什麼會有這麼大的差距？

答案是，時間和複利在發揮作用。

舉這個例子，為的是告訴大家，養老金的準備愈早愈好，愈早準備愈輕鬆。

下面，我把自己規劃養老金的方案分享給大家。

根據 2016 年我的小家庭年度記帳表，匯總出年度支出為 8.6 萬元，月均 7000 元（我生活在四線城市*，各地消費水準不同，可自行調整）。短期內，這個數字相對平穩，具備一定的參考價值。如果你沒有記帳的習慣，那這一步就需要進行估算。

Step2：推算退休後支出

水電氣暖、物業停車方面的支出必不可少，我覺得還需要加上家政服務費用，都七老八十了，誰還想做家務？

人老了不可能一直生龍活虎，醫療保健方面的開銷肯定增多，這

＊城市規模、經濟社會發展水準及交通建設沒那麼發達的中國城市。

方面需要單獨列出一項。從現在開始注重養生保健，老了會省下很多醫藥費。

人老了，總算到了又有錢又有閒的階段，肯定要出去看看世界，都這個年紀了，窮遊肯定不行，旅遊度假單列一項，增加預算。

這裡加點那裡加點，我和「老伴」每年的開銷大約需要 9.5 萬元，月均 8000 元左右（如表 6-1 所示）。

表 6-1　我退休後的開銷估算

類別	花費（元）
衣	20000
食	10000
住	5000
行	10000
生活	5000
雜項開支	30000
醫療	10000
人情往來	5000
年開銷總計	95000
月開銷總計	7917

Step3：算算還有多少年退休

以我為例，我目前 30 歲，計劃 60 歲退休，那為了儲蓄養老金，我還有 30 年的時間。

Step4：計算到退休那年的實際支出

　　CPI 這個話題前面已經簡單介紹過了，中國官方公布的 CPI 指數約為 3%，考慮到之後的 30 年 CPI 指數可能會上漲，我在這裡按 5% 來計算。30 年後，資金的購買力肯定是下降的。表 6-2 為 30 年後退休後的年度、月度實際開銷。

表 6-2　退休後年度、月度實際開銷

類別	花費（元）
退休後年度實際開銷	410584.58
退休後月度實際開銷	34215.38

※ CPI 指數以 5% 計算

　　從表 6-2 中可以清晰地看出，現在每年 9.5 萬元可以過得很好，但 30 年後每年需要花費約 41 萬元才可以過較為體面的退休生活，每個月的支出達到約 3.4 萬元。

Step5：計算社保外的養老金缺口

　　目前，大部分中國人都繳納了社保，到退休的時候，我們可以領到多少養老金呢？這個計算也很複雜，月領取養老金金額＝基礎養老金金額＋個人帳戶養老金金額。

　　我們姑且按照養老金可以涵蓋日常生活的 50% 來計算。30 年後每月需要的 3.4 萬元養老金，社保可為我提供 1.7 萬元，還剩下 1.7

萬元的缺口，每年總計超過 20 萬元，如表 6-3 所示。

表 6-3　養老金缺口

類別	花費（元）
每年養老金缺口	205292.26
每月養老金缺口	17107.69

Step6：計算所需養老金總額

　　世界衛生組織（World Health Organization）最新公布的報告指出：「中國男人的平均壽命為 74 歲，女人為 77 歲。」醫療水準會不斷進步，這個年齡會不斷增長。

　　我現在非常注重養生，飲食健身樣樣在意，極可能會活到 90 歲。那我需要使用養老金的年限就是 90 － 60 ＝ 30（年），我需要的養老金總額為 1230 萬元，缺口總額為 615 萬元。

Step7：計算從現在起，每月需要儲蓄多少錢

　　在時間固定的情況下，每月需要儲蓄的金額主要取決於報酬率。

　　從表 6-4 中可以看到，30 年後想得到 615 萬元養老金，從現在起每個月需要儲蓄的金額因為報酬率的差異而相差超過兩倍，如果年化報酬率能達到 10%，每月只需要儲蓄 3120 元，如果年化報酬率為 5%，每月需要儲蓄 7725 元。

表 6-4　每年、每月需要儲蓄的金額

年化報酬率	每年儲蓄額	每月儲蓄額
10%	37441	3120
5%	92698	7725

夢想帳戶

電影《白日夢冒險王》（*The Secret Life of Walter Mitty*）中有一段話被很多人當作人生的座右銘：

To see the world, things dangerous to come to,

To see behind walls, to draw closer,

To find each other and to feel.

That is the purpose of life.

認識世界，克服困難。

洞悉所有，貼近生活尋找真愛。

感受彼此。

這就是生活的意義。

簡單的話語，揭示了人生的真諦。人生所求，不過是向外探尋豐

盛的世界，向內追索本真的自我，擁抱人生的知己，用心感受每一刻。

我們大多數人的人生真實且平凡，在現實與夢想之間會出現拉扯。問題在於，當生活中的瑣碎漸多，你還記得當初的夢想是什麼嗎？你還記得自己心底的那些渴望嗎？

你會說，實現夢想是需要錢的。

沒錯，每個人都有夢想，這些夢想帶來前行的欲望、賺錢的動力，如果過於壓抑、克制夢想，人可能會陷入虛無的境地，會問自己：「我這麼努力，到底是為了什麼？」

賺錢從來不只是為了儲蓄，把錢花在與夢想有關的事情上，才是發揮了金錢的真正意義。我們應該建立一個專屬於自己的夢想帳戶，在這個帳戶中點滴積累，把這個帳戶中的錢用於實現夢想。

《小狗錢錢與我的圓夢大作戰》中說：「金錢是中性的，只有當錢屬於某一個人的時候，它才會對這個人產生好的或者壞的影響。然後，錢要不是被用於好的用途，就是被用於壞的用途，幸福的人愈有錢會愈幸福，悲觀憂慮的人愈有錢則煩惱會愈多。」

我很喜歡微信和支付寶中的夢想計畫功能，其實這也是一個兼具理財功能的小工具，它的使用分為三個步驟。

第一，設定夢想，設定存錢目標。

第二，為夢想存錢，存入理財產品賺收益。

第三，實現夢想，存夠目標金額。

如果你因為消費的欲望，打了這個帳戶的主意，必須得「殘忍」地終止自己曾經設定的夢想，然後才能把錢取出來。這個小小的儀式，無形中給「保護夢想」增加了力量。

另外，夢想計畫會提供即時回饋的進度條，讓你對實現夢想的進程心中有數，目標也就更容易實現了。

夢想還是要有的，萬一實現了呢

知乎上有個叫羅磊的「90後」年輕人，用半年時間打工賺的錢買了一輛單車，把 iPad 賣了湊車馬費，用一個半月的時間，騎著單車從成都到拉薩，騎行了 2200 公里，翻雪山，看星空，風餐露宿，完成了自己「去看看」的小夢想。

他說：「很多事情，只有自己去嘗試了、去體驗了，才會知道自己真正想要什麼，才會體會到什麼是生活的美好、人性的美好、自然的美好。」

在這之後，他列出了自己的夢想清單：

- 登上聖母峰
- 去南極點和北極點走一遭
- 在北歐的雪地看極光
- 帶我的兒子再騎行去西藏
- 買一輛機車，騎著車帶女朋友環遊中國
- 去澳洲潛水
- 嘗試一次跳傘
- 乘坐熱氣球去看非洲草原
- 去尼泊爾乘飛行傘
- 去歐洲背包慢悠悠逛三個月到半年

- 寫一本書，激勵更多的人去嘗試、去改變、去體驗、去感悟自然的美麗和生活的美好
- 拍攝一部以「臺灣環島騎行」為主題的紀錄片，自己當一回導演，記錄自己旅途上的故事
- 擁有一臺 DV 和一臺單眼反光相機，用鏡頭記錄自己的生活，剪輯短片，去影響更多人
- 叫上自己的兄弟和朋友們，去海島上露營燒烤
- 和女朋友在大學期間一起出去旅遊
- 開一個講座，分享自己的經歷，傳播自己的思想
- 去內蒙古和東北騎行，看一下大草原和森林
- 去北美的國家森林公園釣魚

很多時候「一個夢想的實現，會帶來很多夢想的崛起」，而那都是從你勇敢踏出第一步開始的。

請製作夢想清單

我是吸引力法則的堅定支持者，堅信每一個發乎內心深處的夢想都能實現。除了上文提到的那些存錢目標、理財目標，我也喜歡蒐集那些熱氣騰騰的生活夢想。

受論壇的影響，我從 2016 年開始列夢想清單，中間對它反覆調整、修改、增加、刪減，成了我生活中的一大樂趣，更是我努力奮鬥的重要動力。隨著年紀的增長、閱歷的增加，那些曾經遙不可及的夢想逐一實現，給我帶來了巨大的幸福感。也有些夢想實現後，讓我覺

得不過如此，然後有了為什麼當初會把這件事當成夢想的思考。

日子過得太快，很多人忘記了為什麼出發，失去了前進的方向。蒐集夢想的意義大概就在於透過思考和排列，幫助我們去拉一把靈魂，讓它跟上跑得太快的身體，去挖掘內心真正的渴望。

回頭一看，不知不覺中，我已經實現了夢想清單上的很多夢想，如表 6-5 所示。

表 6-5　我曾經期待，現在已經實現的夢想

1	買間大房子	2016 年 5 月	財富事業
2	換蘋果手機	2016 年 3 月	家庭生活
3	每年讀 50 本書	2016～2017 年	個人成長
4	重塑身材	2017 年	個人成長
5	學習和實踐時間管理	2016～2017 年	個人成長
6	買 kindle，並且真正使用起來	2017 年	個人成長
7	建立早睡早起的習慣	2016 年冬	個人成長
8	結交五個新朋友	2016～2017 年	個人成長
9	堅持記帳	記帳 1000 天	財富事業
10	去吃正宗的四川火鍋	2017 年 6 月	家庭生活
11	去九寨溝	2017 年 6 月	旅行遊走
12	堅持親子閱讀，幫孩子養成閱讀習慣	2016～2017 年	家庭生活
13	送孩子上適合的幼兒園	2017 年 9 月	家庭生活
14	給孩子報喜歡的才藝班	2018 年春	家庭生活
15	購置大書架	2016 年夏	家庭生活

16	給孩子準備雙層床	2016 年夏	家庭生活
17	買掃地機器人	2018 年 5 月	家庭生活
18	種植花花草草，打造陽臺小空間	2017 年冬	家庭生活
19	磨練孩子的英文聽力	2017 年	家庭生活
20	學習並使用心智圖	2017 年	個人成長
21	讓 Evernote 成為知識管理利器	2017 年	個人成長
22	做滴滴司機	2017 年 8 月	財富事業
23	利用自己的知識開源	2017 年	個人成長
24	學習手繪	2017 年 4 月	個人成長
25	為別人答疑解惑	2016 ～ 2017 年	個人成長
26	看一場演唱會	2018 年 8 月	家庭生活
27	自駕遊一次	2017 年 5 月	旅行遊走
28	帶孩子去看北極熊	2017 年 5 月	家庭生活
29	去南京看繁華古都	2016 年 6 月	旅行遊走
30	和閨密一起出遊	2016 年 6 月	家庭生活
31	住一次民宿	2017 年 6 月	家庭生活
32	完成一次線上分享	2016 年 4 月	個人成長
33	做一次線下分享	2017 年 8 月	個人成長
34	寫一本書	2018 年 5 月	個人成長
35	出國旅遊一次	2018 年 8 月	旅行遊走
36	副業收入超過本業收入	2018 年春	財富事業

蒐集夢想清單有三大原則

第一，你的清單你做主。夢想清單列出來不是為了炫耀，不是為了讓自己陷入糾結，只是讓你與自己對話。因此你怎麼想，就怎麼寫。

第二，不要糾結數量。最初我將自己的夢想清單叫做「101 夢想清單」，但我好像從來沒列滿 101 個過。數量多代表夢想多，但如果你只列了幾十個、十幾個，甚至幾個，也沒問題，因為夢想少，時間和精力的投入方向會更集中，實現起來可能會更快。

第三，夢想要詳細。愈詳細的夢想，就愈容易實現，請自行參照第四章提過的制定目標方法：SMART 原則。

有部電影叫《一路玩到掛》（*The Bucket List*），講述了兩位背景和性格迥異的老人，在生命的最後幾個月，列出自己的願望清單，並一一去實現的故事。每次看這部電影，我都在想，人生那麼長，為什麼非要等到生命的終點，才想著去實現夢想呢？如果疾病來得太急，機會就沒有了，那該有多遺憾。所以，從現在開始，寫下你的夢想清單，並且努力去實現吧。

夢想帳戶如何管理

和日常支出相比較，夢想帳戶的特點在於：第一，支出頻率低；第二，支出金額高。

無論是旅遊費用、培訓學習費用，還是裝扮支出，通常「不鳴則已，一鳴驚人」，不會經常出現，但出現一次就會影響我們的日常消

費和儲蓄。

對於這種特點的「一次性高消費」，我的建議是專項儲蓄，專款專用。

舉個例子，一次七天左右的出國旅遊，預算至少 1 萬元，我們把它均分到每月裡，看看所占比例是多少。如果月收入 1 萬元，那麼出國旅遊資金的比重在 20% 左右比較恰當。那我們每個月將這 20% 存到專門的帳戶中，到了半年時間就可以取出來，去旅行、去看世界了。

至於投資的工具，我推薦兩種形式。

第一，網路金融。這類產品投資門檻低、收益較高、投資期限短，適合小額分散投資，比如支付寶、理財通等等。當資金量級達到一定金額後，可整存買入固定收益類產品，一個產品代表一項支出，專款專用。

第二，基金定投。浮動收益類的理財產品，不像固定收益類產品那樣收益固定、穩健，它的收益會隨著行情上下波動，也會遵循幾年一輪的經濟週期。因此，選定不同的基金作為自己夢想帳戶的不同子帳戶，將每月的儲蓄直接轉換為基金份額，等待市場讓其增值，收益更為可期。比如定投滬深 300 指數基金作為專項的旅遊經費，虧了就在東南亞玩，賺了就去歐洲深度旅遊。

如果資金量還不是很不足，各個夢想可以按照輕重緩急進行排序、取捨。先滿足必要性開支（如培訓），再滿足非必要開支（如旅遊）。

Chapter 07

避免投資者常犯的
十大錯誤

查理・芒格曾說：「如果我知道自己會在哪裡死去，我就永遠都不去那裡。」這位和巴菲特一樣享有巨額財富和盛名的老頭，他的逆向思維方法給我們最大的啟發就是：如果你知道投資者常犯的錯誤，那你就可以盡量避開。

錯誤一 | 還不具備相關知識時就匆忙投資

有些朋友對投資理財一竅不通，他們對投資理財有興趣，更準確地說，是他們對錢有興趣，卻不具備相關的知識。對他們而言，投資理財有兩種選擇：一是盲目投資，不管不顧，愛投哪個投哪個，愛買什麼買什麼，隨心隨性；二是依賴他人，迷信「大V」＊，是純粹的「伸手黨」，不做任何獨立思考和判斷。他們的投資理財，基本依靠運氣，相比失敗，他們也更容易記住成功的經驗。

瞎貓碰上死耗子的事，一回兩回可能行得通，三回四回也許就沒那麼好運了。要知道「投資有風險，選擇須謹慎」永遠是真理。

你確實應該儲備一些投資理財的專業知識，關注市場的走勢，根據思考和積累做判斷，而不是一味橫衝直撞。

還有「伸手牌」朋友，很喜歡問別人：「你投資了什麼產品？你選擇了哪支基金？」恨不能什麼都不想，什麼都不學，就照搬別人的投資方案，然後暢想收益滾滾而來。

事實上，你可以從別人的口中獲得一些訊息，但獨立思考永遠少不了。別人的，永遠是別人的。而且，投資理財圈的人有一個禁忌，

＊意指在微博上擁有廣大粉絲的意見領袖。

就是向身邊的人提供投資建議，因為這就意味著要為他們的盈虧負責（當然職業的基金經理人除外）。一旦被發現你有藉著套話取得資訊的意圖，對方就會有意疏遠你。「伸手牌」做久了，會逐漸失去學習動力和判斷能力，最終淪為所謂「專家」的白老鼠。

每個人、每個家庭的情況都不同，對風險和收益的要求也不同，不能直接套用別人的理財規劃。只有把主動權掌握在自己手中，才是理財最好的狀態。也許這是一個很長的過程，可是只要不偷懶，總有一天會將複雜的理財技能化為己用。

做任何一項投資決策之前，都應該先做功課，別人的話不可不信，也不可全信。沒有人能真正為你的錢負責任。

想要積累理財知識，我有幾個小建議給你參考。

第一，找兩本理財入門書，從頭到尾翻看兩遍，第一遍看熱鬧，第二遍看做法，比如《小狗錢錢與我的圓夢大作戰》、《富爸爸，窮爸爸》、《工作前五年，決定你一生的財富》等等。

第二，關注幾個財經類公眾號，了解當下的經濟環境、政府的財政政策、時下最新的經濟動態等等。

第三，關注幾個理財「大 V」的公眾號，看「大 V」們學什麼、買什麼，以及背後的投資邏輯。

第四，如果你覺得在身邊的小圈子「談錢」格格不入，網路恰恰給了你我尋找同類的機會。可以到論壇、社群中去尋找志同道合的小夥伴，一起學習，共同進步。一個人走得慢，走不遠，一群人走得快，走得遠。

錯誤二 | 不把信用卡債務當回事

🖋 敲響「卡奴」警鐘

2014 年 6 月，上海一戶三口之家燒炭自殺，年過花甲的老夫婦及 25 歲的兒子全部當場死亡。根據遺書，死因疑為信用卡透支無力償還，一家人欠債走投無路「燒炭赴死」。

其實，上海「卡奴」燒炭自殺案，僅僅是近些年隊伍日益壯大的「卡奴」命運的一個縮影。

「卡奴」就是指這類背負巨額信用卡債務，並且收入無法承受信用卡繳款額的人。有數據顯示，國內的「卡奴」愈來愈多，數量暴增。

此外，一個年輕的「卡奴」群體也正在悄然崛起。

消費主義盛行的時代，很少有人能倖免於物質欲望的膨脹。如果自控力稍微差一點，很容易被過度的消費欲望拖垮。

前一段時間，「裸貸」*的新聞讓大眾為之震驚。這再次提醒我們，超前消費有極大的風險。

🖋 信用卡申請的低門檻

為了刺激發卡量，銀行會有過度授信、多頭授信的行為。過度授信、多頭授信又具體表現在各商業銀行信用卡的申請上，不僅門檻低，甚至幾乎無門檻。

---

*以裸照代替借據的借款方法。若違約不還，房貸人會以公開裸照與借款人父母聯繫資料為手段，迫使繳款。

中國的信用卡申請門檻究竟有多低？大部分商業銀行的信用卡申請，只須準備身分證影本、工作證明、薪資明細即可。一些銀行甚至可以用醫保卡、社保卡等作為財產證明。有些銀行還支持以卡辦卡。如果想利用自己手中已有的信用卡再辦理一張信用卡，持卡人一般需要使用原來的信用卡超過六個月，並且無不良紀錄，可申請在另外一家銀行再辦理一張信用卡。由於持卡人之前使用過信用卡，在新卡申請時，銀行審核會比較容易，放卡速度也會加快，有的無須再提交身分證影本、信用卡影本、財力證明等相關資料。

在美國，申請信用卡的門檻雖只有兩個——社會安全號碼和信用紀錄，但這兩個要素涵蓋大量資訊，和中國的社保卡不能等同論之。美國的社會安全號碼與個人納稅識別號碼、社會醫療資料、銀行帳號、信用卡卡號等相連，可以視為美國人「事實上的身分證字號」，信用紀錄則主要涉及信用報告機構（credit bureaus）的 FICO 信用分數。

如何避免成為「卡奴」

第一，刷卡前要有預算，別用信用卡買超出自己預算的東西；第二，若欲購買大件物品，如汽車、冰箱、電腦等等，須評估存款；第三，要養成卡債按月全額償還的習慣；第四，如果沒有能力付清欠債，應剪卡或減少使用信用卡。

如果已經有了金額不小的卡債，該如何面對？

首先，我們必須誠實地面對自己的債務問題，以此建立還債的信心和行動。其次，學習制定預算，列出你有的一切（收入），列出你欠的一切，清楚自己有多少額度可以使用，不購買超過自己支付能力

的東西。最後,制定還債計畫。

對於背負卡債的人來說,還債是一個痛苦的旅程,倘若目前收入無法繳款,評估是否需要增加額外的收入,了解需要與想要之間的區別,考慮徹底改變生活方式及消費習慣,盡量避免消費性的舉債。

信用卡的使用歸根究柢是消費習慣在支配使用者的行為,也就是說,根本上來講,還是形成良好的消費習慣最為重要。

錯誤三 | 視負債為洪水猛獸

說到負債,我總是想到那個中美老太太的故事。

一個中國老太太和一個美國老太太同時進了天堂。美國老太太在臨終前說:我終於還完了房子的抵押貸款,而中國老太太則說:我終於存夠了買房子的錢。

兩相對比,給中國人進行了最好的財商啟蒙教育。

印象中,聽這個故事已經是十年前的事情了。但是看看身邊,除了房貸已經走入普通中國人的生活,大部分人其實並不認可負債。很多人已經非常排斥貸款買車、貸款裝修,遑論貸款買家電、貸款去旅遊、貸款去美容了。

今天,我想從不同的角度來聊聊負債。

「會負債」的人有富人思維

窮人講究量入為出，富人卻以目標為導向，就拿中美老太太的故事來說，兩個人的目標都是買入房子，中國老太太省吃儉用，等到自己能買得起的時候才出手；美國老太太則為了達成目標，尋找自己需要的資源，透過貸款實現了買房的目標。

還有一點你可能沒有意識到，窮人思維最可怕的地方不在於當下賺錢能力不足，而在於思維的僵化，也就是你永遠不敢邁出那一步。

吳曉波老師就鼓勵年輕人適度負債，他說：敢於負債就是敢於對未來負責。

有人會說美國老太太這些年會付出很多利息，錢算起來也不是個小數目。可是中國老太太辛苦一生，也並沒有在買房之後還剩下很多儲蓄。

如何解釋這個問題呢？這大概是吸引力法則在起作用吧。吸引力法則是指，當你的所思所想集中在某一領域時，這個領域的正能量就會被你吸引過來。當富人以目標為導向，竭力尋找各種資源的時候，這些資源會慢慢向他聚攏，而窮人不相信自己可以實現目標，那他就真的離目標愈來愈遠了。

負債幫我們抵禦通貨膨脹

在高通膨時代，如果我們把錢存在銀行，看起來銀行付給你利息，你賺了，實際上財富卻被通貨膨脹吃掉了不少，至少比你想像的要多。

如果今年的 100 元到了明年就只值 90 元了，為何不用將來只值 90 元的錢，提前支付今天的 100 元呢？

好負債給你好生活，壞負債滾一邊

儘管我要說明適當負債的好處，但也必須提醒大家要擦亮眼睛，因為負債也分好負債和壞負債。我們先看看什麼是好負債。

比如買房。就算你是暴發戶，有能力帶著一車現金去買下心儀的房子，也要選擇貸款買房。因為只要你的投資能力可以跑贏貸款利率，你就是賺的。中國現在公積金貸款的利率是 3.25%，假設你從銀行貸了 100 萬元，手裡留著 100 萬元隨便買點什麼理財產品，比如買國債，利率都可以達到 4.17%。也就是說，如果你選擇負債，每年可白賺 100 萬元本金產生的利息差，也就是 9200 元。

這就是好負債。因為透過負債，我們的資產得到了增值，判斷的標準就是：負債帶來的收益大於負債的成本。類似的好負債還有經營、投資、接受教育等帶來的負債。

那什麼是壞負債呢？

比如，你刷卡透支去吃喝玩樂、購物消遣，負債的額度超出了自己能承受的範圍。高額違約金會讓你得不償失，以卡養卡更是在錯誤的道路上愈走愈遠，讓你成為真正的「卡奴」。

再比如，你放著合法合規又低利率的正規借款管道不用，輕信民間借貸或者網路上隨處可見的借貸工具，糊裡糊塗地借了很多高利貸，然後利滾利，直到負債讓自己無法承受。

再之後你可能因為無法按期繳款造成信用汙點，形成不良的信用

紀錄，會在今後的「信用社會」中遭遇很多麻煩，比如不能辦理信用卡、再貸款沒有優惠甚至無法辦理，還有可能上黑名單，影響個人職業生涯和日常生活。

當然，這個世界上沒有絕對的好壞，中美老太太後來的故事就可能讓你大跌眼鏡。

也許，美國老太太買房之後，因為每年的稅交不起，房子被沒收了，貸款還沒還清，銀行天天逼債；而中國老太太的房子過了幾年趕上都更，她獲得了同等面積的房子作為補償，還有數目不小的補償費，房子住得舒坦，還拿著補償費和老伴去美國旅遊聽美國老太太的故事去了。

因此，選擇負債之前一定要對自己的償債能力進行考量，否則，好處也可能變成壞處。

所以，我不是要為負債背書，而是希望藉由分析，幫大家客觀地認識負債，在今後的生活中，結合自己的實際情況，把負債化為己用，讓好負債帶給你好生活，讓壞負債滾一邊。

錯誤四 | 對房產的認識存在誤區

認為買房子就是男人的事情

中國的傳統觀念通常是，結婚的時候買房置業由男方負責，女方呢，陪嫁裝修或者陪嫁車子。高房價的今天，光靠男方，已經難以擔起買房重任，這就出現了一些男女雙方家庭按照比例共同買房

的現象。

而且，觀念是在變化的，愈來愈多的女性也加入買房大軍的行列當中，逐漸打破了以男性買房為主的傳統趨勢。

誰說買房子一定就是男人的事情呢？

新《中華人民共和國婚姻法》公布後，女性朋友更意識到，有屬於自己的房子的重要性。

第一，男方在婚前購置的房產，如果沒有女方的姓名，那麼產權和女方沒有關係，離婚的時候，女方沒有主張的權利。如果房子有貸款，婚後不管兩人誰來還貸，所用錢款都屬於婚後共有財產，一人享有一半權益。

第二，婚後房產，這倒沒什麼好說的，只要事前沒有特殊的書面約定，不管登記人是夫妻中的哪一方，住房的產權都屬於夫妻共有，是婚後共有財產，一人可主張一半的權利。

閨密和交往兩年的男朋友已經談婚論嫁，男方有房有車，閨密在婚前琢磨最多的，卻是買一間屬於自己的小房子。

從生活的角度來說，男方在住的房子是男方父母早年購置的，沒有貸款，是實實在在的婚前財產，閨密結婚後，這間房子跟她其實沒有什麼關係，萬一有什麼萬一，有自己的小房子，進可攻，退可守。

從理財的角度來說，按中國現有的政策，在閨密所在的北京，男方因在異地有房貸，在北京已經沒有購房資格，而閨密無房無貸的身分如果能善加利用，將來對家庭財務也有極大的幫助。

從未來的角度來說，有恆產者有恆心，對於現代女性來說，有了自己的房產，婚姻不再是她們獲得安全感的唯一途徑，有了房子就有

了歸屬，房子在未來還有很大概率會升值，一舉兩得。

前段時間，時尚博主黎貝卡的廣州豪宅在網路上瘋傳。一個單身女性，在廣州中心地段買下200多平方公尺的豪宅，她將三房兩廳的房間，留下一個小臥室，其他打通，改造出了29平方公尺的大衣帽間。有放得下150雙鞋的鞋櫃，有容納70個包、垂掛所有衣服的衣櫥。

她把房子中風景最好的房間改造成衛浴間，刷上粉色的牆壁，放上四腳浴缸。把客廳的牆壁刷成自己最愛的墨綠色，放上暗紅色的復古沙發，不走尋常路。

有人會說，是不是太奢侈了？也有人說，女孩子自己擁有大房子是不是沒必要？黎貝卡卻說：「我要在能力範圍內，給自己最好的。」

當然，不是每個女人都有條件擁有一間中心地帶的大房子，但是如果有購房需求，也有能力，購置屬於自己的房產確實會給生活提供一定的保障。不必被「買房是男人的事」這樣的觀念束縛，錯失了好的購房時機。

認為只有儲蓄夠了才能買房

先給大家講個真實的故事：

小A和小B在同一個小城市，薪資水準相當，家庭條件相當，都是普通家庭的孩子，都是2013年結婚，結婚的時候都面臨買房子的問題。

小A夫妻結婚後把全部禮金、手中積蓄加上家人支援都用上，勉強付了頭期款，兩個人用上公積金貸款買入了一

間 94 平方公尺的兩房婚房。房子不大但很溫馨，三年後，這間房子市值翻了一倍。2016 年 5 月，小 A 夫妻用結婚三年來存下的全部積蓄付了頭期款，並用商業貸款再買了 133 平方公尺的套房。他們把婚房出租出去，每月租金用來還貸外還能剩下一點。6 月時，房價開始大漲，半年過後，這間套房升值了 50%。

小 B 夫妻結婚時覺得買房壓力大，就把全部禮金握在手裡，一邊努力工作賺錢，一邊和父母同住。一年後，有了孩子，兩個人迫切地需要買房，但這時房價已經上漲 50%。兩人緊巴巴為一間 70 平方公尺的房子付了頭期款。工作三年，兩個人也存了一些存款，覺得房子有點小，想置換間大一點的房子，這個時候房價大漲，算來算去，只能把 70 平方公尺的房子賣掉，換了一間 100 平方公尺左右的小三室。

小 A 和小 B 當初抽到的牌差不多，三年時間過去，資產相差將近一倍。

關於買房，年輕人請記住一點：剛需須趁早。

不管專家們怎麼說，對於要買房滿足剛需的人來說，「房子是用來住的」，是最實際的需求，從房地產近 30 年的發展來看，買了房子的人現在都過著不一樣的生活，不管是「真金白銀」也好，是「紙上財富」也罷，房子升值是不爭的事實。

有人會問，房價跌了怎麼辦？

什麼是剛需？假設法定到了 28 歲，你需要吃一顆神藥，這顆藥能為你接下來半輩子續命，或者決定你的生活品質。你會花多大代價去買這顆藥？

剛需的意思就是，不論門檻有多高，你都要想方設法地得到，先上車再說。你解決的是從 0 到 1 的問題，跨越這個門檻，需要付出極高的代價。

如果買房對你來說是剛需，那麼無須觀望，也不要苦等房價下跌，即便那有可能，也是很遙遠的事。

現實非常殘酷，觀望和等待，很可能讓你和房子愈來愈遠。

香港人把買房稱為「上車」，意思是香港的樓價就像一趟列車，飛速開往遙遠的終點站。買了車票、上了車的人，在車上坐著，外面是一群奔跑著努力追趕列車的人。不上車你永遠趕不上，上了車才有機會談改善、談投資。

認為幸福一定和房子有關

雖然我鼓勵有條件的單身女性婚前買房，但我更想說，房子和幸福並不能畫等號。自住的房產並不是真正意義上的資產，從理財的角度來說，必須不斷讓現金流流入自己的口袋，如果貸款買房，很可能是從自己的口袋中往外掏錢。

當然，有的女孩會說，結婚了這個房子可以租出去，收租金。這當然是好事，但是請不要認為有了房子就一定會幸福。

因為真正的安全感，是建立在對自己的能力有信心、對未來的方向有規劃上的。房子始終是生活的附屬品，有的話能加分，沒有的話

也可以把生活過好。重要的是，你能正確地認識金錢、掌控金錢。

如果買了房子，讓你失去了自我升值的機會，讓你只能把未來綁定在一份穩定但是沒有出路的工作上，那麼這間房子你買不買，就需要衡量一下了。

網路上曾經有個故事，流傳甚廣。

說有兩個好朋友，十年前各有 10 萬元，一個人將這筆錢用作頭期款買了一間房子，一個人拿去創業。十年後，買房的人房子升值到了 100 萬元，創業的人也賺了 100 萬元。有人說，既然都是賺 100 萬元，為什麼還要辛苦去創業呢？

問題是，創業的人並不是只得到了 100 萬元，他還得到了十年打拚帶來的經驗、能力和眼界。未來的十年，相信後者會創造更多的財富，而前者大約會過著小富即安的生活，在既定的人生軌道上前行。

這兩個人其實都發揮了資金的槓桿作用，過上了屬於自己的幸福生活。馬雲曾說，聰明的人知道自己要什麼，智慧的人知道自己不要什麼。故事中的前者，是聰明人，有普通人的小幸福，後者則有智慧，有著不可預期的廣闊未來。

錯誤五 │ 使用利息過高的貸款

2015 年 3 月，網友小 A 使用多家銀行信用卡套現 50 多萬元，為了快速獲取利益，將所有的錢投入到股市中。卻沒想到，幾個月過後，不但沒有賺到錢，投入的 50 萬元加上半生積蓄全部打了水漂。

小 A 因無力償還卡債導致多張信用卡逾期，逾期時間達三個月。

最終，部分銀行採取了降額的措施，部分銀行直接註銷信用卡⋯⋯

小 A 的這種行為帶來諸多不良影響，50 萬元加上每日 0.05% 的循環利息，讓他面臨巨額的繳款額。除此之外，這對小 A 的個人信用也將造成不良影響。並且，若繼續逾期，他將很可能會被追究法律責任。

多家銀行信用卡透支並逾期，對個人的信用影響極大，且短時間內無法彌補。有些持卡人會選擇「剪卡」、「失聯」或「跑路」的方式，只會讓事情愈來愈糟。

信用卡欠債超過三個月未還，銀行會將資料交給專業的催帳公司，持卡人將不斷接到催款電話。銀行會凍結持卡人的帳號，並向法院提起訴訟，嚴重者將被刑拘。

小 A 犯了一個錯誤，就是使用了利息過高的貸款。

實際利率的計算

想要了解貸款的實際利率，給大家推薦一個公式，簡單好用。

下面就以工行融 e 借的貸款為例，介紹內部報酬率公式如何使用。

如果我借款 3 萬元的話，選擇等額本息的繳款方式，實際交付利息為 1070.85 元，我的借貸利率並非 1070.85 ÷ 30000 = 3.57%，而是 6.525%。

因為到期還本付息和每個月進行還本付息，借款成本是不同的。融 e 借採取每個月繳款的形式，因此實際利率要比看上去的高一些。

這裡的計算用到了 IRR 公式，也叫內部報酬率公式，可以用來計算借款的實際成本。這一公式在之前的章節中已經介紹過，這裡，我會用 Excel 再次示範如何計算，如表 7-1 所示。

表 7-1　用 Excel 對借款實際成本進行計算

期數	現金流（元）	資金變動日期
	30000	
1	-2589.24	2017-12-22
2	-2589.24	2018-1-22
3	-2589.24	2018-2-22
4	-2589.24	2018-3-22
5	-2589.24	2018-4-22
6	-2589.24	2018-5-22
7	-2589.24	2018-6-22
8	-2589.24	2018-7-22
9	-2589.24	2018-8-22
10	-2589.24	2018-9-22
11	-2589.24	2018-10-22
12	-2589.24	2018-11-22
月度 IRR	0.54%	
年度 IRR	6.53%	

　　3 萬元是到手的資金，用正數表示，每月繳款的 2589.24 元是還給銀行的，用負數來表示。

　　計算時在 Excel 中選擇「公式」選單下的「財務」，再選擇「IRR」，選中所有現金流，計算得出的是月度 IRR。

　　如果想要得到年度 IRR，精確的算法是按照公式年度 IRR ＝（1 ＋月度 IRR）12 － 1 進行計算。一般來說，我們進行估算即可，和精

算的結果相比誤差不會太大，計算出來的數據直接乘以 12，得到借款的年度 IRR 是 6.53%。

如果你對這個利率的高低沒有概念，那麼可以用本節寫作日 2019 年 1 月房貸的基準利率 4.9% 作為判斷標準，這是你從銀行能夠借到利率最低的一筆錢了。

網路信貸亂象

出生於 1997 年的大學生 Y，就讀於山東某高校。一次意外中 Y 弄壞了室友的手機，由於擔心父母責怪，她選擇了上網借錢解決。很快就有一家線上貸款平台提供她一筆 3000 元的貸款。

Y 除了生活費，並無其他收入。還不上錢的她屢屢「違約」，這筆錢也愈滾愈多，15 個月時間變成了 69 萬元。父親抵押了房子，借遍了親友，也無力承擔欠債，最終選擇了報警。

上海一位姓高的老大爺要給兒子買婚房急用錢，向某「貸款公司」借了 45 萬元，幾個月後，自己唯一價值好幾百萬元的房子卻被過戶到了別人的名下，高大爺幾乎傾家蕩產。

更可怕的是，在這筆旁人看起來明顯不合理的交易中，對方卻能拿出看似無可辯駁的法律證據：每一份合約都有當事人的親筆簽名，每一筆借款都有銀行的交易證明，每一份文書都經過了公證。

每每看到類似的案例，我都非常痛心。

大學生處在人生中最美好的年華，是學習知識、積累閱歷的重要階段，卻有不少孩子因為所謂的「無抵押貸款」，而深陷債務的泥沼。不法分子把學生作為誘餌，真正的目標其實是學生背後的家長。這些

家長大都知識水準較低，財務狀況不佳，但是愛孩子的一顆心卻是一樣的。面對討債公司的威逼利誘，他們擔憂孩子的前途，大都會咬牙盡力幫助孩子去還欠債，但代價很可能是一個家庭陷入「深淵」。

老年人上了年紀，資訊獲取管道單一，知識更新速度較慢，很容易上當受騙，本已經到了要享清福的年紀，卻因為不正規的「貸款公司」背上高額貸款，沒有什麼比這更容易摧毀一個人甚至一個家庭了。

2019 年的「3‧15」晚會上也揭露了類似問題，被稱為「714 高炮」的高利率網路貸款，指那些期限為 7 天或 14 天的高利率網路貸款，包含高額的「砍頭息」 *及「逾期費用」，折合成年化利率基本都超過 1500%。更可怕的是，這類貸款後面往往跟著「套路貸」 *，一筆利息是小，最終壞人看上的是你的房子，一旦上當，追悔不及。

如何避免落入「套路貸」的陷阱

一、提高自身防範意識

實施「套路貸」騙局的不法分子一般對外都是以「小額貸款公司」或者各類網路貸款 App 的名義招攬生意的，但其實並無金融從業資格。

因此，在借款前，借款人一定要上網查詢相關公司的資料，看其是否正規。對聲稱「不上徵信（意同授信）」、「低息秒到」一類的廣告詞要仔細判別。

二、落筆簽字謹慎行事

借款人在簽訂合約時，要警惕到手現金「打折」、高額違約金、

＊指放貸給借款者時，預先從本金裡扣除的錢。
＊利用人急迫用錢的心理，打著小額借貸的幌子誘使其簽下不合理的合約，進而背上巨額債務。這種借貸方式一開始便沒打算讓人還錢，主要目的在於侵吞借款人的房產。

利滾利等霸王條款,避免讓借款呈「滾雪球」式地發展,更要避免自己掉入「套路貸」的陷阱中。

對借款人而言,如果急需用款應該透過正規管道進行借款,最好不要選擇小額貸款公司,利率太高。借錢的時候認真衡量自己的繳款能力,看清借貸條款,避免誤入債務陷阱。平時要合理消費,注意儲蓄,學習理財,提升整體財務水準。

最後,我們梳理一下比較可靠的借款方式。

一、親朋好友

真有急需用錢的危急時刻,首先從親朋好友處借,仍然是大多數人的首選。

我也有著急和朋友借錢的時候,也有給朋友救急拆借資金的時候。

都是至親至近的關係,來往之間倒也增進了情分,昇華了感情。

一般來說,借據不要少,能盡快還就不要拖沓,繳款的時候適當加點利息,發個紅包,更好一些。

二、消費貸

額度多為 10 萬至 30 萬元,常見利率為每年 5% 至 8%,繳款期限為一至三年不等。

地方性商業銀行條件相對寬鬆,額度和利率都更友善。

在國企和事業單位工作的朋友,雖然薪水不高,但絕對是銀行的優質客戶,辦理起貸款來更為容易。

這類貸款的特點是隨時取用、隨借隨還,可以充實你的應急資金池,不知道什麼時候就能派上用場。

很多事,還是提前布局為好。

錯誤六 | 把投資用的資金拿去投機

假設你現在有 100 萬元，面前有兩組投資方案供你選擇。

方案一：每年賺 10%。

方案二：第一年賺 40%，第二年賠 20%。

兩種方案各自持續十年，猜猜哪種方案賺得更多？我猜你會認為是方案二，畢竟聽起來更「激動人心、跌宕起伏」一些，而且看起來賺的比賠的多一倍。但實際的結果是，方案一的累計收益是 159%，而方案二是 76%，相差超過一倍。

投資的要義、理財的根本在於找到穩定、持續的盈利模式，這樣複利才會幫你讓有限財富不斷增值，最終滾成巨大的雪球。一味追求超高收益，就像上面案例中提到的方案二，多賺多賠，最終收益不及穩穩當當地小步慢走。這還是好的，高風險的投資方案還可能讓你血本無歸，也就是你看上別人的利潤，別人卻看上你的本金。

投資的收益並非來自對賭的零和遊戲，最終還是來自企業經營的收益。無論這個企業是科技型、資源型，還是其他類型，企業使用資金創造收益，金錢本身的收益無法超過企業的總回報。

因為企業要生存，資金的融資成本如果超過了自身收益的話，就是個虧本買賣，注定是不可能的。就算偶爾有一次，也絕對不可能長久。好比潤滑油節約下來的熱量損耗絕對不可能超過所有汽油釋放出來的能量。所以你能看到的高報酬率，比如 20%、30%，甚至民間借貸和融資所聲稱的更高報酬率，肯定是不可持續的。

就在我寫這段內容的前幾天，網路金融界又出了大新聞，善林金

融平台被爆詐騙。

公開資訊顯示，善林金融成立於 2013 年，註冊於上海自貿區，註冊資本為 12 億元，創辦人周伯雲為法人代表。

善林金融是善林財富、善林寶、幸福錢莊（億寶貸）等 P2P 平台的營運主體，同時還是雪橙金服和意真金融的股東，在北上廣深等國內一二線城市設有分支機構，服務範圍遍及全國，門市多達 658 家，另外還對外投資了 14 家機構。

據報導，善林金融線上待還金額高達 20 億元，線下管理資產規模接近百億元，其中，最大投資人的待收金額是 436.7 萬元，誰知道是不是哪個老人家的養老錢呢？

我們看看不可靠的平台的共同性：

一、特別愛做廣告

很多電視臺、網站等等，對網路金融行業的廣告審核並不嚴謹，至於到紐約時代廣場（Times Square）做廣告，力圖打造國際影響力這樣的舉動，也無須神話。廣告多，並不能說明這個金融產品一定可靠。

二、收益特別高

以錢寶網為例，「交押金、看廣告」就能賺錢，唰唰點幾下廣告，幾分鐘做做任務，就能獲得 40% 以上的報酬率，是不是太誇張了？錢寶網甚至承諾，線下投資十幾萬元，三年後就能拿回 100 萬元。三年五倍報酬率，匪夷所思吧。事出反常往往有問題，對於承諾得太好的事情，一定要抑制住貪念，先在頭腦裡打個問號。

中國銀行保險監督管理委員會主席郭樹清在演講中告誡投資者，投資的過程中要注意風險，理財產品報酬率超過 6% 就要打問號，超

過 8% 很危險，超過 10% 就要做好損失全部本金的準備。

三、愛打科技牌、慈善牌

善林金融打著網路金融和慈善事業的名頭，在全國開設 1000 多家理財網路商店，以高額利息為誘餌，吸引投資人購買理財產品。

很多不熟悉網路的人，一看到「科技」、「慈善」等名稱，就心嚮往之，不自覺地信任加追捧。在這裡一定要提醒大家，一些有問題的金融產品正是在利用人們的這種心理，因此要格外提高警惕。

錯誤七 │ 把全部雞蛋放在一個籃子裡

諾貝爾經濟學獎得主、美國經濟學家詹姆士·托賓（James Tobin）曾說過：「不要把所有的雞蛋放在同一個籃子裡。」這句話放在投資理財上，說的是一個非常重要的道理：資產需要配置，投資適當分散，不可過度集中持有一種資產或一支股票。

大量的研究證實：資產配置是中長期收益的主要源泉。諾貝爾經濟學獎得主馬科維茲（Harry Markowitz）於 1952 年首次從理論上論證了資產配置的重要性。耶魯大學教授雷蒙德·戈德史密斯（Raymond W. Goldsmith）於 1969 年提出，透過資產配置可以大大提高投資的邊際報酬率。諾貝爾經濟學獎得主威廉·夏普（William Sharpe）於 1986 年指出資產配置在現代投資組合策略中具有舉足輕重的作用。

為了避免通膨的侵蝕，規避集中持有一種資產的風險，進行大類資產配置非常有必要。

分散投資更主要的意義在於，在不同市場、不同品種之間構建投

資組合，來抵抗單一市場、單一品種出問題的系統性風險。因此在進行分散投資時，不能只著眼於分散，更需要考慮產品之間是否有過高的關聯性，避免關聯性帶來無法預知的風險。

在實際操作中，最理想的分散投資是投資在互相不相關的投資品種上，比如股市、房地產、黃金甚至古董等等。這對一般投資者來說，並不容易實現。但我們可以在證券市場上用資產組合進行分散投資，方法就是尋找互不相關或者相關性很小的證券品種。

從大類來講，股票和債券是獨立的。從小類上來看，大盤股和小盤股相關性不大，價值股和成長股相關性也較小。

首先要決定的是股票和債券的比例，其次在股票中應該盡量涵蓋「晨星九宮格」（Morningstar Style Box）*的全部。股票收益高，波動也大；債券收益低，波動也低，兩者一綜合，中等收益，中等波動。

另外，標題這句話還有後半句，叫「但也不要放在太多籃子裡」。

我曾經接過一個理財諮詢，諮詢者 W 先生的投資就犯了後半句這個錯誤。

W 先生的家背負著三間套房的房貸，現金流極為緊張，在此情況下，他還是將僅有的 10 多萬元資金放在了下列多個投資品項上：

· 每月定投 300 元到一支債券基金，累計本金和收益有 8000 元
· 股票 A 深度套牢，當前市值 7.3 萬元，虧損 2.5 萬元

---

*又稱晨星風格箱，旨在幫助投資人分析基金的投資風格，這一分析方法受到機構投資者和個人投資者的廣泛認同。詳細介紹可以參考本書附錄。

- 股票 B 浮盈（帳面盈利）2400 元
- 加密貨幣「萊特幣」（Litecoin）2 枚，目前市值 1000 元左右
- 京東金條 40 克，目前回收價格 10840 元左右
- 持有美元，目前兌換成人民幣約 1.5 萬元
- 現金存款 2 萬元，其中 1 萬元買入了貨幣基金

　　W 先生在投資方面的管道多樣，顯示出了一定的理財意識。但是對於這個階段的小家庭來說，現金資產少、家庭負債多，黃金及美元資產並不實用，流動性差，且無法產生現金流。因此，我建議 W 先生將金條、美元贖回，集中投資，擴大現金流。

　　股神巴菲特就反對教條和過度地分散投資，他引用英國經濟學家凱恩斯（John Maynard Keynes）在 1934 年 8 月一封寫給生意夥伴的信裡的話：「隨著時光的流逝，我愈來愈相信正確的投資方式，是將大部分的資金投入到自己了解而且相信的事業中，而不是將資金分散投資給自己不懂且沒有特別信心的一大堆公司。」

　　在巴菲特看來，「任何超過 100 支股票的資產配置組合，都可能是不具有邏輯性的。因為任何第 100 支股票在實際上都不可能對整體的投資組合產生正面或負面的影響。」

　　相反地，他認為，將資金集中投資於你能力圈範圍內的行業和企業，其實是降低了風險：「我們採取的這種（集中投資的）策略排除了分散風險的教條方法，許多學者便會言之鑿鑿說我們這種策略比起一般傳統的投資方式風險要高許多，這點我們不敢苟同。我們相信集

中持股的做法同樣可以大幅降低風險，只要投資人在買進股份之前，能夠加強對於企業的認知及對於其競爭能力熟悉的程度。」

簡單點說，我們應該將精力和資金集中在熟悉的領域，在不同地域、不同市場、不同品種之間構建投資組合，抵抗過分集中造成的系統性風險，實現降低風險、最大化收益的目的。

錯誤八｜對資產配置一無所知

標準普爾家庭資產配置圖

圖 7-1 這張標準普爾（Standard & Poor's）家庭資產配置圖是一張救我於股災的神奇圖片。

圖 7-1 標準普爾家庭資產配置圖

2014 年年底我進入股市，那時候完全是「小白」一名，卻很幸運地趕上了 2015 年的牛市。買入的股票無一例外都在上漲，一開始是「小牛慢漲」，後來是瘋狂上漲。

炒股的人，大都是貪的。我從最開始的投入 1 萬元，發展到最多的時候投入 10 萬元。那時候我小家庭的全部現金資產也不過 15 萬元。股票的盈利很快達到 50%，帳戶裡的金額一天天上漲，我追漲的心思愈來愈重。

直到 5 月的一天，對我理財一向不過問的先生傳給我一張圖，跟我說，我們家在股市裡投入的資金比重太大了。

先生是典型的理工男，理性又謹慎，屬於輕易不開口，開口我就要慎重考慮的類型。那個時候，人人都在談論股票，「大 V」都在鼓吹 8000 點。但他的話給我敲響了警鐘，我開始反思自己的投資策略：把家庭資產的 60% 甚至更多放在股市中是否合理？

那之後，我放棄了再追加投入的心思，也逐步賣出了手中的股票，只留下在股市中賺的 4 萬元。進入 6 月，股災突至，千股跌停，幾次熔斷。

萬幸，未傷及本金。

後來談起這事，我總是感嘆先生的「迷之援手」，先生則淡然處之，跟我說：「什麼事都需要理性和邏輯，光憑感覺可不行，理財我雖不懂，但道理都通用。」

那張神奇的圖片就是標準普爾家庭資產配置圖。

什麼是標準普爾家庭資產配置圖？

標準普爾是全球最具影響力的信用評級機構，專門提供有關信用

評級、風險評估管理、指數編制、投資分析研究、資料處理和價值評估等重要資訊。這一組織曾調查研究全球 10 萬個資產穩健增長的家庭，分析總結出他們的家庭理財方式，從而得到了標準普爾家庭資產配置圖。這張圖被公認是最合理穩健的家庭資產分配方式。

這張圖告訴我們，進行家庭理財的時候，需要把家庭資產分成四個帳戶，這四個帳戶的作用不同，資金分配比例也不同。按照固定合理的比例進行分配才能保證家庭資產長期、持續、穩健地增長。

這四個帳戶分別如下。

開銷帳戶：用於保障家庭基本生活的開銷，一般為三至六個月的生活費，在家庭總資產中占比應為 10%。

救命帳戶：用於社保、商業保險等各類保險，解決家庭突發問題帶來的重大開支，在家庭總資產中占比應為 20%。

生錢帳戶：用於投資，重在收益，是理財時發揮空間最大的錢，在家庭總資產中占比應為 30%。

保命帳戶：用於子女教育金、養老金等等，重在保本和穩步升值，在家庭總資產中占比應為 40%。

家庭資產配置十分重要。

剛接觸理財的時候，我認為理財就是簡單的「錢生錢」，利益最大化，什麼收益高，我就買什麼，什麼賺錢多，我就投什麼。

那個時候，股市一片大好，我一度把它作為家庭資產增值的主戰場，暢想著如果把全部資產投入，是不是很快就可以翻倍。

年輕的時候，總是無知者無畏。殊不知，投資的市場從來不嘉獎無知者。我之前買的黃金存摺跌得很慘，我等不及也沒耐心，選擇了

割肉賣出。這是我第一次嚐到賠錢的滋味，真不好受。

回過頭來看自己的小家庭資產配置，我發現我將三分之二的資產放在了股市這個修羅場中，這時我才感到惴惴不安。因為我家的救命帳戶和保命帳戶都太不完善了，作為家庭第一經濟支柱的先生，當時是自由工作者，連社保都沒有，遑論商業保險。我們還養著一個孩子，背著幾十萬元的房貸，一旦家庭遭遇任何可能的變故，我們都沒有能力去應對。

現在我一回想起來，事後回想還會不禁害怕。我在想，如果當時亢奮的自己把全部身家投入進去，而那時正好趕上5月底股市的高點，那麼不久迎接我的就是股市跳崖般的下跌，那樣我將如何面對慘局？

按照標準普爾家庭資產配置圖給出的投資比例，我的小家庭只適合將資產的 30% 投入到高風險的理財項目中，所以我最後留下了 4萬元在股市中。這筆錢在 2016 年 5 月買房的時候，以小虧退場。

與我最初選擇高風險的資產分配方案相反的是，我身邊的很多朋友，因為不了解資產配置，將理財項目僅僅侷限於銀行定存和餘額寶。如果稍微懂一些理財知識，知道生錢帳戶的存在和意義，那應該不會滿足於 3% 的投資報酬率，家庭資產會得到更好的保值升值。

標準普爾家庭資產配置圖的侷限性

雖然從這張圖中受惠不少，但我還是認為，這張圖不是萬能的，它存在一些缺陷。

第一，不符合實際。每個人、每個家庭都有著不同的實際情況，想用一張圖規劃全世界的家庭資產配置，多少有點不切實際。配置家

庭資產，首先需要完成對家庭財務狀況的梳理，同時進行風險能力測試，沒有這些又談何「從實際出發」？

第二，不符合國情。保命的錢設定為 20%，感覺過高了，完全不符合中國的國情，比如一個三線城市的小家庭，家庭資產總額為 50 萬元，就意味著要拿出 10 萬元配置保險，怎麼聽都覺得有點「扯」，這哪裡是「以小博大」，簡直是「一座大山」。

雖然如此，個人認為這張圖還是有其借鑑意義的。那就是透過分配家庭現金流資源分散風險，在保障家庭資產安全的前提下實現收益最大化。

很多事情是相通的。這張圖讓我想起了時間管理上的「四象限法則」。簡單來說，就是把工作按照重要和緊急兩個不同的維度進行劃分，可分為四類，分別是：緊急又重要、重要不緊急、緊急不重要、不緊急也不重要。

這四個象限的事情，你認為最重要的一定是第一類對不對？其實錯了，最重要的應該是第二類——重要不緊急的事。因為人們太容易被第一類事情牽著鼻子走，而忽略了對自己來說意義更為重大的第二類事情。

第二類事情有哪些呢？諸如技能學習、自我提升、方向調整等關乎未來發展的大事情，它沒有披著緊急的外衣，但有著「極其重要」的核心。

資產配置的四大原則

回到資產配置上，我們分別來看看四個象限中的錢該如何管理。

原則一：緊急又重要的錢需要預留，絕對保證

這個象限裡的錢，在時間和重要性上都排在最前面。比如我們的房貸、車貸、信用卡繳款等等，需要在家庭現金流資產中提前預留，保證按時繳款，因為逾期會被記在信用紀錄裡。現代社會，個人授信只會愈來愈重要，一定要重視。

另外，剛剛提到的這三類支出，都屬於負債。儘管我一直說，合理的負債是窮人的福音，給自己加一點槓桿，對資產增值很有幫助，但比例一定要控制在合理範圍之內。

之前，有個女孩在我的公眾號留言，說自從看了我的文章，就去辦了信用卡，結果現在每個月的薪資只夠還最低繳款額。這就屬於「過度負債」，超出了她的承受能力。

關於資產負債率多少合適，個人認為沒有一定之規。需要考量的因素很多，包括家庭成員的年齡構成、風險承受能力、收入是否持續穩定、家庭保障是否完善等等。但總體上，30% 至 50% 是較為合理的範圍，超過 50% 就意味著風險過高，很容易陷入財務危機。另外，對於上班族來說，每個月繳款金額和月收入的比例也要控制，以不超過 40% 為宜。

原則二：重要不緊急的錢要早做打算，長期投資

這一象限裡的錢，重要性顯著，但很容易被人忽略，比如孩子的教育金、自己的養老金、老人的贍養費等等。這一部分的資產配置時間線通常會拉得比較長，屬於「長期投資，一次使用」的錢，比如孩子上大學或者留學需要的大筆學費，老人生病手術又無法理賠的大筆醫藥費等等，平時不會給你造成壓力，到了用的時候如果沒有準備，

很可能方寸大亂。

了解複利公式的人都知道，複利有三個關鍵因素，決定了未來的總體收益，那就是本金、時間和報酬率。因此，投資理財這件事愈早開始愈好，隨著經驗的積累，報酬率會提高，本金會愈來愈多，時間線也會比別人拉得長。這一象限的投資要點是保障本金安全，確保一定的收益，讓其持續成長。

對籌備養老金重要性不了解的夥伴，可以去看看很紅的理財書《不用擔心錢的老後——今天就要學的生涯理財》。

此外，保險的費用也在這一象限，屬於平時看不到用處，關鍵時候可以幫助你度過難關的投資。金額宜控制在家庭年收入的 3% 至 5%，比如小 A 的家庭年收入為 20 萬元，那麼每年拿出 6000 至 1 萬元購買保險即可。

原則三：緊急不重要的錢盡量控制，減少支出

這一象限的錢主要以基本生活支出為代表，也就是衣食住行的日常消費。在馬斯洛需求層次理論（Maslow's hierarchy of needs）中，這一象限的錢滿足的是第一個層次的需求，即生理需求。

這一方面的支出必不可少，原則上應該盡量控制，保障基本需求即可，不必為了面子或者膨脹的欲望買單，否則會直接影響其他象限資金的管理。我們常說的節流，針對的就是這一象限，能在家做點吃，就少去餐廳吃飯，乾淨又省錢；能騎自行車、坐捷運，就少開車，節能環保還省下大筆養車費用。

把錢積累起來，投入其他象限，才能保障家庭資產配置合理，運轉良好。

這筆錢，我個人會選擇放到貨幣基金中，金額是家庭三至六個月的日常開支費用。

原則四：不緊急不重要的錢，大可隨心隨性

其實我想了很久，哪些錢是家裡不緊急也不重要的，然後就想到了自己的「玩樂帳戶」。

在日常的儲蓄帳戶、消費帳戶之外，設立一個玩樂帳戶，這個帳戶專門用來獎勵自己。金額呢，我一般定為月收入的 10%。

這筆錢最短一個月，最長三個月，必須花掉，而且是高高興興地花掉，可以是買一件自己心心念念已久的心儀物品，可以是去一直捨不得去的高級餐廳大快朵頤。

有的時候，值與不值並不是唯一的判斷標準。你花的這筆錢確實不緊急也不那麼重要，做與不做這件事，對生活也不會有根本性的影響，但是人有的時候需要這樣一筆開銷，因為人就是人，不是機器。

這筆錢不會讓你馬上變美、變有錢，但會讓你有「配得上」的感覺，這種內心感受，會讓我們對金錢與自我更有掌控力，也會幫助我們在分配金錢的時候更有界限感，然後更好地去配置家庭資產。

錯誤九 │ 忽視現金流的作用

🖋 現金流的作用

一名旅客經過一個小鎮，走進一家旅館，他掏出 1000 元現金交給了店主，並挑選了一個房間。在他上樓之後，店主把這 1000 元拿

給對門的屠夫，支付了這個月的肉錢。屠夫去養豬的農戶家中，把欠的買豬款付清了。之後，農戶還了飼料錢，飼料商還清了賭債，賭徒趕緊去旅店還了房錢。這時候，1000 元現金又回到了旅店店主的手中，就在此時，旅客下樓說房間不合適，拿上錢走了。

實際上，旅客並沒有真正在旅店消費，但小鎮的人們因為 1000 元現金的臨時注入，全部解除了債務。

這就是現金流的作用。

現金流被譽為經濟的血液，整個社會的活力依賴現金的流動，企業的發展離不開流動資金，對於個人來說，現金流同樣重要。

兄弟的故事

我們來看看下面兩個人的故事。

小 A 和小 B 是一對親兄弟，但是性格迥異，人生道路也完全不同。小 A 從小愛讀書，一直是學霸，名校畢業後，順利進入中心商業區工作，是人們口中的「金領」，月薪好幾萬元，年終獎金幾十萬元。他的房子是高級公寓，寬敞漂亮，孩子讀國際學校，鋼琴、舞蹈樣樣精通，一家人每年都要出國旅遊，是親戚朋友們羨慕的對象。

小 B 則從小就調皮，壞點子層出不窮，不好好讀書，早早出來工作，沒幾年當起了房地產仲介，連借帶炒，買入了幾間房子。照理說條件不錯，但一家三口還是住在一個小房子裡，後來小 B 也不當仲介了，每天不知道在忙些什麼。

看起來小 A 更富有，但事實上並非如此。

小 A 賺得不少，但開銷更大，早先房價便宜的時候買了一間小

房子，但一家人追求生活品質，家中又有老人幫忙看孩子，租了四房的高檔公寓，每月租金就要 2 萬元。孩子讀國際學校，每個月學費 1.5 萬元，各種才藝班 5000 元。養車費用、日常支出，每個月要一兩萬元。一家人愛旅行，每年的費用加起來也要十幾萬元。林林總總算下來，小 A 每個月的薪水都所剩無幾，說得好聽是「金領」，但實際上家庭抵禦風險的能力很低，雖然收入高，但現金流很差。小 A 一旦失業，一家人不知道要怎麼辦。

現金流，指的是家庭收入減去家庭支出剩下的現金資產。把家庭財務比作一個水池，花錢的事情是出水管，賺錢的事情是注水管，兩個管子始終開著，進入的水多，現金流就為正，流出的水多，現金流就為負。

小 B 呢，其實是隱形富豪，北京的房價近些年暴漲，幾間房子市值過億，每個月收租就有好幾萬元。小 B 現在自由得很，想工作就工作，不工作了就做做自己喜歡的事情，一下子開農家樂＊，一下子和人合夥做餐飲。他從小就愛玩，對吃喝玩樂的事情精通又喜歡，這下可真是如魚得水。一家人也不鋪張浪費，就過著普通人的小日子。小 B 的現金流就好太多了，每個月不工作就有源源不斷的被動收入，而且小 B 還在做生意，也小有成績，進帳慢慢增多。

故事講完了，說說裡面的道理。

第一，小 B 的成功難以複製。如今「房住不炒」的宏觀政策，把炒房的路堵得差不多了，小 B 趕上了好的時機，自己從事房地產行業，了解最新的房產動態。他在學校不愛學習，但是在社會大學歷

＊指中國廣泛分布於城市近郊、以農業和鄉村為賣點的觀光產業場所總稱。

練頗多，資源豐富，判斷力強，把握住了時機。小 B 買入房產之後，沒有故步自封，依然在尋求新的發展，好的生意也會是未來現金流的重要來源。

第二，小 A 更具參考意義。對於大多數人來說，努力用功讀書，透過學業獲得一份有成長性的工作，並讓薪資不斷增長，是較為穩妥的人生道路。小 A 目前的問題在於，忽視了現金流的作用，如果能夠控制支出，重視理財，同樣可以積累財富，獲取被動收入。

現金流象限

世界知名的理財教練羅勃特·清崎（Robert T. Kiyosaki）對現金流有過一個經典的論述，叫作現金流象限，分別代表收入的不同來源，如圖 7-2 所示。

圖 7-2　現金流象限

E：員工（Employee）
B：企業主（Business Owner）
S：自雇者（Self-employed）
I：投資人（Investor）

E 象限：代表員工──想要保障和福利的人，為系統工作。

S 象限：代表自雇者──喜歡親力親為，做自己老闆的人，自成一個系統。

B 象限：代表企業主──喜歡將自己的工作分派出去，自己主要負責思考、創造、擁有與控制系統。

I 象限：代表投資人──用錢來賺錢的人，讓錢為自己工作，投資於系統。

不管你在哪個象限，如果你希望未來變得富有，你最終都要進入I象限，用錢生錢獲取更多的財富。

再來總結一下，E象限的人擁有一份工作，S象限的人做自己的老闆，B象限的人建立別人為自己工作的企業系統，I象限的人讓錢為自己工作。

透過這個簡單的圖形，我們會發現不同的世界，有的人只依靠工作賺錢，就像上文提到的小A，有高薪的工作，現金流完全來自薪水；有的人則讓錢為他工作，現金流來自多個領域，因此更為充沛，更為穩定。

他還進一步總結現金流的作用：「不能控制現金流的人在為能夠控制現金流的人工作。」

錯誤十 ｜ 無為／放棄自我增值

《人類大命運》(*Homo Deus*) 的作者哈拉瑞（Yuval Noah Harari）說，人工智慧革命將造成個人價值的終結，除了極少數精英，99% 的人都將成為無用之人。

這種言論，雖然看上去危言聳聽，但也有其道理。

永遠不要放棄突破舒適區

有的人 30 歲，人生已經結束了，因為他的餘生都在複製過去的影子；有的人 30 歲，人生圖卷才剛剛展開。

唯一的區別是，問問你的內心深處，你到底想不想讓自己愈來

愈好？

我最喜歡的韓劇《請回答 1988》中，有句臺詞特別說到心坎裡：「搞怪的不是紅綠燈，不是時機，而是我數不清的猶豫。」

去年這個時候，朋友建議我開通公眾號，我聽了當天就去開通了。儘管「公眾號早就過了紅利期」，儘管我比別人慢了好幾拍，但對我來說，這是「最快」的開始，那就夠了。

現在的我，每個月的稿費輕鬆超過本業收入，不再是過去那個拿著死薪水，只會抱怨生活的我了。

30 歲怎麼了？只要你願意，人生才剛剛開始。

請記住，人生後半段的箴言是「不後悔」，想做到這一點，前半段就要「不猶豫」。

任何時候，都請努力讓自己增值

前幾天網上新聞報導唐山取消了外環路上的收費站，被資遣的收費員向公司討說法。

其中一位女士悲憤地說：「我今年 36 歲了，整個青春都給了收費站，我已經過了學習的年紀，沒有了找新工作的能力，我現在啥也不會，你讓我怎麼辦？」

2017 年，最紅的文章是〈未來十年最容易失業的行業〉。

不要光顧著嘲笑這位女士，未來失業的人群裡，說不定就有我們。

在《愛麗絲夢遊仙境》（Alice's Adventures in Wonderland）中，紅心皇后對愛麗絲說：「在我們這個國度，你必須不停地奔跑，才能保持在原地。」

羅振宇在 2017 年跨年演講中引用了上面這句話，他說：「之前，我們以為這是童話；2017 年，才意識到這是現實。」

沒錯，這就是現實。

在這個需要終身學習的時代，任何時候都不要忘記努力讓自己增值。

想追求複利，先要耐得住前面平緩的直線

我反覆強調，投資理財上有個最為重要的概念，就是複利。我們都知道複利好，無論是財富，還是人生中任何可以積累的事情，都有著強大的複利效應。

但你去看複利曲線，在開始的很長一段時間裡，那條曲線的上升是如此平緩，慢得幾乎讓你懷疑它是否在上升中。

一旦你熬過這段時間，那條曲線會以令你訝異的斜率飛速上升。

即使暫時沒有看到努力取得成效，也不要立刻放棄，只要方向沒錯，我們的努力最終不會白費。最可怕的是因為取得成效慢就自我懷疑，並退回舒適區。這樣做，雖然一時輕鬆了，但五年、十年過去，我們會突然發現自己錯失了自我提升的機會，再想實現人生的突破已經很難了，而且到那時已時移世易，一旦自己從事的行業遭遇波動，我們整個生活都將陷入被動。

Chapter 08

理財從小開始

　　為人父母都希望子女以後過上豐裕富足、衣食無憂的生活，卻很少有父母把培養孩子的財商作為孩子成長中一件重要的任務。有些父母會認為，讓孩子接觸錢是一件不好的事情，會讓孩子養成亂花錢或者喜歡比較的毛病。真的是這樣嗎？也有些父母認為，理財是一件苦差事，「再苦不能苦孩子」，孩子不需要為錢操心，想要什麼，大人直接送到他們手邊就好了。這樣真的好嗎？

猶太人的財商教育

　　網上曾流傳一個熱門文章，講述了一位中國單親媽媽和她的三個孩子實踐以色列財商教育的故事。

　　一直以來，這位合格的中國式好媽媽，實行著中國最為流行也最為普遍的教育原則——「再苦不能苦孩子」。在初到以色列的艱難日子裡，她每天擺攤賣春捲供養三個孩子上學。孩子們放學後，就在媽媽的春捲攤前玩耍。有一天，鄰居看不慣，訓斥孩子：「你們已經是大孩子了，應該學會幫助母親，而不是看著她忙碌，自己卻像個廢物一樣。」這還不夠，鄰居轉而訓斥辛勞的媽媽：「不要把落後的教育帶到這裡來，不是生養了孩子，就是母親了。」

　　這位母親一開始難以接受，但在學校也受著以色列財富理念影響的孩子們很快接受了鄰居的看法，他們開始學著做起了生意。媽媽以低廉的價格批發春捲給孩子們，三個孩子實踐了完全不同的賺錢思路。老三稍微加價，零售賣給同學；老二採取批發手段，將全部春捲賣給了學校餐廳；老大最有創意，他在學校舉辦了一個名為「帶你走

進中國」的講座，將春捲作為免費品嚐的禮品，這個講座吸引了200個聽眾買門票光臨，去掉租用場地和春捲的成本，老大賺到了老二和老三的三倍利潤。

這之後短短數日，以前只會撒嬌的孩子們搖身一變，成了精明的小商人。

為了賺錢，他們努力學習和思考，學業並沒有因此受到影響。

一年之後，老大靠售賣文具賺到了一筆不小的資金；老二在報紙上開設了自己的專欄，介紹上海的風土人情，每週兩篇千字文，稿費不低；老三是女孩，內斂但樂觀，她學會了煮茶和做點心，這些當然不是免費的，去掉成本，老三賺得也不少。

這個故事裡的媽媽後來回到中國，見到了太多矛盾的中國父母。

他們始終處在一種搖擺不定的心態中，既希望自己的孩子將來成為富人，又從來不和孩子談錢。而猶太人用敲擊金幣的聲音迎接孩子的出生，賺錢是他們人生的重要目標。當然，他們更崇尚教育和智慧。

大部分家長只重視對孩子智識和情商的培養，忽視甚至無視財商教育。財商教育的缺失，已經造成了很多問題。比如當今很多孩子愛比較、不懂感恩，不少青少年因為對金錢缺乏認識，而最終誤入歧途。各種新聞屢見不鮮，「熊孩子半月瘋狂打賞主播9萬元」、「小學生偷記家長密碼，手遊課金幾天花1萬元」、「13歲男孩遊戲課金一天花光18萬元」等等。如果家長能從小對孩子進行財商教育，孩子就會明白金錢得來不易、應該如何使用金錢，以及自己在現階段對於家庭金錢的使用權限，這樣他們就不會犯類似的錯誤。

他山之石，可以攻玉。先來看看猶太人如何培養孩子的財商。

猶太孩子的第一份生日禮物是股票

按照猶太家庭的慣例，孩子滿一歲的時候，很多猶太父母會把股票當作禮物送給孩子，這也是猶太民族獨特的理財教育。儘管孩子們喜歡形形色色的玩具，但猶太父母寧願給孩子更實際的東西，送孩子股票，是為了讓孩子從小接觸金錢、認識金錢、了解金錢。

培養「錢能換物」觀念

猶太父母的財商教育進入第二階段，會幫助孩子在潛移默化中養成「錢能換物」的理財觀念。猶太小孩三歲的時候，父母開始教他們辨認硬幣和紙幣；五歲的時候，孩子們知道金錢是如何來的，可以買什麼；七歲的時候，父母要求他們能看懂商品的價格，初步養成「錢能換物」的觀念；八歲的時候，他們就開始打工賺錢了，父母也會鼓勵他們把錢儲存在自己的帳戶裡；十歲的時候，孩子們大都已經懂得藉由儲蓄可以存下大額金錢，作為大筆開銷使用；12 歲的時候，了解金融的基本概念和原理，參與家庭理財規劃。

在「金錢遊戲」中培養金錢觀念

猶太父母的財商教育注重體驗，透過細節鼓勵和引導孩子關注與金錢相關的內容。他們喜歡設計一些與此相關的「金錢遊戲」，讓孩子參與其中，並藉由好奇心、好勝心引導孩子樹立對金錢的概念。比如「大富翁」類的遊戲，就是猶太社會中非常流行的遊戲。從遊戲中建立起的金錢觀念，更容易融入猶太孩子的血液中，並伴隨猶太孩子

的一生。

金錢並不是罪惡之源

猶太父母在日常生活中，會向孩子傳達「賺錢是一件很光榮的事情」的觀念。比如撿垃圾賣廢棄物這件事，在猶太人的眼中，垃圾雖然髒，但用垃圾換到錢非常高尚。只要是藉由正當途徑賺到的錢，就沒有高低貴賤之分，都一樣尊貴。

培養孩子延遲享受的理念

《猶太人的賺錢智慧－七大秘訣讓你成功致富》（*The Jewish Phenomenon*）一書中寫道，猶太人會這樣教育孩子：「如果你喜歡玩，就需要去賺取你的自由時間，這需要良好的教育和學業成績。然後你可以找到很好的工作，賺到很多錢，等賺到錢以後，你可以玩更長的時間，玩更昂貴的玩具。如果你搞錯了順序，整個系統就不會正常工作，你就只能玩很短的時間，最後的結果是你擁有一些最終會壞掉的便宜玩具，然後你一輩子就得更努力地工作，沒有玩具，沒有快樂。」

猶太人財商教育中最重要的一點，是培養孩子延遲享受的理念。這也是猶太人教育的核心，也許正因為如此，猶太人中才能出現如此多的成功人士。

無獨有偶，歷史上有過這樣一個故事。

19世紀末，美國有一個很有經商頭腦的小鐵匠，名叫威靈頓‧波特（Wellington R. Burt）。經過多年打拚，威靈頓

有了自己的商業帝國，成了億萬富翁。晚年的時候，他希望在眾多子女和孫輩中物色一位繼承人來管理家業。遺憾的是，因為長期養尊處優，兒孫們嬌生慣養，一事無成。威靈頓憂心忡忡，家業留給這樣的繼承人，早晚得敗光。

於是，他將全部家產變現，總額有 1.1 億美元，他將這筆錢交由律師保管，並立下遺囑：自己死後，每位兒孫只獲得 1 萬美元用於生活和創業，其餘財產等到自己死後 100 年，後人方能繼承。

1911 年，威靈頓去世。當律師宣讀老人的遺囑時，兒孫們都呆了。

因為少了優渥的家境，兒孫們開始努力奮鬥，勤勞打拚。

多年後，威靈頓 15 位曾孫中，有九位都成了億萬富翁。

生活，成了他們最好的老師，給了他們最好的財商教育。

如果當初威靈頓先生把遺產隨隨便便分掉，說不定後輩們只會隨意揮霍；相反地，曾祖父的這一舉動，給他們留下了寶貴的精神財富，這筆財富讓整個家族世代受益。

財商教育不只是關乎財富能力的教育，更是對孩子品格和責任感的教育，財商教育應該受到和智識、情商教育同等的重視。

上面的故事裡，鄰居訓斥母親的話令我印象深刻：「不是你生養了孩子，就是母親了。」作為一位母親，我們要做的遠遠不止讓孩子吃飽、穿暖，為他們提供好的物質條件。對於人格、品質的培養，對於財富觀念和理財能力的引導，才是一位母親能送給孩子最為珍貴的

禮物。

除了被以色列鄰居詬病的「再窮不能窮孩子」，我們慣常見到的財商教育誤區還有：

- 孩子現在還小，長大了自然會懂。
- 別弄那些沒用的，孩子讀好書就夠了。
- 好好學習考個好大學，將來就會有好生活。
- 勤勞一定能致富，沒有錢是因為努力不夠。
- 愛誇海口「想買什麼儘管說」，又愛哭窮愛說「賺錢好難」。
- 給零用錢毫無規劃、不做任何引導。
- 言必談錢，會把家庭關係簡化為金錢關係。

不同的教育方式，從下面的這段對話中也可看出一二。

一個孩子問自己的爸爸：「我們家有錢嗎？」

他的爸爸回答：「我們家有錢，很多錢，這些錢將來都是你的。」

另一個孩子也問他的爸爸：「爸爸，我們家有錢嗎？」

他的爸爸則回答：「我有錢，你沒有。」

孩子有些疑惑，他進而解釋道：「我的錢是我自己努力奮鬥賺來的，將來你也可以藉由勞動獲得金錢。」

同樣的問題，兩個孩子卻得到完全不同的訊息。

第一個孩子聽了爸爸的回答很高興，哇，我們家的錢將來都是我的，可是他也失去了奮鬥的動力，將來很可能成為一個「伸手」族、

「啃老」族。

第二個孩子聽了，第一反應可能是不開心，哎呀，我爸的錢跟我沒什麼關係啊，但他進而會想，爸爸透過努力賺到了錢，將來我也可以透過努力變有錢，那這個孩子在未來有很大可能會自食其力，努力奮鬥。

這兩位爸爸，就向孩子傳遞了完全不同的財富觀。

財商到底是什麼呢？

財商的本意是「金融智商」，英文縮寫為 FQ（Financial Quotient），最早由理財經典書籍《富爸爸，窮爸爸》一書提出，指創造和管理財富的能力，決定了人作為經濟人在經濟社會中的生存能力。

財商與智商、情商並列為現代社會三大不可或缺的能力素質。

對於孩子來說，不同的年齡，對財商有著不同的要求。

對於二至七歲的幼兒來講，能夠了解貨幣的基本功能即可。

教孩子們認識貨幣，懂得貨幣的來源及貨幣如何產生，懂得錢是用於交換的工具。這個時候，他應該已經擁有了自己的存錢筒和少部分的零用錢，能夠進行簡單的交易行為。

加州大學洛杉磯分校（University of California, Los Angeles）的一位經濟學家用銀幣調教七隻捲尾猴，發現這些猴子能夠理性地對一些簡單的激勵做出反應。它們會偷銀幣，知道用銀幣去交換食物，甚至在一些場合用於性交易。捲尾猴的腦容量較小，智商應遠不如二到三歲孩子的智商。因此，只要適度引導，二到三歲的孩子就可以懂得錢是用於交換的工具，甚至可以理解借還和交換概念。

四到七歲的孩子，可以開始學著延遲滿足了。史丹佛大學

（Stanford University）的研究者做過一個經典的「棉花糖實驗」，在實驗中，四到七歲的孩子被告知有兩個選擇：馬上吃到一塊棉花糖，等待 15 分鐘吃到兩塊棉花糖。

大部分孩子等都不等就直接吃掉了一塊。在選擇等待的孩子中，只有三分之一的孩子做到等 15 分鐘，拿到第二塊。後續的追蹤研究發現，那些能夠等待的孩子長大後成績更好，能力更強，生活更美滿。

讓孩子試著接受延遲滿足，是讓他們明白等待的價值，在買我們想要的東西之前，有時必須等待。

對於 8 至 15 歲的青少年來講，要能夠正確地管理和規劃自己的零用錢。懂得如何正確地花錢、存錢，能夠實現簡單的錢生錢，合理地將零用錢分為三個部分，一部分用於儲蓄，從而實現更大的目標；一部分用於消費，滿足於當下的需求；一部分用於捐贈或社交，比如在長輩生日之際贈送小禮物，在教師節為老師送出一份心意，幫助遇到的困難人群等等。

青少年階段，最重要的是幫助孩子們建立資源意識、規劃意識、儲蓄意識、延遲滿足的意識，這個時候，財商素養也就初具雛形了。

對於 16 至 20 歲的高中生和大學生而言，財商已經要深入到價值觀的層面了。

價值觀是什麼？價值觀是面臨選擇時的內心準繩。這一階段，財商要求孩子們對每個月的生活費進行合理分配，用有限的金錢打理自己的生活、學習和社交。大學生活是完全脫離父母進入社會的第一站，進入大學後，大小事都需要自己做主，這樣可以培養孩子的獨立能力，他們要慢慢學會為自己的選擇和決定承擔結果，無論結果的好

與壞。

　　這個時候，孩子們已經具備了一定的判斷和實踐能力，需要建立規劃意識、競爭意識、創新意識、個人信用和風險意識。

　　就財商教育的實施來說，我們可以嘗試從以下幾個方面著手。

向孩子解釋財富的來源

　　首先來回答一個問題：應該從何時開始對孩子進行財商教育？

　　對於這個問題，有個簡單的答案，是愈早愈好。有個具體可依循的標準是，當孩子表現出對金錢的興趣時，就是開始財商教育的最佳時機了。

　　一般來說，孩子成長到二至三歲的時候，已經可以聽懂成人關於金錢的討論了，與生俱來的好奇心在幼年時期展現得尤其明顯。這個時候，家長無須迴避，相反地，應藉此機會向孩子講解相關的內容，在潛移默化中，向孩子傳遞、浸潤有關金錢的觀念。

　　先給孩子講解一下財富是怎麼來的。

　　很久很久以前，巴比倫有一位富人，他很會經商，據說富可敵國。國王命令他把致富的訣竅教給窮人，於是他開班授課。他這樣說：

　　　白手起家並不容易，一開始我的日子苦不堪言，四處找工作，最終找到一份修築城牆的工作，我很認真，不久就當上了工長，管理其他奴隸。儘管工錢很少，我仍然把其中部分銅板存了起來，誰知道哪天會不會丟了工作、沒有飯吃呢，總要留著以備不時之需。

因為工作盡心，我和奴隸的主人成了朋友，有一天他對我說：「你是個聰明人，你知道你存的銅板也能幫你賺錢嗎？」

　　我很好奇，央求他教給我。

　　他說：「不出一年，外城牆就能完工，到時候需要用銅打造城門，防止外敵入侵。整個城鎮的金屬都不夠用，現在國王沒有想到這個問題，我計劃找一些人組織一個商隊到遠方尋找銅礦，到時候國王只能找我們購買。」

　　我參與了奴隸主的商隊，分得了一桶金。原本很少的積蓄，大大增加了。

　　從我自己的經歷來看，賺錢有三種方式，第一種是用錢賺錢，第二種是用技術賺錢，第三種是用勞力賺錢。絕大多數人都需要從用勞力賺錢開始，但終究還是要回到第一種方式。

　　此外，還有四條財富定律送給大家。

　　第一，堅持把收入的十分之一存起來。

　　第二，金子會為那些懂得如何使用它們的人忠實而誠懇地工作。

　　第三，只有那些謹慎投資、向行家請教的人才能保住自己的金子。

　　第四，那些無知輕信自己幻想的人、聽信他人花言巧語的人，會丟掉自己的金子。

　　最後，感謝智慧讓我擁有了今天的財富，你也可以。

透過類似的小故事，孩子們就能明白金錢的來源和其運行的基本邏輯。

用孩子每週的零用錢作為教學工具

給孩子傳遞有關金融的知識，最好的方式是經常和孩子進行交流，尋找「機會教育」（teachable moment），選擇春風化雨、潤物無聲的方式，拒絕填鴨式的強迫教育。

面對如何使用每週零用錢的問題，就是一個家長對孩子進行理財教育的好機會。到了一定年齡，每個孩子都會需要零用錢，需要學習如何分配和使用零用錢。既然是必須面對的問題，為何不善加利用呢？

家長適當推薦和引導，然後和孩子一起分析不同方法的利弊，最後共同做出決策並實施，這就是最好的「機會教育」。

雙倍儲蓄法

為了鼓勵和幫助孩子養成儲蓄的習慣，父母可使用雙倍儲蓄法獎勵孩子的儲蓄行為。即當孩子儲蓄十元時，父母同樣幫孩子存入十元，這樣孩子一旦開始儲蓄的行為，就可以得到雙倍的金錢，這是正向的即時回饋，有利於孩子強化儲蓄的行為。父母可事先和孩子約定一些條件，比如，孩子如果在一段時間內花掉儲蓄的話，父母就要將補貼部分收回。這種方法既可以增強孩子儲蓄的動力，更可以延長孩子儲蓄的時間，最終使其形成儲蓄的習慣。

零用錢三分法

美國家庭流行的零用錢三分法，可供我們參考一二。

方法很簡單，將孩子們手中的零用錢分為三份：一份現在花（spend），一份存起來（save），還有一份用來幫助別人（give）。

這個方法適用於各個年齡層的孩子，除了能夠幫助孩子加深對於理財的理解程度，以及對於金錢的掌控能力，還有一些額外的好處。

幫助孩子樹立正確財富觀

透過對零用錢不同花法的實踐，孩子了解到金錢有著不同作用：

1. 能滿足一時之需，但無論手中目前有多少錢，當下能花的都只是一小部分。

2. 要應對未來之需，點滴的積累可以實現更大金額的儲蓄，應對未來更重要的開銷。

3. 要幫助他人，金錢不應該全部用在自己身上，還應該用來幫助他人。

創造親子之間溝通的機會

財商教育還有個妙處，透過共同的參與和實踐，幫助父母創造與孩子交流溝通的機會。比如：在開銷上，先買什麼，後買什麼，如果想參加夏令營或者買一臺筆記本電腦該如何做預算，預留多少儲蓄金額等等。

單純的說教枯燥又無趣，但如果借助具體實踐，效果會完全不同。「稟賦效應」（endowment effect）告訴我們，人們對於自己擁有的物品、參與的事件，其評價往往更高，甚至是「敝帚自珍」。孩子

如果自己做了預算、儲蓄，並最終得到了想要的東西，他會無比珍惜，東西對他的意義也就大為不同了。更重要的是，整個過程中的討論和實踐，極有可能觸發彼此關於價值觀、教育觀等更為深層的討論。

在儲蓄上，請避免越俎代庖，全權替孩子完成儲蓄。如果錢還不多，挑選一個存錢筒，請讓孩子做這件事：每一次的投幣，並不需要你的幫忙，請讓孩子自己完成，這本身就是一件具有儀式感的事情。儲蓄進行到一定階段，你完全可以帶著孩子去銀行開戶，剛開始選擇期限較短的儲蓄形式，到期的時候和孩子一起去銀行領錢，尤其是讓孩子看看真正的「錢生錢」，讓儲蓄的好處「看得見又摸得著」。

每年進行一次或兩次捐贈活動，專門和孩子一起討論如何分配用於幫助他人的錢，還可以一起對一些公益慈善機構進行調查了解，也可以一起參加志願活動。近兩年，我所在城市的各大小區都增設了「衣物捐贈箱」，家中衣物換季整理的時候，我會請孩子參與其中，挑選不再合適的衣物，清洗、整理、打包後投放到捐贈箱中。他一開始可能不懂，但時間長了，他就知道這些衣物是送給有困難的人的，他們需要幫助。研究表明，圍繞捐贈和慈善進行的家庭活動，除了能幫助孩子積極成長，還可以強化家庭紐帶，改善跨世代關係。

我的一位朋友在藉由零用錢進行財商教育上做得十分成功，下面我就將她的成功經驗分享給你。

以前，她帶女兒逛超市，孩子從來不看價格，只要是自己喜歡的，不管是吃的、玩的、用的，統統扔進購物車，朋友講了多次都無

濟於事。

一次，朋友帶著女兒去超市，路上接了個緊急電話要回家，就給了女兒十元，讓她自己去樓下雜貨店，並說剩下的錢歸她支配。沒想到，女兒什麼都沒買就回來了。朋友和丈夫很納悶：「怎麼什麼都不買？」她十歲的女兒一本正經地答：「這個錢是我的，花了就沒了！」

朋友茅塞頓開，她立即到銀行給孩子開了一個帳戶，並給了她一張金融卡，每個月定期、定量地給女兒的帳上存零用錢。把卡交到孩子手裡的時候，她鄭重地說：「以後，你自己想買什麼都要靠卡裡面的錢來支付。如果超過了，只能自己想辦法；如果還有剩，錢就屬於你！」

這招很靈，孩子意識到了錢是自己的，花的時候就會很心痛，會捨不得，不會再像花父母的錢那樣隨心所欲了！

從那以後，她的女兒一改無節制購物的風格。每次買東西前都精打細算，有時喜歡的東西多了，一下子決定不了到底買哪些，她還會列張清單，把想買物品的名稱寫上去，逐一排除。對於價格比較貴的東西，她也能延遲滿足，忍住很長時間不花錢，等存夠了再去實現自己的願望。

令父母忍俊不禁的是，她還打過父母「公款」的「歪腦筋」！比如在逛超市時，她會故意忘了帶自己的卡，這樣父母就能代為支付了。幾次之後，朋友就意識到了，不再上當：「零用錢已經給你了，你想吃的零食、想要的玩具，需要自己付帳！」

美國著名心理學家史考特・派克（Scott Peck）博士在《心靈地圖》

（*The Road Less Traveled*）中談道：「不逞一時之快就是重新安排生活中快樂與痛苦的順序。先面對痛苦，把問題解決，事後享受到的快樂更多，這是唯一正確的生活方式。」

當孩子看到要購買的物品價格超出自己零用錢的總額時，他們必須學會忍耐，忍受不能即時占有的痛苦，控制購買的欲望和衝動。在存零用錢的過程中學會逐步適應困境，磨練意志。最後把心愛的物品買回來時，那種得到後的滿足感與幸福感一定是極高的。人的一生中，無論是學習、工作，還是戀愛、婚姻，會遇到太多類似這樣現實與欲望的衝突、理想與夢想的差距，如果一個人從小就積蓄了「痛苦──忍耐（等待）──成功」的心理力量，他可能會更有勇氣和能力去面對未來生活中遇到的各種波瀾。

請為孩子設置三個帳戶，馬上！

首先，你需要透過記帳數據，分析孩子需要花費多少錢，然後以此為基礎設置孩子開銷的上限。舉例來說，××家的孩子每個月的開銷林林總總加在一起在 2000 元左右，可以將這個數字略微上調，將上限定為 3000 元。

然後將這個數字分為三份，第一份撥入「儲蓄帳戶」，硬性規定進行儲蓄，作為孩子的教育金，只能在大額的教育支出時才會動用，比如用作孩子高中擇校費、大學學費或者留學支出的費用等等。

第二份歸入「享樂帳戶」，交給孩子來支配，父母略為監督，適當引導，但是不能強行干涉。這個帳戶裡的錢可以用來購買書籍、

零食、衣物等等，數目較為固定，孩子需要用有限的金錢滿足自己的需求，在這個過程中學會取捨，思考什麼對自己更為重要。

第三份放進「增值帳戶」，作為中短期儲蓄，用於支付中短期的大額支出，比如夏令營、親子旅遊、購買電腦等等，引導孩子將小額資金進行儲蓄，延遲滿足。如果孩子喜歡名牌物品，追逐奢侈品的享受，將自己的短期目標定為一件奢侈品，家長也不宜全持反對意見，應進行適當引導。

孩子還小，需要這樣設置帳戶嗎？

答案是肯定的。

孩子如果還小，家長可以代子女設置並執行三個帳戶，這時候的帳戶是用來約束家長的，主要是約束為了孩子「大手大腳」的媽媽們。有了孩子，女人們多了無數剁手的理由。至少在我的家中，迄今還遺留著孩子小時候囤的紙尿褲、沒來得及穿就小了的衣服、提前備好但想穿時已經小了的鞋子。這個寶寶帳戶，可以用來約束家長的購物行為，防止以孩子為名的過度消費。

無節制地提供物質，對孩子來說，並不比高品質的陪伴更有意義。而且我們常說，身教勝於言傳，自律、理性的爸爸媽媽今後才能培養出金錢觀正確的孩子。你自己都無法自律，憑什麼要求孩子自律呢？

什麼時候可以讓孩子自己管理帳戶呢？

因人而異，但大體上來說，當孩子六歲左右時就可以考慮逐步將帳戶的管理權交給孩子。

比如，先將享樂帳戶交給孩子，這個帳戶的金額從小到大，逐步

調整。先給孩子小額金錢，供他自己支配，慢慢地再傳授他其他兩個帳戶的使用方法。

孩子如果想要增加零用錢，需要提供充分的理由，這個和父母「討價還價」的過程，本身也是一個學習的機會。孩子將來要接觸社會，為自己爭取合理權益，難道不是立於社會的必備能力嗎？

教孩子從投資者的角度

而不是購買者的角度考慮問題

請在適當的時候將這個故事在睡前分享給你的孩子，故事收錄於1995 年的美國《時代》雜誌。

安娜·沙伊貝女士是美國國稅局的查帳員，在 1943 年退休前，年薪僅 3150 美元，默默無聞。但 1995 年沙伊貝女士去世的時候，她向美國紐約的葉史瓦大學（Yeshiva University）捐獻遺產金額達 2000 萬美元。

據報導，這位女士的年薪只有 3150 美元，按照工作 40 年計算，即使全部用來儲蓄，也只有 12.6 萬美元。

從 12 萬美元到 2000 萬美元，她的法寶是什麼？

事實上，她的資產增值方法極簡單，那便是超長線持有股份。

儘管股市風雲莫測，但如果將投資週期拉長，風險便會被攤薄，

財富效應也相當明顯。

舉個例子更為直觀。

1986 年微軟（Microsoft）在那斯達克（NASDAQ）上市的時候，其資產僅有區區 200 萬美元，剛剛滿足那斯達克上市的最低標準。到了 2018 年，微軟的總市值超過 6000 億美元，穩占全球市值最大的上市公司前三名。

如果你在上市之初投資了微軟的股票並且持有至今，你的這筆投資將獲得幾百倍以上的收益。

同樣的故事股神巴菲特也能幫你實現。如果你在巴菲特 1965 年收購波克夏‧海瑟威公司（Berkshire Hathaway）時投資了這家公司的股票，1 萬美元的一筆投資，幾十年後能夠給你帶來超過 6000 萬美元的回報。

大家可能還記得我前文中說過的，猶太人送給孩子的第一份禮物不是玩具、不是紅包，而是股票。股票是什麼，那麼小的孩子肯定不懂，但這恰好給孩子提供了最好的財商教育啟蒙。隨著孩子慢慢長大，猶太父母會一點一滴地向孩子傳授關於財富的祕密。

等孩子稍微大一些，我們也可以借鑑猶太父母的經驗，教孩子從股東的角度考慮問題。

舉個很簡單的例子，平時我們帶孩子逛超市，看貨架上琳瑯滿目的貨品，你考慮的是不是只有價格和品質呢？這就是典型從消費者的角度考慮問題。

如果從投資者的角度考慮問題，事情就變得不一樣了。

對於全家人每次去超市必買的優酪乳，消費者只考慮價格、口感

和是否在搞促銷，但投資者會考慮什麼品牌的優酪乳賣得更好、用戶忠誠度更高、品牌價值更高。

巴菲特最為滿意的一筆投資是時思糖果（See's Candies），因為加州的男孩送女孩糖果的時候，如果不是時思牌，女孩會拒絕和他約會。

和孩子一起分析生活中的經濟現象，進而找到背後的經濟規律，這本身比買到賺錢的股票更有價值。

當然，如果你在和孩子的交流分析中找到了有價值的股票，並用孩子的零用錢買下了它，也很有意義。

教孩子建立自己的財富帳戶

美國經濟學家米爾頓・傅利曼（Milton Friedman）說過幾句簡單但道理頗深的話：

一個人花自己的錢，辦自己的事，既講節約，又講效果；
花自己的錢，辦人家的事，只講節約，不講效果；
花人家的錢，辦自己的事，只講效果，不講節約；
花人家的錢，辦人家的事，既不講效果，又不講節約。

家庭財商教育最重要的一個目標就是讓孩子養成「花自己的錢，辦自己的事」的思維模式。

當孩子有了自己的財富帳戶時，他就會想盡辦法，既講節約又

講效果。

是時候幫助孩子設置屬於自己的財富帳戶了。

我已經開始設想，在孩子七歲左右的時候，帶他去銀行，開一個屬於他自己的帳戶。

也許，我會和他有以下的對話。

「如果把 100 元放在銀行裡面，一年之後會有多少錢呢？」

「還是 100 元！」

「傻孩子，錢會長大的哦。」

「為什麼啊？」

「銀行喜歡錢，就像你喜歡玩具一樣。小朋友借了你的玩具，會給你一塊巧克力作為回贈。我們把 100 元借給銀行，到期後銀行會還給我們 105 元，那 5 元是給我們的回贈。」

到時候，我一定會找一家還能辦理存摺的銀行。

因為貨幣的電子化，讓很多大人對金錢都沒有實際概念，何況是小孩子呢。在日常生活中，各種金錢往來都可以透過手機進行，這和一本存摺上實實在在的數字加減相比，帶來的感覺完全不同。

我希望他能夠看得到每筆資金的進出，了解沒有花掉的錢是如何「變大變多」的，生出了多少利息，讓他對錢有實實在在的概念。

教授孩子有關複利的魔力

愛因斯坦曾說：複利是世界第八大奇蹟。知之者賺，不知者被賺。

簡單來說，複利是一種計息方式。每一個計息期後，將所生利

息計入本金，再計算下期的利息。其最大的特點是生出的利息不能花掉，滾入本金，以利生利，也就是我們常常說的「利滾利」。

給孩子講解複利的魔力，最好的方式莫過於透過故事了。我們在前面講過古代印度宰相達伊爾用棋盤索取糧食賞賜的故事，就是一個很好的示範。

孩子再大一點，有一定的數學基礎了，可以出道數學題給他。

三組算式分別是：

$0.99^{365} = ?$

$1.01^{365} = ?$

$1.02^{365} = ?$

孩子很可能會覺得，三個算式的結果應該差別不大，那他就進入了你的「陷阱」。

實際的結果呢，相差不大的三個數字，365 次方後的結果卻是「天壤之別」。

$0.99^{365} = 0.03$

$1.01^{365} = 37.8$

$1.02^{365} = 1377.4$

這就是複利的魔力。

再深入點講，除了財富增長遵循這一規律，個人的學習和成長同樣遵循這一規律。這道題又可以變成語文題，題目叫「每天比別人多進步 0.01，一年後會比別人領先多少？」結果肯定也是超出想像的。

鼓勵孩子追求自己的夢

中國的媽媽們總希望孩子聽話。

大人的話就一定是「對」的嗎？科技飛速發展，生活方式日新月異，家長一定能比孩子看得更遠嗎？恐怕未必。

況且，你告訴孩子的即使是「對」的，對孩子來說，也是「被動獲得」，和孩子經過實踐的驗證，自己認識到的「對」，效果完全不同。

如果孩子做得不對，你應該陳述事實，讓孩子自己學會分析和判斷，而不要直接給他一個結果。

孩子小的時候學習走路，我們不想讓孩子跌倒，想盡量告訴他更多關於走路的「方法」甚至「道理」，但這有用嗎？

再多的道理，不如放手讓孩子走一走，摔兩下，自然知道該怎麼走了。

家長要做的，不是說教，而是給孩子戴上護膝，把他帶到安全的環境，讓他大膽地走起來。

關於使用金錢也是一樣，你怕孩子亂花錢，始終把孩子和金錢隔離，倒不如早一點讓孩子接觸錢。剛開始，他可能會抑制不住欲望的小火苗，把本該儲蓄的錢花掉，買了零食、玩具，但時間長了，他會見識到金錢發揮作用的更多可能，也許他會用金錢繪製出出乎你意料的圖畫。

實現夢想更是這樣，我們要做的，是鼓勵孩子擁有自己的夢想，哪怕在我們看來，那夢想並不那麼高大上。

可能夢想和財富不能直接畫上等號，但是追逐夢想的過程，既是確立目標的過程，是主動學習的過程，更是整合自身資源，磨練自身意志的過程，這比財富本身更有價值。因為一個明白自己想要什麼，又能想盡辦法去接近目標的孩子，長大了，更有可能會實現自我的價值，而財富只是這一切的附屬品。

在美國，有個小女孩叫莎拉（Sara Volz），她花了五年時間，在自己的「閨房」實驗室中發現了能夠把海藻變成「石油」的技術，這驚動了美國軍方，因為能源可是關係到國家安全的重大問題，她因此獲得了 10 萬美元獎學金，提前被麻省理工學院（MIT）錄取，還受到了美國時任總統歐巴馬（Barack Obama）的接見。

故事要追溯到莎拉小時候，這個看似普通的小女孩，不喜歡芭比娃娃、漂亮衣服，卻對自然科學表現出了濃厚興趣。莎拉 13 歲的時候，老師在課堂上講道：「藻類植物作為一種可迅速再生的資源，轉化為生物燃料在技術上已成為可能，但昂貴的生產成本讓技術難以實際應用。」

這句話深深印在了小莎拉的頭腦中，她總在思考如何解決這個科學難題。於是，莎拉帶著問題查找所有能找到的資料，四處求教相關領域的專家，大人們並沒有什麼好辦法，更認為小女孩只是三分鐘熱度。

沒想到，小莎拉不服輸，她決定自己攻克難題，莎拉的父母並沒有因此認為孩子「不務正業」，把玩些「沒用」

的東西耽誤學習，而是全力支持孩子。沒有場地，他們就在把莎拉的房間改造成「實驗室」，小小房間中，擺滿了裝著綠色液體的瓶瓶罐罐。

經歷了無數次的實驗和無數次的失敗，終於有一天，小莎拉有了驚人發現：在相同的培育環境下，不同藻類的含油量卻有天壤之別，如果精選並培育含油量高的藻類，生產成本就可以降低了。

靈感來了，莎拉更有動力了，她開始培育高油藻類，並取得了成功，這極大地降低了提取生物燃料的成本。

如果小莎拉的父母當初粗暴地反對孩子的想法，阻止孩子追尋自己的夢想，如今就少了一個如此動人的故事，也少了一項重大的科學發現。

多年前，著名學者陳寅恪曾用「獨立之精神，自由之思想」為中國教育指明方向。培養出心靈自由、有獨立思考能力的人，才是每一位家長應該追求的目標。

與諸位家長共勉。

在生活細節中進行財商教育

我們常常說，生活本身就是最好的老師，作為母親，想引導孩子成長，最好的方法是讓孩子接觸生活的方方面面，從日常生活中學習和體會。

有句話說「理財就是理生活」，理財本身就是生活的一部分，其實不必專門撥空來討論。只要在生活中多一雙發現的眼睛，利用每天生活中發生的事情，就可以很好地引導孩子財商的提升。

比如，孩子兩歲的時候，我們去 ATM 領錢，孩子對按鍵很感興趣，我就抱起他，請他幫我按。看著這個偌大的機器在自己的操作下吐出鈔票，孩子驚喜極了。回家的路上，我趁機向他解釋為什麼機器會吐出錢來，錢怎麼來的，我為什麼要領錢。如果家長認為孩子太小，什麼都不懂，讓他操作還會耽誤時間，因而打擊孩子的積極性，那麼一次小小的啟蒙機會就白白被浪費掉了。

孩子三歲的時候，我會帶他到自己或孩子爸爸工作的地方走走看看，跟他說這就是每天爸爸媽媽出門工作賺錢的地方，向他描述我們是怎麼工作的，然後老闆和主管會每個月給我們發薪水，薪水到手，我們用來支付水電氣暖的費用、買衣服穿、買東西吃，所以爸爸媽媽不能每天在家陪伴他。孩子似乎懂了，又似乎沒懂，但之後早起的「分離焦慮」好了很多。他也會在爸爸媽媽下班回家的時候，說一聲「爸爸辛苦了」、「媽媽辛苦了」。其實他已經隱約感覺到，爸爸媽媽賺錢不是玩耍那麼簡單，家中的錢都來之不易。

孩子四歲左右，對於「錢物交換」有了一些基本的概念，知道想從玩具店拿走玩具，媽媽要從錢包裡掏出鈔票給店員阿姨，或者用手機輕巧地掃一掃，然後輸入密碼，從手機帳戶中取出相應金額。這個時候，再去超市買東西，就可以和孩子做「採購遊戲」了。在出發之前，和孩子一起列購物清單，把今天需要購買的物品寫到一張單子上，到了超市，和孩子做「尋找目標物品」的遊戲，對於想要但是不

在清單上的物品，勸孩子理性購買。

以上列舉的幾個簡單親子活動，在潛移默化中，向孩子傳遞了三個重要的財富觀念：

· 錢不是大風吹來的，付出勞動才能獲得金錢。

· 錢是個好東西，可以用來做很多有益的事情。

· 錢是有限的，欲望是無限的，延遲滿足帶來的幸福感更強。

也許家長會擔心：從小對孩子進行財商教育，會不會讓孩子眼裡只有錢？長大了會不會變成見錢眼開的勢利鬼？

不會的！相反地，如果父母沒有在孩子還懵懵懂懂的時候，把最重要的理財觀念告訴他，孩子長大後自己在社會上摸爬滾打學習的時候，才更容易變得眼裡只有錢。因為他們從小沒有對金錢建立正確和完善的認知，長大後非常容易受到各種風氣的影響，而且他們缺乏理財的知識，這會影響他們處理金錢的能力。

作家鄭淵潔曾在家庭教育課中說道，預習可以幫助孩子形成免疫力。他在孩子很小的時候就教育他如何防範性侵，孩子並沒有因此失去對社會、對人的信任，反而因為早早了解可能出現的情況，而對性樹立了正確的觀念，避免了可能的傷害。

同樣的道理，一個從小受過良好財商教育的孩子，對金錢也會形成「免疫力」，他知道金錢從哪裡來，有什麼用，如何可以用得更好，因此不會認為錢是萬能的，也不會妄想試圖用錯誤的方式得到它、用

不當的方式使用它。相反地，他會遵照客觀規律，用正確的方法賺取
金錢，提前過上「滾雪球」的一生。

Chapter 09

遵循十二條戒律，
吸引巨大財富

我們聊了那麼多關於財富的東西，除了這些，人生還有很多重要的事，比如學習、工作、家庭、愛情和友情。金錢不是萬能的，但沒有錢是萬萬不能的。在人生規劃中，金錢是重要部分，但你要記住，理財就是理生活，理生活也是理財，把日子理順，把生活過好，財富也會被吸引而來。

戒律一｜從「草帽曲線」到「鴨舌帽曲線」

我的好友艾瑪·沈在《理財就是理生活》這本書中提到兩個有趣的概念，一個叫「草帽曲線」，一個叫「鴨舌帽曲線」。

首先她把人生比喻成一條線段。人一出生，就像一支離弦的箭，一去不回頭，最終到達死亡的終點。每個人的人生可以分為以下三個階段。

0 至 25 歲：成長期

從出生開始，到牙牙學語艱難學步，再到多年讀書學習本領，這一階段將持續到 25 歲左右。處於這一人生階段的人，沒有賺錢的能力，需要父母的撫養和付出，她將其稱為成長期。

25 至 60 歲：黃金期

到了這一階段，大多數人已經長大成人，踏入社會，開始工作賺錢，成家立業。這是我們人生各個方面的黃金期。

60 歲到死亡：養老期

60 歲後，基本上人的身體機能會迅速退化，工作生活逐步進入退休狀態，處於這一人生階段的人，大多兒女已經長大，實現了自給

自足,自己可以安心走完一生的旅途。

我們把一輩子需要花的錢用一條線表示,它會先平緩上升再平緩下滑,我們稱之為「支出線」;把一輩子賺的錢也用一條線表示,它涵蓋人生的黃金期,會隨著年齡增長而迅速上升,並在到達頂點後明顯下滑。這兩條線及代表年齡的軸線共同組成一個草帽形狀的圖案,這就是「草帽曲線」,如圖 9-1 所示。

圖 9-1 「草帽曲線」

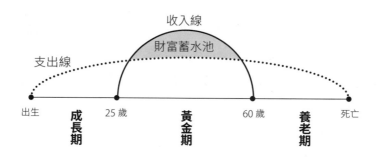

帽子頂部的位置就是家庭的「財富蓄水池」。

「財富蓄水池」指的是我們賺的錢減去花的錢之後,剩餘的錢。這部分資金愈豐厚,生活壓力愈小,家庭財務狀況愈好。

基本上,如果將我們的一生圍繞著「錢」這個字進行梳理的話,35 年努力工作賺的錢要涵蓋 25 歲到死亡的支出。人類的平均壽命已經並將持續增長,感興趣的可以看看《100 歲的人生戰略》(*The 100-Year Life*)這本書。

這樣看起來,人這一輩子還是挺悲哀的,賺錢的時候少,花錢的時候多。因此在不同的人生階段,側重不同的目標任務也就顯得很重

要了。

在成長期，認真積累，努力學習各種本領，為以後在社會上闖蕩做好準備；到了黃金期，把握有限的工作時長，提升工作技能，在自己的領域內往頂尖的位置奮鬥，好好賺錢，同時控制消費，合理支出，讓「財富蓄水池」裡的水愈來愈多。

如果想避免中年危機甚至老年危機，需要在此前的基礎上，努力擴展被動收入，在薪資之外，嘗試增加新的收入線，建立屬於自己的財富管道。

當你不再工作的時候，你的「財富蓄水池」仍然有源源不斷的活水進來，這個時候，你人生的「草帽曲線」就變成了「鴨舌帽曲線」，如圖 9-2 所示。

圖 9-2　「鴨舌帽曲線」

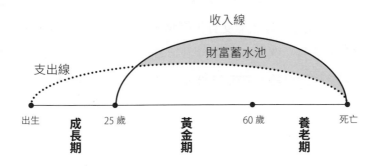

「鴨舌帽曲線」的最大優勢在於，你賺錢的時間線大幅度拉長。到了養老期，你無須工作，仍然在持續不斷地賺錢，你的現金流始終處於充沛的狀態，可以有效避免危機，提高生活的幸福指數。

當然，這並不是一件容易的事情，需要我們從多個方面努力，包括接受剛開始工作時的低薪，始終投資自己，認真對待工作，嘗試開辦自己的公司，始終掌握自己的日常開支，建立財富管道和被動收入的體系等等。

戒律二 ｜ 接受剛開始工作時的低薪

當你的才華還撐不起野心時，請靜下心來去學習；當你的經濟條件還撐不起夢想時，請腳踏實地去工作。

第一份工作薪水差距並不大

根據中國近幾年應屆畢業生起薪相關研究調查，可以發現行業之間的差距並沒有想像中大，一般人印象中的高薪行業金融業，實際起薪在 5000 元左右，甚至不及 IT、網路、電信及電子行業的 6000 元，另外文化、體育、娛樂及傳媒行業起薪在 4500 元左右。起薪較低的行業如農林牧漁相關行業在 3500 元左右，服務業在 3800 元左右。

分析可知，除了少數工作起薪可以達到一兩萬元甚至更高，大部分的工作剛開始時的薪水相差並不大，繳納稅款之後的差距更會縮小。

這點薪水上的差距，不能幫你買房買車，不能幫你達到人生巔峰，頂多也就是幫你租一間大一點的房子、換一臺貴一點的手機。

眼前利益 or 長遠利益

年輕人的第一份工作，往往薪水不高，但你不要著急，經驗和能力才是這一階段你更應該關注的地方。

第一份工作是年輕人從象牙塔走向社會的一個過渡階段，應當把眼光放得長遠些，而不是僅停留在對薪資的要求上。而且，就算你想獲得高薪，老闆也不會認可，而大部分初入職場的年輕人又沒有資本和老闆談條件。

知名企業＋高薪 ≈ 眼前利益；職位＋行業 ≈ 長遠利益。

第一份工作往往決定你的眼界、思維，你的職業規劃，以及未來的發展方向，而且這是你多年學業積累、人生歷練，第一次要轉化成生產力的機會，你需要找到正確的行業和適合自己的職位。

如何找到更有前景的工作

第一份工作薪水低不可怕，可怕的是，三年後、五年後、十年後的差距。那個時候，再去參加同學聚會，你和同齡人之間的薪水相差不止幾倍，而差距就是從第一份工作開始的。

我們該如何找到一份有前景的工作呢？

一、看行業是否處在朝陽期

2003 年，網易創辦人、剛剛 30 出頭的丁磊成為中國首富。為什麼？很簡單，因為中國有 14 億人口，十年之內，會有龐大數量的網民產生。有這樣一個即將爆發的超級市場，丁磊能成為首富也就不足為奇了。

當初十分熱門的電視行業，則因為網路的蓬勃發展而逐漸失去影響力，最可怕的是，它們正在失去 18 至 35 歲這一年齡層的觀眾群。而這個年齡層的人群代表著未來的發展動向。

不同的行業，代表著不同的薪資水準，假如你所在的行業正蓬勃發展，那麼未來這一行業對於人才的需求量會很大。從供求關係的角度來說，老闆和企業需要用高薪吸引人才。因此，找到發展的快車道，是年輕人更應該關注的問題。

二、看所在的公司平台好不好

找工作的時候，很多朋友都會有去大公司還是小公司的疑惑。現如今，大公司和小公司不是主要難題了，很多小公司也可以做到行業龍頭，比如一些自媒體公司，雖然人不多、規模不大，但在自媒體行業內卻很有影響力。

因此，找工作不應只看公司的規模是大還是小，更要看平台好不好。好的平台，會給你機會接觸含金量更高的專案，會讓你的個人能力得到很好的鍛鍊和提升。

另外，好的平台，薪酬福利體制更加完善，培訓也更有系統，會讓你受益更多。更重要的是，好的平台有品牌效應，在業內認可平台的工作經歷可以為你的能力背書，讓你在跳槽或轉職時得到更多正面回饋。

戒律三｜投資自己

✎ 比起提升報酬率，增加投入更簡單些

現在讓我們再次回顧第三章中曾出現過的一道選擇題，想在七年內賺得 100 萬元現金資產，有以下幾條路徑，你覺得哪一條更容易成功？

1. 每年投入 10 萬元到一個年化報酬率為 12% 的投資項目，七年後你會擁有 100 萬元。

2. 每年投入 10.6 萬元到一個年化報酬率為 10% 的投資項目，七年後你會擁有 100 萬元。

3. 每年投入 11.2 萬元到一個年化報酬率為 8% 的投資項目，七年後你會擁有 100 萬元。

4. 每年投入 12 萬元到一個年化報酬率為 6% 的投資項目，七年後你會擁有 100 萬元。

這其中的變量你注意到了嗎？當報酬率下降，只要稍微增加資金投入，同樣可以實現既定的百萬元目標。

對絕大多數人來說，把報酬率從 6% 提高到 10% 遠比每年多投入 1.4 萬元要難多了。

比起提高報酬率，增加資金投入對於大多數人更具可行性。而資金的來源，主要有薪資收入和理財收益。

對工作經歷不長的年輕人來說，財富積累少是常態，因此收入主要來自第一個管道，也就是薪資收入。這一階段，薪資收入是他們財

務增長的主要引擎。因此當務之急也就很明確了，那就是努力提升自己，在職業上謀求更大的發展。

離開學校的前五年，被稱為「黃金五年」，這五年，對每一個年輕人來說，都是至關重要的。是選擇故步自封、停滯不前，還是選擇不斷試錯、努力提升，五年的時間足以拉開巨大差距。

其實不只年輕的時候，在任何的人生階段，投資自己都是不變的話題。

巴菲特說：「最終，有一種投資超過其他所有投資，那就是投資你自己。沒有人能奪走你自身學到的東西，每個人都有這樣的投資潛力。」

最好的投資，是投資自己

我曾經收到過很多類似的提問：「現在最好的投資是什麼？股票、黃金還是基金？」我總是回答：「最好的投資，是投資自己！」

那什麼是投資自己呢？

美國著名勵志導師奧里森・斯威特・馬登（Orison Swett Marden）寫過一本書就叫《自勵》（*Self Investment*），他在書中提到個人可以從改變心態、培養性格、陶冶情操、自我激勵、終身學習、磨練意志等方面進行自我投資，從而建立自我的成長系統。

投資自己，是一輩子的事情。

你可能會有疑問，投資自己，就是說要買課程、學課程嗎？其實，投資自己的範疇可以很廣。

投資和消費並非涇渭分明。

我們每天吃飯，是投資還是消費？你會說，吃飯當然是消費。但你可能忘了，不吃飯就沒力氣工作，好好吃飯才能好好工作。這樣看來，吃飯也是一種投資。

出門旅行度假，是投資還是消費？你會說，當然是消費。但你可能忘了，旅行能夠拓寬視野，愉悅心情，假期前後人的工作效率會特別高。這樣看來，旅行度假也可以算作一種投資。

聽聽大師的解釋就明白了。美國經濟學家爾文·費雪（Irving Fisher）說：「投資是時間維度的平衡消費。」這句話清楚說明了投資和消費的關係。

有了這個觀點，我們在時間和金錢去向的選擇上，就有了目標。那就是，我們要追求的是長期的收入之和最大化，這個長期，是終身的意思。

比如，今天多花一點時間去學習，能力會提升，工作會進步；明天多花一點時間去健身，身體會變好，精力會旺盛；工作空檔抽出時間去旅行，雖然花了時間和金錢，但當你老了，走不動了，窩在搖椅上看著窗外時，腦海中卻會浮現往日的美好時光；努力為家人添置房產或其他大件物品，當時會辛苦，但也給自己明確了目標，朝著這個目標努力的過程中，自己也無形中變得更為強大。

這些都是投資自己，是好的投資，會在未來嘉許你。

最簡單的投資，是閱讀

在所有的自我投資中，最為簡單、投入最少的，當數閱讀。作家楊絳說：「讀書好比串門兒。」意指讀書就像是去求見欽佩的老師或

拜訪有名的學者。

好的閱讀是精細化的輸入，精細化的輸入從來不是碎片化的閱讀，而是系統、全面的學習和獲取。

你或許聽過「一萬小時定律」，這項定律是麥爾坎‧葛拉威爾（Malcolm Gladwell）在《異數》（*Outliers*）一書中提出的，他認為，無論你做什麼事情，只要在這件事情上刻意練習超過一萬小時，就能成為該領域的專家。然而，這一定律有個前提，那就是「刻意」這兩個字。輕鬆的碎片化閱讀雖然也能帶給你一些資訊，但如果缺乏系統性的深耕，不能讓大腦進入「學習區」，僅靠時間的累積其實成效甚微，並不能讓你獲得真正的提升。

碎片化閱讀有哪些危害呢？

一、知識碎片化

有一個詞語叫「知道分子」，意思是「什麼都知道一點，但什麼都只是了解皮毛」。在資訊不發達的過去，能當一個「知道分子」還算是件了不起的事，因為這意味著一個人見多識廣，訊息管道更廣。而在網路時代，每天資訊大量湧入，獲取訊息的門檻極大地降低了，每個人都能對不同領域的事發表一點看法。現在真正缺乏的，不是龐雜的訊息，而是扎實的技能，是真正的洞見。在這個時代，「知道分子」將不再受到追捧，甚至有可能成為「半瓶醋」的代名詞。

什麼都知道一點，但什麼都不精通，是很難成為真正的「大咖」的。碎片化的知識並不能轉化成生產力，讓我們的工作技能得到提升。現在各種內容服務平台崛起，但是很多課程只能幫助我們開闊眼界，為我們找到努力的方向提供參考，甚至有人直接稱這樣是製

造了「學習的假象」。然而，「真學習」永遠離不開科學系統的精細化輸入。

二、缺失深度思考

尼可拉斯‧卡爾（Nicholas G. Carr）的《網路讓我們變笨？》（*The Shallows*）一書中說，網路在按照自己的面目改造我們，我們變得對「掃描」和「略讀」愈來愈得心應手，但我們正在喪失專注能力、深思能力和反省能力。

我們的大腦是個才華橫溢但任性懶惰的孩子，你愈是給它複雜的問題，就愈能激發它的潛力；相反地，你愈是寵著它，它就會自覺自願地退回到輕鬆享受的舒適區。

而真正的知識，是需要深度思考才能習得的。

三、稀釋注意力

注意力是一種稀缺的資源，我們都聽過一句話，你把注意力用在哪裡，哪裡就會開花結果。可問題是，碎片化閱讀正在無限度地稀釋我們的注意力。

我們已經習慣了在三分鐘內瀏覽完一篇文章，對於需要花費更多時間才能完成的閱讀，我們沒有耐心，更沒有時間進行下去，因為還有其他推播通知沒有看。

我們總是說要培養孩子的專注力，卻忘了自己已經無法將注意力持續地集中幾十分鐘了。

尼可拉斯‧卡爾認為，碎片化的閱讀甚至改變了我們大腦的生理構造，我們的注意力會愈來愈難以集中。

我有兩個小建議：

第一，減少碎片化閱讀的時間和次數。盡量閱讀圖書、閱讀經典，遇到喜歡的文章，可以傳到 kindle 或 Evernote 中存檔，閱讀時注意記下筆記。

第二，為自己減少干擾項。在訊息的洪流之中，沒有誰可以獨善其身，但我們可以想辦法保護稀缺的注意力，起碼可以給自己減少一些干擾。比如可以做到以下幾點。

- 關閉毫無營養的微信朋友圈（不關閉也行，關掉提醒，然後不去理睬）
- 清理自己的微信對話框和沒用的微信群（微信現在訊息嚴重超載）
- 整理關注的公眾號（一個星期沒看的就果斷取消關注）
- 需要集中精力工作或休息的時候，把手機設置為勿擾模式
- 不去看讀書筆記、領讀之類的文章，而選擇自己去讀書，讀經典，反覆讀

戒律四 ｜ 如果不喜歡你的工作，慎重辭職

如果你不喜歡自己現在的工作，先問自己以下幾個問題：

第一，不喜歡這份工作，是不是因為自己做得不好？

第二，這份工作能否給你帶來成長和提升？

第三，對這份工作已經到了厭惡的程度嗎？

第四，如果辭掉現有工作，是否有信心馬上找到一份喜歡的工作？

第五，這份工作所處平台及行業是否良好並有前景？

當你說出「我不喜歡自己的工作」的時候，請捫心自問，是工作的問題，還是你的問題？

你剛開始工作，對流程和規則還不熟悉，做事情被動，常常犯錯，主管沒時間帶你，自己累個半死，卻只拿一點點薪水，委屈、鬱悶襲來，你不禁感嘆心比天高，命比紙薄。

大多數職場新人都會面臨這樣的問題，在職業發展的初期，遇到困難、遇到問題是普遍現象。如果你是這一類型，請不要抱怨工作，因為是工作給了你提升能力的機會。

請高效利用工作時間，全身心投入到工作中，利用業務時間彌補業務能力的不足。你還年輕，拚不了經驗、拚不了能力，但能拚得了時間、拚得了奮鬥，這是你制勝的唯一法寶。書讀百遍，其義自現，工作也一樣，熟能生巧總是有道理的。

當你的寶刀漸利，一團亂麻也能斬得整整齊齊，在新人中脫穎而出，主管賞識，薪水增加，自信心也逐步提升時，你很有可能已經喜歡上了自己的工作，當初的不喜歡，只是因為自己「還不夠好」。

如果當初意氣用事地辭職，下一份工作很可能也是一樣的結局。

在生活中，我們也不難發現，如果一個人頻繁地換工作，那他很難取得什麼成績。因為他做什麼，都是身在曹營心在漢，永遠對工作不滿意，永遠學不會腳踏實地。

他始終走在尋找「最好的工作」的路上，以至於輕易辭掉了適合自己、有發展前景的工作。

美國影集《六人行》（Friends）裡有一集談起工作的話題，錢德（Chandler Bing）幽幽地說：「誰會喜歡自己的工作呢？」結果其他五個人驚奇地張大嘴巴，紛紛表示自己熱愛自己的工作。羅斯（Ross Geller）喜歡研究恐龍，一天看不到恐龍就不開心；莫妮卡（Monica Geller）熱愛當廚師，更喜歡為朋友烹飪美食；瑞秋（Rachel Green）愛美，在時尚行業如魚得水；菲比（Phoebe Buffay）隨心隨性，想唱歌就唱歌，做按摩師也很開心；喬伊（Joey Tribbiani）演員做得一般般，但那卻是他放棄繼承父業，自己選擇的行業。

錢德不喜歡自己的工作，但極少在大家面前談起，更少有抱怨，以至於朋友們甚至不知道他是做什麼的。從劇情大概可以推斷，錢德從事的是IT相關職業，比較枯燥，少有樂趣，但待遇不錯，薪水可觀，錢德也做得不錯，一路升職，最後做到了分公司總經理的級別。所以說，錢德的工作還沒有到「令人厭惡」的程度，他也沒有什麼非辭職不可的理由，因此他雖不喜歡，但仍能做好。

如果有壞情緒，大可回到家自己想辦法排解。錢德有好朋友喬伊，兩個人下了班打桌球、打牌、看劇、養小雞和小鴨、做很多幼稚的小事，快樂得像兩個孩子。工作的時候，錢德認真對待，從不敷衍。

有句話說，要不就辭職不幹，不然就閉口不言，少一點抱怨，多一點認真，也許錯不在工作，而在於你的懶惰和玻璃心。

真不喜歡，那就辭職吧！

不同於錢德，如果上班的每一天、每一小時、每一分、每一秒，對你來說都是煎熬，簡直到了令你厭惡的程度，那我建議你儘早辭職不幹，生命如此可貴，值得好好度過。

　　王薇薇曾經是一位花樣滑冰運動員，40 歲的時候才進入時尚界，如今，她已經是世界上最著名的婚紗設計師之一。貝哈爾（Joy Behar）曾是一位教師，30 歲的時候子宮外孕，有過瀕臨死亡經歷的她終於開始追求自己的喜劇夢想，如今她已經身兼喜劇演員和脫口秀主持人雙重身分。

　　這個世界上本無庸才，只有放錯位置的人才，當你告別不適合的工作後，也許就到了你大放異采的時刻。

戒律五 | 嘗試開辦自己的公司

　　月入 10 萬元，難嗎？

　　知乎上有個問題關注者甚多，回答者也多，問的就是「怎樣才能月入 10 萬元？」

　　我們先來簡單做一下計算，月入 10 萬元，一年就是 120 萬元，年薪百萬元是普通員工難以企及的，對於利潤較高的企業中的高層，倒是有可能實現。

　　為什麼說普通員工就不要想這件事了？很簡單，你是員工，老闆給你發薪水，前提是你要替老闆賺到比薪水多的錢，否則老闆不是白當了嗎？你再想想，如果你想讓老闆給你發 10 萬元的月薪，你得替老闆賺到多少錢呢？換個角度來說，如果你是老闆，聘用一個人來替你工作，他每月要替你賺來多少錢，你才肯給他開出 10 萬元的月薪呢？

　　如果你站在老闆的角度，思路就完全不同了。老闆得做產品、

找銷售通路、租場地、管理員工，得承擔經營失敗的風險，員工則只要穩穩當當地拿薪水就好了。所以通常一個專案做下來，如果實際利潤是 100 萬元，老闆至少要拿走七成，剩下的三成分給底下的員工。幾個人、十幾個人，甚至幾十個人分剩下的 30 萬元，每個人能拿到多少錢呢？

關鍵的因素在於，老闆擁有著核心資源。創意、產品和管道，這些才是賺錢的核心資源，而員工的可替代性較高。也就是說，稀缺的是最值錢的。如果你是稀缺的員工，掌握著稀缺的工作能力，老闆可能會付出更多薪水網羅你，但也不可能讓你拿走大額利潤。

所以真正有能力的人，往往做著做著就看透了公司的本質，因而選擇跳出來單打獨鬥。

我們再回到「月入 10 萬元」的問題上，你應該已經明白了，月入 10 萬元對員工來說，很難，對老闆來說，簡單。

《富爸爸，窮爸爸》這本書的作者羅勃特‧清崎一直在向世人傳達一個理念，那就是「想真正富有，需要建立雇主思維」。富爸爸一直在教導清崎，要擁有自己的公司，依靠別人的力量幫助自己集聚財富。窮人身上的雇員思維，讓他們疲於應對固有的生活，努力工作、賺取薪資、支付帳單，而沒有機會跳出「老鼠賽跑」的怪圈，始終都在為錢工作，卻始終賺不到錢。

在網路時代，資產可能會以一種不可思議的速度增長，開辦自己的公司，自己當老闆的形式也愈發多元起來。

小豬豬大胃王平日是一家公司的白領，看起來小巧玲瓏的她，竟然是個「大胃王」。只靠薪資已經養不起自己的「豬豬女孩」，在網

路上做起了吃播＊的播主。白天上班，下班吃飯的時候開開直播，漸漸就有了一些收入，再後來也會應粉絲或者商家的要求，發表一些美食評比，賺的錢很快超過了薪資。

從美國興起的共享汽車、民宿等理念，逐步被引入中國，也為很多人在工作之餘擁有第二份收入帶來可能性。我身邊就有一位女孩，單身的時候就在海邊買了小公寓，裝修花的錢不多，但很有格調，用來接待來城市旅遊的人們，做起了短租房東。雖然累，但她很快樂。在有了裝修、營運等相關的經驗後，她開起了第二家民宿、第三家民宿，甚至揚言要把民宿開到徽州古城去，讓周遭友人羨慕不已。

自媒體行業興起後，很多喜歡寫作的人也開始了「斜槓青年」的生活，工作之餘寫文章、經營公眾號，收入非常可觀。我身邊就有作者朋友開辦了自己的小公司，經營公眾號，大號小號一起做，僱的人不多，效益卻不低，未來前景也很可觀。

戒律六 ｜ 始終掌握自己的日常開支

你是隱形貧困人口嗎

2018 年以來，一個詞語悄然在網路上流行起來，那就是「隱形貧困人口」，指的是那些看起來有吃有喝、光鮮亮麗，但實際上非常窮的人，這個稱呼裡面有現代人的自嘲和調侃，更多的卻是無奈。

當隱形和貧困疊加在一起的時候，我們看到了這樣的消費群

＊源自韓國，意指透過網路串流平台直播吃飯過程。

像——月薪 3000 元的女性白領小 A，一個週末就能花掉 2000 元，錢花到哪裡去了呢？「沒時間做家務，買個掃地機器人幫我掃地」、「加班累成狗，約姐妹去百貨公司放鬆一下，買買衣服、吃吃飯、喝杯咖啡、看個電影」……掃地機器人 1000 元，一件衣服 500 元，去餐廳吃頓飯 200 元，喝杯咖啡再看個電影 150 元，一兩天就花掉了薪水的三分之二。後面怎麼辦呢？「沒事，我還有花唄，額度還剩不少。再不行還能分期呢。」

月薪 1 萬元的女性白領小 B，吸塵器一定要用某款高價網紅產品，不然就覺得吸不乾淨；健身餐要吃進口超市的藜麥和酪梨；面膜一定要用好的，單片百元以下的在她看來根本沒效果；去健身必須請經理級別的私人教練，要不就覺得是白練。

女孩們在變精緻的道路上使出十八般武藝，卻常常要在月末「吃土」，她們大都朋友圈光鮮亮麗，口袋卻空空如也，「月光」是生活常態，負債是正常現象。總結來說，就是三個字——「能花錢」。

🖋 消費結構升級，消費層次提高

「我是為了看起來富一點，才窮下來的。」這樣的回應讓我們有了不同的角度。時代在發展，人們的消費觀念在發生變化，消費結構在悄然升級，消費層次也在悄然提升。除此以外，年輕人爭相藉由消費獲得認同感，從一定程度上來講，是在尋求另一種形式的安全感。很多年前，網路還不是那麼發達，一篇名為〈我奮鬥了 18 年，才能和你坐在一起喝咖啡〉的文章還是紅到幾乎人人都看過。那時候，去咖啡館喝咖啡被認為是進入較高階層的標誌。但如今呢？出門找個地

方休息聊天，一杯星巴克已經成了標配。

消費升級，是年輕人奮鬥的目標，有目標總是好事情，這代表人們在努力追逐美好的生活，積極點說，也是在為經濟發展做貢獻。這世間萬物大多並非非黑即白，正如鑽石有著多個切面。可怕的不是消費本身，而是人在高額消費中對自己的生活失去控制。

法蘭克福學派理論家馬庫色（Herbert Marcuse）曾提出「真實需求和虛假需求」的概念，前者是真實客觀的消費需求，如最基本的衣食住行需求，以及和自己經濟實力匹配的高品質消費等等；而後者則是超出自身消費能力的需求，個體受到社會觀念的影響，會誤以為自己也理應享有更高的消費水準，這種觀念就是「虛假需求」造成的。

年輕人的「虛假需求」似乎太多了，在消費升級的大環境下，這種「虛假需求」又被披上了合理化的外衣，本來的「我不需要」變成了「我需要」，本來的「可有可無」變成了「剛性需求」。

購物網站上琳琅滿目的商品、層出不窮的促銷活動，無時無刻不在誘惑著用戶花更多的錢，買更多的物品。夜晚十點過後的出租車上，加完班受盡折磨的女孩們打開淘寶，怒刷幾筆，以消解疲憊和苦悶，這似乎已經變成了生活的常態。我們愈來愈習慣用消費來獲得滿足和認同、填補空虛、排解壓力，消費愈來愈偏離真實的需求。

問題是，消費升級了，真的可以給我們帶來幸福體驗嗎？我們是不是在透支未來的幸福呢？

始終掌握自己的日常開支

無論如何，你還是應該始終掌握自己的日常開支。把收入和支出

列出來，該花不該花就很明顯了。想買一個新包，先去查帳單，發現今年還不到年中，已經買了三個包了；想買一支新口紅，帳單一查，今年已經買了六支口紅，有幾支你甚至還沒用過幾次。

又或者，你升職了，加薪了，開心得很，恨不能舉著信用卡直奔百貨公司，把心儀已久的美衣美鞋買回家。可是等等，收入高了，儲蓄金額也要提高，先把一定比例的收入存起來，剩下的錢再看看還能買什麼吧。

日常開支始終在你的掌握之中，錢就會踏踏實實地留在你的資金池中，再學點投資理財，提高報酬率，讓小錢慢慢變成大錢。

對了，也許你還應該試試消費降級，說不定能體會到另一種樂趣。

下午茶不喝了，健康又減肥；汽車不開了，用共享單車，方便又鍛鍊身體；衣服少買幾件，原先的就挺好，還減輕了衣櫃的壓力；好久不出去吃飯了，一頓兩三百元夠在家吃一個星期，還是肉蛋奶齊全的……

也許你會發現，你的生活品質並沒有下降，相反地，物欲變小了，生活卻更輕鬆，輕裝簡行，更能快速前進。

你不僅悄悄脫離了「隱形貧困」的境況，還能趁機慢慢踏上「隱形富豪」的康莊大道。

戒律七 ｜ 每天工作時都假設明天要去度假

奇妙的假前狀態

還記得讀書的時候，宿舍每晚 10：30 熄燈，我常常一整個晚上都在宿舍散漫著，但到了熄燈前 20 分鐘，人會像突然上緊了發條，手腳俐落地洗漱、整理，因為熄燈時間給了我一個不可改變的 deadline，如果做不完，熄燈後就什麼都做不成了。

結婚蜜月旅行前，我有過一次驚險但印象深刻的經驗。那次行程雖然定得很早，但臨時接到一項新工作，我對流程不熟悉，工作量又大，我感覺肯定完成不了。但我不想自己人生中唯一一次的蜜月旅行因工作而泡湯，也不希望雖然能去旅行，但途中要因擔心工作出了問題而惴惴不安，於是，我下定了決心，一定要在出發前把工作完成並做好。

於是根據出發的日期倒推，我制定了三個星期的工作計畫，把需要做的事情、需要溝通的事項、需要尋求的幫助，以及可能出現的問題，預先想好應對方案，一條一條列在清單上。那段時間，我可以說是絞盡腦汁、全副身心地在把工作往前推進。實在推進不下去的時候就想想海島、藍天、白雲。就這麼一點點地進行著，竟然在出發前的一天，神奇地完成了這項本來「不可能完成的任務」。

你還記得自己最近一次的旅行嗎？因為已經確定了行程，買好了機票，訂好了酒店，deadline 就在那裡，無可改變，因此之前的一天、一週，甚至一個月，工作效率會特別高，好像還沒有開始的旅行已經

給你「打了雞血」，讓你能量滿格。

後來，我發現這種現象普遍存在，原來裡面隱藏著掌控工作和生活節奏的簡單方法，那就是每天生活得都好像明天要去度假。

度假前的狀態，會讓你更有活力、更有效率，我將它稱為「奇妙的假前狀態」。

試試列清單

試過了各式各樣的時間管理方法，如果只讓我選擇一樣，我一定會選——列清單。

相關研究顯示，絕大多數人的大腦一次只能記憶四件事情，但我們每天要做的事情通常會超過這個數字。當我們列出清單後，就無須再想自己接下來要做什麼了，因為要做的事情已經寫下來放在你的面前了，這樣能夠幫助我們清理出有限而寶貴的大腦「頻寬」。

另外，提筆寫清單還是一件「治癒系」的活動，當我們把心事、頭腦中的事「卸貨」到紙上時，焦慮感就會減少，心也會逐漸平靜下來。

當你壓力巨大、焦慮不已的時候，試著把頭腦中的各種想法、需要處理的各種事項統統寫下來，雖然你只是列下來，什麼都還沒去做，你也會感覺好多了。

每天早晨，早一點到達公司，避開早上通勤尖峰時間，靜下來好好列一列清單，將事務、想法都訴諸筆尖，用幾分鐘規劃一天的工作，能夠幫助你合理安排和高效利用有限的時間，還能得到完成一項劃掉一項的快感，這本身也是一種正向回饋，激勵你完成下一個任務。

對了，列清單的時候，請將重要的事情列在前面，每一次都在清單中選擇更難的那件事開始做，艱鉅的任務都做完了，剩下的小任務對你來說，會變得輕而易舉。人的注意力和精力在一天中會隨著時間推移不斷消減，趁自己頭腦清醒、思維活躍的時候，做更難、更重要的事情。就像年輕的時候，每一次做人生選擇的時候，請選擇更難的那一個，當時痛苦，未來受益。

避免無意義的打擾

我們生活中常會遇到下面這些熟悉的場景。

場景 1

工作時間，你正在撰寫一份報告，寫得聚精會神，手機突然響起，接起來寒暄完畢，LINE 又適時響起，瞄一眼就停不下來了，看訊息，回覆訊息，幾分鐘十幾分鐘很快就過去了。

場景 2

工作中突然有了靈感，手機鈴聲突然響起，掛斷電話，再回到電腦螢幕前，剛剛的思路卻斷了。這時候信箱通知有新郵件，你又回覆了郵件。然後，你已經忘記自己剛剛的靈光一閃是什麼了。

場景 3

臨近中午，朋友發個私訊問：「中午吃什麼呢？」你答：「你說呢？」他答：「都行啊，你說呢？」……跟打乒乓球似的，一來一往，不知不覺間耗費了大量時間。

以上場景，你有沒有覺得很熟悉呢？

網路確實給我們的工作和生活提供了極大便利，但它又逐步異化成了我們的主人，每一次召喚我們都會即時反應，沒有召喚的時候我們會不適應，會不自覺地打開網頁、捧起手機。

相關研究數據顯示，人們平均每 1.5 小時就會被「深度打斷」一次，重新調整回到工作和學習狀態，平均需要花費 23 分鐘。注意力是最為寶貴的資源，然而有太多人忽略了這種資源的價值。

一天只有 24 小時，去掉吃飯、睡覺，只剩下不多的十幾小時，還有超過三小時的時間花費在手機上，非常可惜！

能讓自己不被輕易打擾的人，才能夠有機會進入「心流狀態」，也就是「物我兩忘」的狀態，全副身心投入到當下進行的思考、創作或者工作中。如果想避免不必要的打擾，我有幾個小方法分享給大家。

第一，利用耳機，隔離打擾。頭戴式耳機比入耳式耳機作用更為明顯，別人老遠就能看到你戴著耳機，專注地盯著螢幕，知道你在忙，所以若不是真有重要的事情，會選擇暫時離開，等你忙完再來找你。如果你喜歡工作時聽音樂，可以放一些輕音樂，如果想安靜，那就戴著耳機裝裝樣子即可，減少打擾就行了。

第二，在重要的工作時段將手機設置成靜音狀態。可能你會提出疑問，「勿擾模式」聽上去是不錯，但要是錯過重要的電話可就麻煩大了啊。

且慢，手機設計人員真的非常貼心，現在的勿擾模式已經非常聰明，既可以讓你避免受到打擾，又不會讓你漏掉重要的電話。你可以進行個人化設定，「勿擾模式」期間可以允許接聽來電，也可以設置

為不顯示，完全根據自己的需要設定。

另外，你還可以開啟「重覆來電提醒」功能，功能啟動後，相同來電者在三分鐘內的第二個來電不會被設為靜音，這樣的話，真有十萬火急的事情要找你，「勿擾模式」也不會讓你錯過。

第三，利用文書處理軟體的全螢幕模式。寫東西的時候，最需要專注，一下子來個郵件，一下子看個推播廣告，專注力太容易被打斷。其實大部分訊息都不需要即時回覆，只是你看到了不回覆，心裡會焦慮罷了。不妨試試文書處理軟體的全螢幕模式，Word、PPT 等辦公軟體都有相關功能，可自行搜索實踐。

讓工作的八小時發揮最大作用

對於許多打工族來說，一個典型的工作日是這樣度過的：早上 8：30 到達辦公室，壓線打卡，絕不早到一分鐘。和同事們聊聊昨天的電視劇、綜藝，再八卦一下，9：30 開始回覆工作訊息、郵件，處理相關文件。然後瀏覽一下新聞，時間很快過去了一小時，只認真工作了半小時就已經 11：00 了，再過半個多小時就到午餐時間了，似乎也做不了什麼，再滑滑手機，快 12：00 了，準時吃午餐。

下午 1：00，吃得飽飽的回到辦公室，稍微休息一下，1：30 開始回覆一些電話，參加幾個意義不大的會議，下午 4：00，滑滑網頁，準備回家。

可能有點誇張，但也顯示了一部分人的實際情況。很多號稱自己非常忙碌的人，其實常常是在欺騙自己。

再想想旅行之前的工作日你做了多少工作吧。那才是一個真正的

工作日，全身心投入，高效率產出。

事實上，大多數人只要在一天內工作的八小時中保持高效率，就會在工作中脫穎而出。工作就是工作，不是閒聊，不是社交，更不是八卦。工作時認真工作，休息時徹底放鬆，這才是最高效的模式。

戒律八 ｜ 專注於自己的特長

木桶理論要升級

讀書的時候，我們常常聽老師講一個理論，叫「木桶理論」，意思是一個木桶能裝多少水，取決於最短的那塊板。

老師會藉此引申，告訴我們：你能取得什麼樣的成績，並不取決於你的長處，而是取決於你的短處。

對於考大學，這個理論確實奏效，因為學校是否錄取你，取決於你的總分能否達標，某個學科分數過低的話，對總分的影響極大。

但進入社會之後你會發現，公司和老闆不需要什麼都了解的人才，因為什麼都了解，往往意味著每個方面都不夠突出。

象徵我們能力的木桶，其實也可以換個方式裝水，把木桶略微傾斜，這樣能裝多少水就取決於你的長板了，所以有句話說：「一招鮮、吃遍天。」*

當你有了一塊長板，就可以獲得其他人沒有的機會和資源，而你也可以透過購買、合作的方式，補足自己的短板。

＊意指只要擅長某一技能，即可到處謀生。

偉大的公司，都有為人稱道的長處。

淘寶這麼成功，其實只做了一件事，那就是搭建了龐大而使用便利的交易平台；小米最成功的是做好了行銷和與粉絲的互動。

這些公司都是抓住了一塊足夠長的「木板」，並把它做到了極致。

對於個人來說，網路時代專業領域愈來愈細分化，這給我們提供了更多可能，也造成了更激烈的競爭。

與其花費大量時間和精力去補齊自己的短處，不如把這些時間和精力專注於自己的特長上，把自己的優勢發揮出來。

週末的時候，我先生看貝克漢（David Beckham）的紀錄片，我湊過去看了兩眼，被貝克漢的黃金右腳折服了。

在中場的位置起腳，足球劃過一道優美的弧線，應聲入網，全場都沸騰了。

這樣不可思議的定位球和長傳能力，迄今無人能敵。

在中國有一位大嬸，42 歲才開始創業，她用油毛氈、石棉瓦蓋了個棚子，賣涼粉和冷麵，為了讓生意更好，她精心熬製了麻辣醬作為佐料。

此後幾年，她反覆研製，麻辣醬更好吃了，再後來，她的麻辣醬人人愛吃，賣遍了全世界。

她就是老乾媽的創辦人陶華碧。

原來我們每個人只要找到自己的長處，畢生修煉一門絕技，都可以達到別人無法企及的高度。

你需要刻意練習

週末我和兒子聽成語故事，聽到了庖丁解牛的故事。

故事出自《莊子》，是這樣說的：

古時候，有一個名叫丁的廚師替梁惠王宰牛，凡是他手所接觸的地方、肩所靠著的地方、腳所踩著的地方、膝蓋所頂著的地方，都發出皮骨分離的聲音，聲音還符合音律，動聽悅耳。

梁惠王驚嘆道：「技術怎會高明到如此程度？」

丁廚師解釋道：「當初我剛開始宰牛的時候，對牛的結構還不了解，看見的只是整頭牛。三年之後，我眼睛見到的就是牛的肌理筋骨了。現在再宰牛，我不必用眼睛去看，牛的結構都在我腦袋裡了。」

北宋的歐陽修寫過一則類似的故事，賣油翁拿出一個葫蘆放在地上，把一枚銅錢蓋在葫蘆口上，慢慢地舀油注入葫蘆，油從錢孔注入，銅錢卻不曾沾染一點油。

旁人驚奇，老翁只道：「吾亦無他，唯手熟爾。」

練習不是悶頭傻練，你得用心用腦，用現在流行的話叫「刻意練習」。

著名心理學家艾瑞克森（Anders Ericsson）在專業特長科學領域潛心幾十年，研究了一系列行業或領域中的專家級人物，包括西洋棋

大師、頂尖小提琴演奏家、運動明星、記憶高手、拼字冠軍、傑出醫生等等。

他發現，不論在什麼行業或領域，提高技能的最有效方法全都遵循一系列普遍原則，他將這種通用方法命名為「刻意練習」。

總結來說，就是「每個成長者，必須學會刻意練習」。

他提出，刻意練習的三個關鍵因素是：專注、回饋和糾正。

他闡述了美國游泳運動員娜塔莉·考芙琳（Natalie Coughlin）獲得奧運冠軍的故事。

儘管娜塔莉·考芙琳一直有游泳的天賦，但早年並沒有努力訓練，她形容那時的自己「只是躺在游泳圈上幻想摘金奪銀」。後來考芙琳致力於改進自己划水時的心理表徵，準確地推測在「完美」划水的時候，自己的身體是怎樣的感覺。然後她知道了自己與理想狀態之間的偏差，再想各種辦法將偏差最小化。這時她才開始真正進步，並最終成為世界上最優秀的女子游泳運動員。

她這樣總結自己的練習：「每次都要把動作做正確，一次又一次不斷地累積，直到每一個細節都能做到卓越，而且成為你根深柢固的習慣為止。」

曾寫出《窮理查年鑑》（*Poor Richard's Almanack*）的班傑明·富蘭克林，在剛開始寫作的時候，最多只能保證文章寫得通順。有一次他看到《觀察家雜誌》（*The Observer Magazine*），被裡面高品質的文章吸引，他開始模仿其中精采文章的寫法。從模仿到修正，他逐步提升寫作水準，最終成了暢銷書作家。

在自己喜歡或者擅長的領域，專注地深耕幾年，才有可能從新手

成長為專家。旁人就算是羨慕，也只能仰望你的高度。

時間會成為我們努力的一把尺，丈量每一寸你向上的堅持。

戒律九｜早早起床

早起的鳥兒有蟲吃

古人云：一日之計在於晨。最老套的句子裡卻蘊含著深厚的人生哲理。

長期早起的人，一般也有早睡的習慣，可以避免很多因為熬夜造成的身體不適。科學研究也發現，長期早起的人無論是腦細胞還是神經細胞，都比旁人要有活力，這意味著他們更加靈活機敏，做事效率更高。

有句話說：「誰掌控了早晨，誰就掌控了人生。」如果你還有夢想或者想做的事情，請早起一小時，甚至更多。

我們將那些能夠充分利用早起時光的人稱作「晨型人」，這樣的一群人，選擇更為自律的生活方式，讓自己的生命更加有效地燃燒。就像日本作家村上春樹在《關於跑步，我說的其實是……》裡曾經寫到的：「同樣是十年，與其糊裡糊塗地活，目標明確、生氣勃勃地活當然更令人滿意。」

我是這樣養成早起習慣的

當時我正在閱讀《小強升職記》，書中的小強用到了一個習慣養

表 9-1　早睡早起習慣養成計畫

	按時早睡	按時早起	健身 15 分鐘	保養 15 分鐘	讀書半小時
12/1	✓	✓	✗	✓	✓
12/2	✓	✗6：50	✗	✓	✓
12/3	✓	✓	✗	✓	✓
12/4	✓	✓	✓	✓	✓
12/5	✓	✓	✓	✓	✓
12/6	✗12：00	✓	✓	✓	✓
12/7	✓	✓	✓	✓	✓
12/8	✓	✓	✓	✓	✓
12/9	✗11：00	✓	✓	✓	✓
12/10	✓	✗9：00	✓	✓	✓
12/11	✓	✗7：30	✓	✓	✓
12/12	✓	✓	✗	✓	✓
12/13	✗11：30	✓	✓	✓	✓
12/14	✓	✓	✗	✓	✓
12/15	✓	✓	✓	✓	✓
12/16	✗11：00	✗	✓	✓	✓
12/17	✓	✓	✓	✓	✓
12/18	✓	✓	✓	✓	✓
12/19	✓	✓	✗	✓	✓
12/20	✓	✓	✓	✓	✓
12/21	✓	✓	✗	✓	✓
12/22	✓	✓	✓	✓	✓
12/23	✓	✓	✗	✓	✓
12/24	✗	✗	✗	✗	✗
12/25	✗	✗	✗	✗	✗
12/26	✗	✗	✗	✗	✗
12/27	✓	✓	✓	✓	✓
12/28	✓	✓	✓	✓	✓
12/29	✓	✓	✓	✓	✓
12/30	✓	✓	✓	✓	✓
12/31	✓	✓	✓	✓	✓

※要培養每晚 10：30 睡覺，早晨 6：30 起床的習慣。

※培養這個習慣對我來說很重要，因為晚睡對身體和皮膚非常不好，早起卻好處多多，頭腦清醒，不被打擾，可以集中精力做重要的事情。

※我一定能養成這個習慣，因為我制定了詳細的計畫。

※如果這個習慣培養成功了，我會獎勵自己一個足浴盆。

※如果失敗了，我會從頭開始，繼續培養早睡早起的習慣。

成計畫，簡單可操作，我決心借鑑，幫助自己養成早睡早起的新習慣。

於是我制定了一份早睡早起習慣養成計畫，如表 9-1 所示，順便把健身、保養和讀書這些我已經養成的習慣加了進去，使其更加鞏固。

一個月後，我輕鬆統計出整個月的打卡數據：早睡打卡 24 次，早起打卡 24 次，健身打卡 19 次，保養打卡 28 次，讀書打卡 28 次。

早睡早起打卡完成率達到 77%，健身打卡完成率達到 61%，保養和讀書打卡完成率達到 90%。雖然沒有達到 100%，但是我仍然給自己買回了計畫預先承諾的禮物。

不過後來我遭遇了幾次「習慣養成計畫」的破壞性事件，包括父親住院一週，孩子生病一週，年末大加班一週。對一個 30 歲上有老下有小的「預備中年人」來說，養成一個新習慣並不容易，我不是嚴苛的教導主任，更希望自己可以在小小的成就感中得到喜悅和動力。

打卡表之所以成功的原因

足夠簡單

每晚睡前只需要抽出 30 秒，回顧一天計畫的完成狀況，然後打勾或打叉即可。

足夠直觀

打卡表就貼在我的床頭，每天進出都會看到，表格裡的勾和叉非常鮮明，就像學生時代的考卷。

有獎勵機制

找一個想要很久但捨不得買的物品，作為完成任務的獎勵，每次

早起想偷懶的時候，想想可能的「禮物」，動力就會多一分。這樣一來可以抑制衝動消費，二來給了我們堅持的動力，三來經過努力得到的東西，會帶給我們更大的滿足感。

有監督機制

請家人作為監督者，無形中給自己增加了堅持的動力，孩子現在都會問我：「媽媽，你今天打卡了嗎？」

養成新習慣的幾點建議

一次培養一個習慣

這次我要培養的習慣就是早睡早起，其他的三個，包括健身、讀書和保養，都是我之前就有的習慣，只是加以鞏固罷了。貪多嚼不爛，人的意志力是有限的資源，不要過度消耗，善用它效果更佳。

制訂具體可行的計畫

我把早睡的時間定為 10：30，早起的時間定為 6：30，結合了我自己的實際情況，不會太激進，也不會太溫和，這樣我晚上可以和孩子一起入睡，早晨可以高效利用上班前的一小時。

讓潛意識發揮作用

製作習慣養成卡片，每天默念，讓計畫養成的習慣嵌入到大腦的潛意識。這種類似於和自己對話的形式，可以幫助我們激發和汲取內心強大的心智力量。

我的習慣養成卡片

這種方法適合養成的習慣有：

- 讀書
- 寫作
- 健身
- 記帳
- 存錢

　　總之，範圍太廣了，這種方法適用於培養任何可以量化的習慣。

　　對於還沒量化的習慣，你需要先量化。比如你有「我要存很多錢」的願望，那可以量化為「每週存 200 元」，那麼年末你就有了 1 萬多元的存款。如果你的願望是「我要升職加薪」，那你也可以將其量化為「我要每週讀一本專業書籍」，那一年下來你已經在相關領域積累了 52 本書的閱讀量。

　　好的方法事半功倍。你要不要也試試呢？

自控力是可以塑造的

　　自控力像肌肉一樣有極限，用得太多會疲憊，但是堅持鍛煉能增強自控力。

　　我曾經有段時間，嘗試每天 5：00 起床寫作，這對我的「自控力肌肉」是個極大的鍛煉。因為每天早晨在溫暖的被窩和「我要早起寫作」之間的掙扎，都需要意志力發揮作用。

　　我也發現，當我成功早起，完成了自己的既定任務時，那種成就感和一天從容不迫的美好感覺，對我繼續堅持是個極好的正向鼓勵。

　　有三種對提升自控力很有幫助的行為。

冥想

每天進行五分鐘大腦冥想訓練。在腦海中默念「呼」和「吸」，把注意力集中在呼吸上。這種訓練，對於幫助人們集中稀缺的注意力很有幫助。

我這半年多來堅持做瑜伽，瑜伽老師在每節課剛開始的五分鐘，都會讓大家靜下來關注自己的呼吸，這種訓練我一開始覺得無聊、無趣、無用，後來才慢慢發現其妙處。

因為當我把注意力集中到自己身上，尤其是呼吸上的時候，我覺得整個人都放鬆下來了，接下來的體式也做得更到位。

鍛煉

15分鐘的跑步機鍛煉能降低巧克力對節食者、香菸對戒菸者的誘惑；鍛煉身體能讓我們的大腦更充實、運轉更迅速。

鍛煉的形式非常多樣，簡單來說，任何能讓你離開椅子的活動，都能增強你的意志力，比如花五分鐘到社區裡走走。

睡眠

如果你每天的睡眠時間不足六小時，你可能記不起自己上一次意志力充沛是什麼時候了。

睡眠不足會導致身體和大腦吸收葡萄糖，而葡萄糖是能量的主要儲存方式，細胞無法獲得足夠能量，身體和大腦也就欠缺能量。

睡眠不足甚至會讓我們在起床的時候損傷大腦，科學上稱之為「輕度前額葉機能障礙」。

所以簡單地說，如果想獲得更強的意志力，那就早點睡吧。

其他實用小知識

1. 保持血糖穩定，但避免一次性攝入過多糖分。

2. 當你的意志力告急時，請想一想自己的長遠目標。

3. 意志力薄弱的時候，可以試試：鍛煉、閱讀、聽音樂、冥想、瑜伽、散步、唱歌或其他有創意的愛好。

4. 原諒自己的一時放縱，自我原諒者比自我苛責者更容易自控。

5. 做一個樂觀的悲觀主義者，保持平和的心態。

6. 進行「等待十分鐘」意志力訓練，面對誘惑先等待十分鐘，之後你可以選擇放任自己，但行動之前要問自己，我真的需要它嗎？

7. 找到一群有共同目標的人，加入他們。

8. 強化自豪感。為做到了別人做不到的事而感到驕傲。

9. 忠於自己的感受並試著表達出來。

10. 直面自身欲望，但不要付諸行動。

亞里斯多德（Aristotle）曾說：「人是被習慣所塑造的，優異的成績來自良好的習慣。」當你的生活被一個個好習慣包圍時，你也將吸引最多的正能量，這其中就包括財富。

戒律十 | 找一個更偉大的目標

你有沒有想過，我們的一生究竟該如何度過，人生的終極意義又是什麼？在我看來，人生的意義至少有以下三個層次。

自我完善

馬斯洛需求層次理論將人的需求分為五個層次，從低到高分別是生理需求、安全需求、歸屬與愛的需求、尊嚴需求及自我實現的需求。

最頂端的需求稱為自我實現，可以理解為人對於自我價值發揮和完成的欲望。很多人對這個詞彙的理解是片面的，他們認為努力工作賺錢、提升職位，就是自我實現，甚至將其當作衡量自我價值的唯一指標。

我們可能忽略了更為重要的自我本身。每個人的社會角色都是多元的，是員工或者老闆，是兒子或者女兒，是丈夫或者妻子，是朋友或者路人，這所有的角色集合在一起，才成為了「你」。人的自我實現，含義應該更廣泛，至少應該包含自我完善。

作家毛姆（William Somerset Maugham）說：「我認為人能設定的最偉大的目標，就是自我完善。」

我很認同《心靈地圖》（*The Road Less Traveled*）這本書中的觀點：「解決人生問題的首要方案，乃是自律。」人生是一個出現問題、解決問題的過程。我理解的自律，是以積極而主動的態度，直面人生的問題和痛苦，逐步鍛造和完善勇敢而獨立的人格，這個過程，就是自我完善。

滿足家人

中國可能是這個世界上家庭觀念最重的國家之一了，家人是我們奮鬥的動力，也是我們最溫暖的港灣。

有段時間父親住院了，我拖著從醫院奔波回來的勞累身體，在讀者群裡和大家請假，有位女孩悄悄發來一篇文章安慰我。

那篇文章寫的是主持人柳巖在採訪中講述自己和父親的故事，讀來簡直讓人落淚。

她說：「在親人健在的時候，有什麼都給他們吧。」

柳巖的父親身體狀況不好，在醫院度過 70 歲生日，柳巖眼泛淚光，但淡然篤定，她自豪地說：「我有足夠的經濟能力，給他最好的醫療條件。」

衝著這份孝心，我被她「圈粉」，自己的疲憊也瞬間消散。

我在群裡說：「我喜歡被需要的感覺，這才是成年人的驕傲。」

時間推著我們往前走，我們發現，自己在家中愈來愈重要了。

父母有什麼事情，都想和我們商量。

曾經為我們遮風擋雨的父母，如今兩鬢斑白，愈來愈像個孩子。

當我悄悄在「人生進度」這個小程式＊裡，輸入他們的出生年月時，剩餘的「人生電量」讓我心驚。

沒有多少時間可以浪費了，你說你以後要帶他們去周遊世界，你說等你有時間要帶他們去嚐遍美食，什麼都可以等，但父母老去的速度等不起。

請現在，就去做！

🖋 幫助他人

皮克斯（Pixar）的動畫電影《天外奇蹟》（*Up*）曾感動了萬千

＊依附在大平台上的應用程式，須登入大平台（如微信、百度、支付寶等）才能使用。

觀眾，電影中說：「人的一生中有三次死亡，第一次是你停止呼吸的時候，這是生物學意義上的死亡，第二次是舉行葬禮的時候，這一次你的身分將會在社會上抹除，第三次是這個世界上最後一個記得你的人死去，直到這一刻，才是真正的死亡來臨。」死亡很可怕，但更可怕的是遺忘，因為從此以後，不會有人記得你來過。

當你的生命走向盡頭，你是否也希望在這世間留下自己的痕跡？你是否也希望自己在朋友、家人，甚至是陌生人心中留有美好的印象？

那麼現在就請致力於幫助他人吧，為他人的生活增添光采。

當你專注於幫助他人時，你的生活會變得豐富起來，你也會在與他人的交流中獲得全新的能量。幫助往往是相互的，比如我透過寫作，認識了全國各地，甚至是身處國外的朋友，我為他們答疑解惑，關於理財的、生活的、成長的，雖然花費時間且沒有報酬，但我仍然非常開心，因為我透過他們接觸到了完全不同的生活方式，我知道了這個世界上，除我之外、除我身邊的人之外，還有如此不同的存在。這讓我對生活有了完全不同的理解和認識，我也透過他人的賦能，獲得了新的勇氣和智慧。

孔老夫子說：「君子成人之美。」用這句話作為人生信條，在應對人事物上就有了新的衡量標準。生命的循環如此奇妙，給予別人，別人也會用你想不到的形式回饋你。去愛別人，你也能感受到愛。

戒律十一 │ 建立財富管道

 誰更富有

小 A 和小 B 是同一家公司的兩個年輕人。

小 A 工作勤奮，甚至有點拚，每天主動加班，小 B 則按部就班，完成既定任務就回家陪家人。

從薪資水準上看，小 A 比小 B 要高不少。

從消費水準上看，小 A 和小 B 則相差很多。小 A 幾乎沒帶家人出去旅行過，給孩子選擇的幼兒園也是便宜的公立機構。小 B 則送孩子去了最好的國際幼兒園，趕上假期必定帶著家人孩子出門旅行。

表面上看，小 A 更富有。但深入了解會發現，小 A 家中房貸、車貸都不是小數目，每個月的薪資到月底所剩無幾，幾乎是「月光」狀態。

小 B 除了在公司上班，還和朋友合夥貸款購入了一臺二手挖土機，包給別人用於在工地上接案，每個月都有收入進帳。小 B 為人爽朗，性格幽默，是當地婚慶市場上小有名氣的主持人，一年到頭邀約不斷，價碼也愈來愈高。此外，小 B 還有兩間有貸款的小房子做著短租的生意，還順便開了一家裝修工作室，生意也很夯。

小 A 太過拚命，身體已經有吃不消的狀況，但小 A 從不敢請假，總是帶病堅持上班，因為他很需要「全勤獎」；小 B 沒耽誤本職工作，副業更是多管齊下，他的口頭禪是：「我需要有丟掉工作還能養活自己的能力。」

這麼看起來，更富有的人，是小 B 才對。

管道是財富之源

有一本書叫作《管道的故事》（*The Parable of the Pipeline*），內容不多，故事也簡單，幾句話就能說完。

書中講述了帕布羅（Pablo）和布魯諾（Bruno）提水桶和建管道的故事。

兩人都受僱於人，要把河水運到村子的水缸裡，兩個人都很勤奮地用水桶運送著河水。

不同的是，布魯諾提水結束就趕緊休息，而帕布羅白天提水，晚上和週末利用休息時間為自己工作，他要挖出一條輸水管道。

幾年後，布魯諾依舊是老樣子，而帕布羅已經停止了送水生涯，即使不工作也能源源不斷地從管道中獲得收益，而且，帕布羅收益更多。

這本書之所以受人追捧，原因就在於透過簡單的故事揭示出了財富的終極奧義，那就是——管道才是真正的財富之源。

提桶者必須以時間換取金錢，這是一種財富陷阱，因為你一旦停止工作，不再出售時間，你就賺不到錢。

建造源源不斷創造財富的管道，才能讓你把握財富的主動權，擁有不工作也有收入的自由人生。

什麼是財富管道

最近接到一位讀者的諮詢，她問我：想要賺點外快，去發傳單、

當時薪工怎麼樣？也不是不可以，只是這種工作做得再多，對你的經驗積累都沒有任何益處。

這就是典型的提桶行為，你只是在複製之前的工作，而且你一旦停止出售時間，你的收益就會馬上中斷。

那什麼是建造管道的行為呢？

我很喜歡的理財達人三公子是個典型的「管道建造者」。她在工作的八小時之外，堅持讀書、寫作，在理財領域持續地積累，一方面積累實戰經驗，一方面不斷儲備更多知識。

最終她對自我的投資完成了量變到質變的積累，她的文字集結成書，賣得很好，每季度或者每半年就會有版稅進帳。

這就是典型建設財富管道的行為。

如何建設自己的財富管道

儘早開始

就如同理財一樣，建造財富管道這件事愈早開始愈好。趁著年輕，身體、精力各方面都處在良好狀態，儘早開始自己的財富管道建設之旅。

我現在時常懊惱，自己剛工作的那幾年都在混日子，浪費了大好光陰。現在想要抽出時間讀書、寫作，得費盡心思在工作、生活、老公和孩子之間尋找空隙。每晚的兩小時，要貢獻給親子閱讀、家務勞動，想要在空閒時間建設財富管道，就只有犧牲休閒娛樂和提升效率這兩條路了。

尋找自己的長處

財富源泉其實是個人能力的變現，而能力邊界的擴寬，則要靠個人不斷地尋找、嘗試和深挖。有些朋友可能會說，我沒有興趣，也沒有長處。你聽過這句話嗎？往往不是有興趣才能做好，而是做好了才有興趣。

不管怎樣，先行動起來，在行動中調整。挑出一件你認為最重要的事情，然後給自己列一張時間表，督促自己在未來的一個星期、一個月甚至更長的時間裡每天至少專注於這件事情兩小時。

利用空閒時間

時間對於每個人都是公平的，有效地利用空閒時間可以讓你擁有更多時間，做更多的事情。

如果每個工作日安排兩小時，上班前一小時，晚上一小時，星期六、星期日各三小時，一週你就可以增加 16 小時的有效時間，一年下來你就多了三個多月的自由時間。

所以有人說，每天晚上 8：00 到 10：00 的這兩小時，決定了你人生的高度。

相信複利的力量

近年來李笑來受到很多年輕人的追捧，我個人認為他最重要的一個觀點就是推崇複利。

他認為：「人生中只要是可以積累的事情，都有著強大的複利效應。」他選擇的是知識積累，並且篤信知識的作用。將儲備好的知識變現，他用了很多年，「很多年」開始於他 39 歲那年。

戒律十二 | 構建被動收入體系

財富自由的感覺如何

知乎上有個叫邢可的建築師對此問題的回答很有趣：

其實財富自由之後生活變化也不大。

把原來的比亞迪 S6 換成了 BMW 5 系列。把原來遠離市區的小兩房換成了靠近市中心的大四房。原來現代簡約的裝修風格也換成了歐式風格。老婆去請了保姆，阿姨每天負責做兩頓飯，週末還要負責打掃。

不用每天上下班了，可以睡到自然醒。如今作為一名自由工作者，也不用有什麼工作壓力，只需要不時接點感興趣的案子做一下，這種感覺很好，把職業當成一種興趣愛好來做是一件很幸福的事。

每個季度都會安排一次出國旅遊，打算把小時候想去的國家都去一遍。現在終於不用為了找一張便宜機票而上網比價猶豫再三了，買什麼航班基本根據自己的時間來。出去都會訂商務艙、住高級酒店，以讓自己最舒服為原則。

給父母和岳父岳母分別在老家買了一間房子，每月按時匯給他們一筆生活費。老人們辛苦了一輩子，也該享享清福了。

最大的變化其實是心態上的。原來的心裡總是裝滿了焦慮

和不安，看世界總是帶著批判的眼光，覺得「總有刁民想害朕」……現在看這個世界，總是能帶著一種寬容的心態。

終於發現自己真的是很容易滿足的人，以前一直以為，錢是永遠賺不夠的，自己永遠不會嫌錢多。現在經常對自己說，夠了，真的夠了，再多賺也只是銀行存摺裡的一個數字罷了。

最新的計畫是，想在海邊蓋一棟屬於自己的房子。地已經買好了，在老家那邊靠海的村子裡，是透過熟人介紹買的一塊靠海的宅基地*。建築方案正在構思中。這也是小時候的一個夢想，如今我終於可以以一個建築師的身分，親自為這個夢想，繪出房子的藍圖。

從明天起，做一個幸福的人，

餵馬，劈柴，周遊世界；

從明天起，關心糧食和蔬菜，

我有一棟房子，面朝大海，春暖花開。

怎麼樣，是不是看得心裡癢癢的？這種無須再為生活開銷而努力工作的狀態，就是我們心心念念的財富自由。

等等，沒有反轉的故事不是好故事。上文的結尾實際是這樣的：

財富自由的感覺，應該就是這樣的吧，我也不知道，等等還要坐公車去公司加班，等著老闆發薪水交房租呢。

＊在中國戶籍制度和土地制度下，農民集體共有、能用以建造住宅的農村土地。

我知道你肯定笑了，或許你會感嘆，財富自由這個詞和普通的月薪階層之間的距離果然有十萬八千里。

那普通人有沒有機會實現財富自由呢？

答案是有的。

為什麼要有被動收入

財富自由是這樣一種生活狀態——當你不工作的時候，不必為金錢煩惱。這就需要你擁有財產性收入，也叫被動收入，才能夠讓你維持較為體面的生活，擁有足夠的金錢、時間去做自己真正想做的事情。

柏寶·薛佛（Bodo Schäfer）在《35 歲開始，不再為錢工作》（*Der Weg Zur Finanziellen Freiheit*）中寫道：「我們追求財務自由不是因為崇拜金錢，而是因為不願意做金錢的奴隸；不是為了享受奢華，而是為了讓自己和家人獲得舒適而有尊嚴的生活。」

財富自由用公式來表達是：被動收入 > 生活開銷。

被動收入從何而來

1. 利息。存款的利息是普通人最容易擁有的「被動收入」，但銀行的利率實在太低，跑不贏通貨膨脹。

2. 租金。假如你擁有投資性住房，出租出去，每個月有固定的房租，這就是很好的被動收入。

3. 知識產權。透過出書獲得版稅、透過申請專利獲得專利使用費等就是藉由知識產權獲得被動收入的方式。李笑來藉由售賣知識，收入超過億元。在這個時代，知識付費愈來愈夯，愈來愈多的意見領袖

實現了「流量變現」。

4. 有價證券。透過分紅或者金融產品長期增值獲利，包括持有或買賣股票和基金。

5. 退休金。按時繳納社保和養老金，到退休以後可以按月領到一定金額的退休金。

6. 捐贈。很多小說和影視作品中，會有主人公意外獲得巨額遺產的情節，不過在現實生活中，獲得巨額捐贈的概率比中彩券還低。

Chapter 10

閱讀案例分析，
獲取理財靈感

　　之前的章節都可算作理論學習，本章中，我會介紹我在提供諮詢的過程中遇到的三個案例，我們可以從對真實案例的分析中，獲取一些理財靈感。

給體制內低收入小家庭的理財建議

　　已屆而立之年，和同事、朋友見面聊天，話題總是離不開房子、錢、孩子。我最大的感受是，收入有限的小家庭，經濟獨立非常困難。為什麼這麼說呢？看看我身邊的兩個例子。

　　小 A，男士，已婚已育，有一個男孩，妻子懷了第二胎後就辭職在家，小家庭有房無車無貸。小 A 在體制內工作，每月收入大約 3000 元，年終績效加獎金大約 2 萬元。之前他的妻子還在上班的時候，兩個人基本上就是「月光」族，自從妻子懷了第二胎辭職，家庭收入全靠他每月的固定收入，夫妻矛盾激增。在小城市，開銷不大，3000 元負擔一家三口的日常生活不成問題，但如果想多買幾件衣服、多吃幾次餐廳，大概就只剩「月光」甚至負債一條道路了。小 A 也很苦悶，常常懊惱自己一個大男人養不起家。最後的解決辦法是，跟父母要錢，他們給了 10 萬元，讓他們能獨立過活。你沒看錯，小夫妻結婚七年沒有任何存款，小 A 是家中獨子，父母接濟已是很平常的事情。這次，他自己下決心要獨立，這 10 萬元算是本金，再也不敢亂花了。

　　小 B，女士，已婚已育，有一個男孩，剛剛生了第二胎，女孩，一家歡天喜地。她家條件比小 A 好，因為小 B 夫妻都有穩定工作，小 B 夫妻每月收入 8000 元左右，年底績效獎金有 3 萬至 4 萬元。結

婚幾年，存下了大約 10 萬元存款，之前買車花了 7 萬元，平時老大上公立幼兒園，開銷不大，老二需要僱保姆，每月支出 2500 元，這還是友情價。這樣每月剩餘 5000 元，需要供一家四口日常開銷及養車。小 B 說，生小孩前能剩下一半，現在每個月都存不了錢。不過她略感欣慰地說，爺爺奶奶沒辦法幫忙帶小孩，但每年會給我們補貼 2 萬元，年底給。

　　兩個小家庭都不算富裕，但是第二胎都要得挺痛快。小 A 說，這是老人家的意思，還好老大的開銷基本由老人承擔。小 B 懷第二胎是意外情況，然後夫妻決定把孩子留下。她心態不錯，想把孩子養大了再說，錢的事以後再想吧。

　　小 B 是農村來的女孩，平時倒是省吃儉用，但現在開銷太大，她也有點放任現狀每況愈下的意思：「反正也存不下錢，過一天算一天吧。」我知道，她婆家經濟狀況不錯，有幾間房子，公婆退休金都比小夫妻收入高。如果兩個人依舊保持現狀，不僅老人的養老他們夫妻幫不上忙，兩個孩子未來的成長教育還少不了父輩的幫忙。

　　有人幫忙的，要無限感恩，父母這輩人不容易。對於他們的路要怎麼走，我給出了下面三條建議。

　　第一，無論如何不要動用現有存款。

　　小 A 的 10 萬元存款，無論如何不能用於消費了。這 10 萬元是小家庭的第一桶金，承擔財富增值的重要作用。如果能達到 10% 的年化報酬率，那麼十年後，這筆錢就會變成 26 萬元，20 年後會變成 67 萬元，30 年後是 174 萬元。小 B 家已經買了車，不可能退掉，但現有的 3 萬元存款一定要牢牢抓好，切不可因為無關緊要的消費事項

就輕易花掉。如果一遇到想用錢的情況，就去動用這筆資金，那就是把下蛋的金鵝吃掉，是真正的坐吃山空了。

保住理財的本金，一是為了留下小家庭財富積累的種子，二是為了以此體會「錢生錢」的樂趣，認識複利的巨大作用，並用小小的理財成績鼓勵自己朝遠方前進。這對實現財富積累，最終實現財富自由，具有至關重要的意義。

第二，再難也要存下收入的 10%，並逐步提高到 20%、30%。

開源節流是理財的第一步，作為體制內的人士，在收入上已經面臨天花板，預期增長緩慢。如果沒有好的開源項目，只能依賴節流和強制儲蓄了。事實上，每個月的開銷如果減少 10%，並不會對生活水準造成質的改變。

比如小 B 夫妻，每個月收入 8000 元，10% 是 800 元，以目前的消費水準，能做多少事情呢？小 B 夫妻每人少買一件衣服也就省出來了。如果每個月可以存下 800 元，把錢按照 12 存單法存在可靠的平台中，一年下來就有 1 萬元，一年後每個月還有錢陸續到期。不要小看這 1 萬元，家裡一旦有急用錢的時候，這筆錢就派上了用場。用不到的話，每年存下 1 萬元，按照 10% 的年化報酬率，20 年後會變成 57 萬元，孩子的教育金就有了一定保障。

理財，最根本的在於有財可理，沒有儲蓄，理財也就無從談起。單身時「月光」尚可理解，但是有了家庭，尤其有了孩子，還任性地「月光」，就太不負責任了。孩子的教育、老人的養老、自己相對有尊嚴的退休生活，都需要相當程度的財富保障。

第三，推遲購入奢侈品，比如名錶、汽車。

小 A 曾經擁有過不少 1 萬元，在夫妻兩個人都有工作並且還沒孩子的時候，稍有盈餘很容易就存得了 1 萬元。但是小 A 的 1 萬元從來沒有在他的帳戶上常駐過，因為他有錢就想買東西。一支名牌手錶 5000 元，給妻子的玉手鐲 1 萬元，出去旅行一趟 5000 元，錢就這麼悄無聲息地來了又走，從來沒跟他好好相處過。

　　小 B 平日省吃儉用，但小 B 的丈夫想買車，好不容易有了 10 萬元的存款，70% 拿來買車了，後續養車費用，保守估計每年也需要 1 萬元。車子還沒開出原廠，就已經貶值 10%。可以說，對於一個低收入小家庭來說，買一輛車就晚進入 10 萬俱樂部五年。

　　有個關於理財的公式，我們一定要熟記於心，那就是：自由＝能力－欲望。並不是賺得多就一定更有錢，賺得少也有可能實現財富自由。關鍵在於我們要去衡量兩個關鍵點，一是自己的賺錢能力有多大，二是自己的欲望可以有多小。

給都市未婚女白領的 10 萬元理財建議

　　週末和閨密聊天，她跟我說帳戶上有 10 萬元存款了，不知道如何理財，想問問我的建議，目標是透過理財實現本金翻倍。閨密今年 28 歲，單身，在北京工作，月收入 1 萬元左右，房租每月 3000 元，2015 年股災後大部分資金被套牢，至今未解套。

　　好了，先來回答她的問題：10 萬元想變成 20 萬元，需要多長時間？

　　這就用到了 72 法則，即資產翻倍所需的時間約為「72÷年化報

酬率」。

如果理財的年化報酬率為 6%，那翻倍需要的時間是 72÷6 = 12（年）。

如果年化報酬率達到 12%，那翻倍只需要 72÷12 = 6（年）。

但你現在把這 10 萬元存為銀行活期，利率是 0.35%，你想讓它翻倍，需要 205 年。

再來回答我的問題：這 10 萬元打算什麼時候用？

我猜想她近幾年應該會遇到結婚、買房這類開銷較大的事項，因此理財方案需要考慮資金流動性和報酬率的平衡，實際操作也很簡單。

一半的資金投資固定收益類的產品，包括銀行理財、國債等等，風險性較低，收益穩定；一半的資金進行基金定投，對於新手我建議選擇指數基金，入門的組合是滬深 300 指數＋中證 500 指數，涵蓋大盤股和小盤股。指數基金的好處是手續費低，受人為因素影響小，適合上班族，省心省力，無須選股，無須擇時。

最後，我想對她說的是，10 萬元真的不多，對於工作時間不長的你來說，未來透過努力工作、提升能力、增長薪資，會有更多的 10 萬元等著你。

但是想要藉由投資理財，讓現有的本金大幅度增長卻是比較困難的事情。即使取得不錯的報酬率，未來幾十年，這 10 萬元增長到幾百萬元，但是在通貨膨脹的作用之下，那幾百萬元的購買力也就相當於現在幾十萬元。

和你不斷增長的能力、廣闊的職業前景相比，這些錢的作用是有

限的。所以,對工作經歷不長的年輕人來說,最重要的任務不是怎麼使用不多的現有資金,而是投資自己,在職業上謀求更大的發展。

給高負債率小家庭的理財建議

本節中的案例我在前面已做過簡單介紹,下面我將進行更為深入和全面的分析。

前兩天收到一封讀者來信,信中他寫道,自己的小家庭已經有了三套房、兩輛車,財務狀況卻很糟糕,妻子經常因為錢和他吵個不停。

他很認同我的觀點:「不能好好談錢的感情,注定不能長久。」從信中,我能感覺到這是一位有責任心,也頗有危機意識的年輕人。經過溝通,他同意我把案例分享出來,希望能幫助到有類似情況的人。

我已過濾掉他的私人資訊,以下稱呼他為 W 先生。

W 先生的基本情況

居住地:廣東某三線城市

家庭成員:W 先生和 W 女士(他們去年結婚,目前在備孕中)

財務分析

W 先生小家庭資產負債表如表 10-1 所示:

固定資產情況

1. 擁有三套房子(一套自住,一套出租,一套學位房*明年交

---

*意指為了讓小孩能夠進入較好的學區而購買的房產。

表 10-1　W 先生小家庭資產負債表

資產（元）		負債（元）	
現金及活期存款	2 萬	房車貸款	約 170 萬
投資資金	10.8 萬	親友欠債	0
房子 1（自住）	70 萬	銀行欠債	21.5 萬
房子 2（出租）	25 萬		
房子 3（學位房）	150 萬		
車子 1	4 萬		
車子 2	8 萬		
資產合計	269.8 萬	負債合計	191.5 萬
資產負債率：71%			

屋），都須支付貸款。

　　自住的房子貸款總價 70 萬元，頭期款 30%，商業＋公積金貸款，30 年還清，選擇了每月公積金定額繳款，扣除公積金後每月還要掏出 600 元還房貸。

　　出租的小公寓總價 25 萬元，頭期款 20%，商業＋公積金貸款，10 年還清，選擇了每月公積金定額繳款，扣除公積金、租金收益後，不用再另外掏錢。

　　學位房總價 150 萬元，頭期款 30%，純商業貸款，由於限購的原因用了岳父的名字購買，因年齡問題只能選擇 15 年期限，造成每月高達 7000 元的繳款額。

　　2. 汽車兩輛，現市值分別為 4 萬元、8 萬元。

投資情況

1. 每月定投 300 元到一支債券基金，累計本金和收益有 8000 元。

2. 某支股票深套當中，當前市值 7.3 萬元，虧損 2.5 萬元。

3. 某支股票未實現盈利 2400 元。

4. 虛擬貨幣「萊特幣」2 枚，目前市值 1000 元左右。

5. 京東金條 40 克，目前回收價格 10840 元左右。

6. 持有美元，目前兌換成人民幣約 1.5 萬元。

7. 現金存款 2 萬元，其中 1 萬元買入了貨幣基金。

收支情況

一、收入方面

1. W 夫妻收入較為固定，丈夫每月 8400 元，妻子每月 5200 元。另有兩人年終獎金合計 3 萬元左右。

2. 小公寓出租，每月租金收入 750 元。

表 10-2　W 先生小家庭年度收支表

年收入（元）		年支出（元）	
W 先生薪資收入	10.08 萬	**房車貸款**	10.8 萬
W 女士薪資收入	6.24 萬	**養車費用**	3 萬
年終獎金收入	3 萬	**生活支出**	2.16 萬
其他收入	0	**子女教育支出**	0
投資收入	0	**養老支出**	0
房租收入	0.9 萬	**利息支出**	約 1.4 萬
收入合計	20.22 萬	**支出合計**	17.36 萬
每年盈餘：0.3 萬			

二、支出方面

1. 每月房貸：9000 元（已除去公積金支付部分）。

2. 支付寶借唄：8.7 萬元，每月支付利息 522 元（用於炒股）。

3. W 先生銀行貸款：5 萬元，每月支付利息 258 元。

4. W 女士銀行貸款：7.8 萬元，每月支付利息 400 元。

5. 汽車兩輛，每月支出合計 2500 元。

6. 家庭固定支出每月 1000 元。

7. 娛樂、外出就餐、網購等其他消費每月 800 元。

理財分析

資產負債率過高

W 先生在來信的結尾提出了自己的疑問：「如何改變每月入不敷出、存不下錢的狀況？」

從 W 先生小家庭的年度收支表中我們可以看到，小夫妻在生活方面的開支其實很低，每月合計只有 1800 元。在年輕人當中是很節儉的類型了，值得嘉許。

同時，我們也發現，他們在房車上的開銷過大，尤其是房貸，每個月 9000 元的房貸，加上各種貸款的利息，總數超過 1 萬元，占據月收入的比重超過 70%。

在理財方面，一般建議每月還貸總額不要超過月收入的一半，總體的資產負債率不要超過 60%。

貸款炒股，極不可取

W 先生在投資中，存在貸款炒股的現象。雖然他的借唄利率是

萬 2（借 1 萬元每天利息 2 元），比一般人的萬 5、萬 4 都要低，但核算下來的年利率仍然達到 7.3%。

貸款理財最大的問題在於，你很難調控自己的心理狀態，而投資理財，往往需要和「趨利避害」的本能鬥爭。

股票跌的時候，你知道應該買入拉低成本，但如果你的錢是「借」來的，本身就帶著 8 萬多的成本，你是否還能冷靜地往看似「深淵」的市場中投進去真金白銀？

W 先生在和我溝通的時候，也說自己「礙於本金是貸款的心理，無法大膽停損」。

家庭資產配置不合理

W 先生在投資方面的管道多樣，顯示出了一定的理財意識。但是對於這個階段的小家庭來說，現金資產少，家庭負債多，黃金及美元資產並不實用，流動性差且無法產生現金流。

另外，在保險方面除了基礎的「五險一金」，W 夫妻並未配置商業保險，應對風險的能力較弱。

我的理財建議

多管道緩解家庭財務緊張狀況

第一，削減在養車方面的開銷。

在小城市工作和生活，真的需要兩輛車代步嗎？如果改成乘坐大眾交通工具，每個月省下至少 2000 元的支出，小家庭等於每個月增加 2000 元的現金流入，對於緩解經濟壓力很有幫助。

第二，透過理財增加現金流。

小家庭目前有將近 13 萬元的現金資產，藉由合理理財，比如購買創新型的存款產品，可使家庭資產既有流動性，又有一定的收益，可以為小家庭增加寶貴的現金流，緩解當下現金流緊張的窘迫狀況。待經濟狀況好轉，可以再對投資基金進行配置，買入一定比例的權益類產品，進行長期投資。

第三，嘗試開源，增加現金流。

夫妻雙方工作較為穩定，本職工作方面收入難以提高，應利用業餘時間較為充沛的優勢，努力開源。比如利用家中的汽車，業餘做滴滴司機，或者從本職工作出發，拓展開源途徑。

夫妻就財務問題進行深入溝通

W 先生曾投資過一個架設網站的專案，投入 5 萬元，造成本金虧損，妻子對此頗有微詞。W 先生甚至一度擔憂雙方會因此走不下去。

想要維繫婚姻，除了要有甜蜜的愛情，更多的是要有互相的負責和包容。

在處理家庭財務問題時，任何一項投資，都應該是在雙方知情的情況下共同做出的決定。一旦決定，這個結果無論是賺是虧，也需要兩個人共同承擔。

其實，對於 W 先生的小家庭來說，在孩子出生之前，擁有了三間住房、兩輛汽車，兩個人工作穩定，生活支出不多，已經比很多同齡人優秀了。家庭的財務困境只是暫時的，學位房明年交屋，出租出去，或者自住而將現有房屋出租，都會讓財務緊張的狀況得到很大緩解。

W 先生要做的，是和妻子坐下來，直面家庭財務問題，共同商

討應對之策，進而達成共識。無論貧賤還是富貴，快樂還是悲傷，終究還是要兩個人相守相望。

合理配置家庭資產

第一，儲備應急資金。

儲備金額為家庭月支出一到三倍的應急資金，放置到流動性好、可隨時取用的貨幣基金中。因為 W 先生有金額 30 萬元左右的低利率消費貸款，可以作為家庭現金流的備用池，且夫妻雙方工作較為穩定，因此應急資金儲備金額可以較少。

一般家庭應儲備金額為每月家庭基本支出（包括房貸）三到六倍的應急資金。

第二，股票建議賣掉。

對大多數普通人來說，在股票市場搏擊，跟在賭場賭錢差不多。對於現階段的 W 先生的小家庭來說，財務狀況異常緊張，又面臨孩子出生帶來的大把開銷，把大額資金放在股市並不合適，你不知道什麼時候才能「利空出盡，迎來利好」。

第三，預留寶寶資金。

以我個人的經驗及觀察，三線城市生寶寶應該預留至少 1 萬元的費用，在公立醫院生產預算 5000 元，請月嫂 5000 至 1 萬元不等。孩子出生，是小家庭的重大事件，手中有糧，心中不慌，做好資金方面的準備，也會讓妻子更踏實，備孕更順利。

幾點小提醒

1. 持續學習實踐投資理財

W 先生雖有多種投資經驗，但還須加強與理財相關的學習，釐

清一些基本概念，這對家庭財務的未來發展很有幫助。

比如，貨幣基金都是免除申購贖回費用的，債券基金並不適合定投，「小白」可以考慮從指數基金入手。

2. 提高風險應對能力

馬上就要有小寶寶了，小家庭更需要提高風險應對能力，如果現階段資金不充裕，可以先從較為便宜的消費型保險開始配置，保額等資金充裕了再適當補充。

保障順序是大人→孩子→老人，險種順序是意外險→定期壽險→重疾險→醫療險。

3. 對未來充滿信心

我相信，一個虧損過的人比「小白」更容易走得遠，就像一個失過戀的人會更懂愛情，也更會珍惜眼前的人。

W 先生應對自己有信心，對小家庭有信心，以現有的財富為基礎，只要用心應對，很快會度過艱難時日，迎來更好、更富足的新階段。

附錄

你的理財知識庫

信用卡

關於信用卡的那些誤區

曾經的我談卡色變

我使用信用卡的時間不長,因為以前對信用卡一直有種「畏懼」心理。

和很多不了解信用卡的人一樣,曾經我認為信用卡是銀行推出來「榨乾」百姓血汗錢的工具,和負債、過度消費、很高的循環利率緊密相關。

記得剛工作的時候,有同事的朋友來部門裡推銷某銀行的信用卡,說是辦卡就有禮品贈送,不開卡也可以。

為了幫助朋友完成任務,再三確認不開卡不會收取任何費用之後,我勉勉強強地辦理了一張信用卡,那是我人生中第一張信用卡,拿回家我就把它塞到了櫃子中,從此塵封。

轉變的契機

直到有一天,同事和我一起外出為部門採購辦公用品,結帳的時候他詢問能否使用信用卡,然後樂呵呵地先墊了

錢，喃喃自語道：「正好帳單結帳日剛過，利用免息期賺點小利息。」

咦？免息期，賺利息？

好奇心驅使我開始了解信用卡，隨著更深入的了解，我發現信用卡並非如此險惡。

信用卡業務確實是銀行重要的獲利來源，但信用卡本身無罪，還是一種很好的理財工具。

回家後我翻箱倒櫃找出了那張塵封的信用卡，跑去銀行開卡，結果卻被告知，過了兩年期限，已經不能開卡了。*

於是我另外辦理了一張信用卡，此後又陸續辦理了其他銀行的六張信用卡，開始了愉快的信用卡使用之旅。

慢慢地，我發現了信用卡的諸多好處。

1. 信用卡可套利

對於平時大額的支出，如果使用信用卡，可以利用銀行設定的免息期進行套利。

在外出旅行、房屋裝修這種需要大額現金支出的時刻，使用信用卡延遲支付功能的益處實在很多，既可以緩解現金流的緊張狀況，又可以利用免息期，使手中的現金產生利息。

比如我家買房時的幾萬元稅費就是刷卡支付的，3 萬元，50 多天的免息期，用來先買某些理財型產品也有幾百元的利息收入。

另外，考慮金錢的時間價值，讓銀行替我們的消費先行墊款，而把流動資金握在自己手中，本身也是一件很划算的事情。

2. 實現資金的時間價值

＊臺灣的信用卡開卡是沒有時間限制，銀行通常會在發卡後敦促你盡快開卡。

當前所持有的貨幣比未來獲得的等量貨幣具有更高的價值。

通俗來講，考慮市場利率和通膨因素，今天的 1 元會比明天的 1 元值錢！

3. 可作為懶人記帳利器

我平時每筆消費過後，都會掏出手機記錄一下。但對我先生這種「懶人＋忙人」來說，記帳就成了一件麻煩事。使用信用卡消費，可以幫助他輕鬆記帳。

透過刷卡，每一筆支出都有紀錄，每週或每月的刷卡紀錄就是一個清晰的帳目表。用相應的 App 直接導入記帳軟體，雖然不會太完美，但只要稍加調整，就可以掌握消費情況。

4. 「薅羊毛」＊樂趣無窮

銀行與商家合作的各種優惠活動和積分兌換是「羊毛黨」們發揮想像力的好地方。

比如，2016 年我才剛開始「薅羊毛」旅途，已經成功賺了銀行 1700 多元，包括餐飲優惠、洗車優惠、購物優惠等等。

平時關注相關的銀行信用卡消費情報、信用卡論壇，關注活動訊息，對適合自己的活動稍加留意，做一點功課，就可以很容易地獲得各種活動的參與資訊。

對於精明幹練的持家一族來說，這是真金白銀的實惠。

說到底，信用卡只是一種工具，好不好全看主人如何使用。「卡奴」和「卡神」之間，相差的是自制力和知識掌握程度。

＊意指專門蒐集推廣並參與金融機構及各類商家的優惠活動，多為 80、90 後的新興都市族。

為何你一定要擁有信用卡

從抵制信用卡，到愛上信用卡，從辦卡不開卡，到合理用卡，我和信用卡之間的距離在逐漸縮短，而信用卡也在慢慢升級我的財商。

投資自己是最大的財富之源。

讀書的時候，身邊就有朋友使用信用卡，我看得心裡癢癢的，卻沒資格辦理較高優惠等級的信用卡品種，因為自己還達不到辦卡的相應要求，既沒穩定的收入，也沒像樣的財務證明。

工作之後，因為工作性質的原因，辦卡變成了一件非常容易的事情，只有我選卡，沒有卡選我，因為我自己是各大銀行想要爭搶的優質客戶。

信用卡給我上的第一堂財商課就是：投資自己永不過時。打鐵還需自身硬，找一份穩定或者高薪的工作，在工作職位上認真積累，無論是經驗還是財富，都遵循複利效應，時間愈長，成果愈多。

理財不只包括投資賺錢，也包括消費。

剛剛辦理信用卡的時候，錢從信用卡刷走，讓人少有「肉痛」的感覺，到了繳款日卻大呼「救命」。

信用卡顯露出猙獰面目，彷彿成了吸血的魔鬼，要把人往「過度消費」的深淵裡推。這個時候我強制自己開始記帳，並且制定消費預算。慢慢地，我養成了合理的消費習慣，該買的買，買好的，不該買的再便宜都不買。

這是信用卡給我上的第二堂財商課：理財的概念比較豐富，既包括賺錢積累本金，也包括投資讓資金保值、升值，更包括培養合理的

消費理念、量入為出的消費習慣。

維護信用，珍惜自己的信用財富

什麼是個人信用報告

個人信用報告相當於我們的「經濟身分證」，是對個人信用歷史的客觀紀錄，廣泛應用於貸款審核、信用卡審核、任職資格審查等領域。紀錄良好，可快速獲得貸款和信用卡，享受較低利率；反之，紀錄不好，在申請貸款和信用卡的時候會被拒絕，或者要接受更高的利率。

合理使用信用卡

朋友小 A 使用信用卡時逾期繳款，導致損失。有人會說，都是信用卡惹的禍，不用就好了。這種觀念很有問題，因為一個人如果既沒有貸款，也沒有信用卡，那銀行就無法判斷他的信用狀況，為其發放信用卡或者貸款就會被認為是風險很高的事情，這種人被稱為「白戶」（信用不良者）。正確的做法是使用信用卡，擺脫「白戶」身分，按時繳款，在個人信用報告上留有一條一條良好的借款繳款紀錄。

避免頻繁提出貸款和辦卡申請

用戶向銀行提出貸款和辦卡申請的時候，等同默許銀行查詢用戶的個人信用報告，而這種查看行為也會被記錄到個人信用報告當中。頻繁被查看，反映出該用戶急需用錢、急需借貸的情況較多，該用戶會被列為高風險族群，不利於形成良好的個人信用紀錄。

信用汙點不是一輩子的事

如果因為種種原因，出現了逾期繳款紀錄等「信用汙點」，也不要氣餒。「信用汙點」會在一段時間內影響個人的信用活動，但不是「一輩子的事」。你要做的是，用接下來良好的信用行為去書寫自己新的徵信紀錄。

總之，良好的個人信用是一筆寶貴的財富，我們要像珍惜名譽一樣珍惜它。

從「卡奴」到「卡神」，你需要這樣做

使用信用卡三年了，現在我的手中持有工行、農行、交行、浦發、中信、光大、華夏七家銀行發放的信用卡各一張，還有京東白條、支付寶等信用工具，從未發生過逾期未繳款的事。今天分享一點小經驗。

從用卡第一天開始，我就給自己制定了鐵的信用卡使用紀律：按時全額繳款。為了做到這一點，我給自己上了三重保險。

第一重：綁定各大銀行的公眾號，提醒自己繳款。

各大銀行的公眾號幾乎都推出了與帳單相關的業務，綁卡即可查詢帳單，到期會有繳款提醒。手機人人不離手，微信又是我最為常用的通信工具，因此公眾號的提醒非常有效。

第二重：設置常用 e-mail 信箱按時接收帳單。

我自己有幾個 e-mail 信箱，但是會把信用卡全部綁定到一個常用的信箱上，這樣帳單會按時寄送過來。我查收郵件的時候，就可以及時看到當月帳單，做到心中有數。

第三重：使用好用的信用卡集中管理工具。

我個人持有的信用卡較多，管理起來比較麻煩。在前兩重保險的基礎之上，我認為還需要有效的管理工具，能夠對信用卡進行集中管理。比如卡牛信用卡管家、51 信用卡管家等等，都很好用，可以把所有卡片進行綁定，自動更新帳單，也可以設置自動繳款，非常方便。

最後，還有兩點小提醒。

首先，盡量不要到繳款截止日才繳款。我一般會提前一至兩天進行繳款，以防趕上假日或者系統問題，導致入帳延遲，造成逾期。讓自己備足夠用且還會剩餘的錢，可以有效避免逾期。

其次，真的逾期了，馬上找客服。大多數的商業銀行會對繳款留有一定的寬限期，如果真的出現逾期或者未全額繳款，也不要手足無措，馬上和客服聯繫，儘早處理，很多逾期違約金都是可以避免的。

保險

賜我鐵布衫，儘早給自己配置高 CP 值的保險

疾病和意外面前，人人平等

前文提到過，面對無法預知的風險，我們只有兩種選擇：一種是用自己的錢去應對，比如存款、房子、車子、親友的錢、父母的養老金；另外一種是用保險作為槓桿進行應對，用很少的保費撬動大額的保額。

保險的設計初衷是抵禦人生的三大風險：意外、疾病和養老。其

中，意外和疾病是人生在世最難預知和管控的風險。

保險最大的意義也在於「用不多的保費，利用槓桿優勢將最大的風險進行轉移」。

我認為，一個成年人的保險標配是意外險＋重疾險，然後以定期壽險和醫療險作為補充。接下來我將逐一解說。

意外險

為什麼要買意外險？

我應該算是個悲觀的樂觀主義者，我喜歡憧憬明天，但我又認為，風險和成功，我不知道哪一個會先來。

人遭遇意外的各種新聞層出不窮，而且很多不幸根本無法透過主觀努力來預防。

意外險是槓桿比例最高的保險，無論大人、孩子還是老人，只要條件允許都應該備上一份。

怎麼挑選意外險？

意外險的選購原則其實很簡單，因為價格都不是很貴，選擇保額高一點的更好，也就是說槓桿撬動的保額愈大愈好。

消費型的保險具有價格可比性，只要在同類保險中選最便宜的即可。

重疾險

為什麼有了醫保，還要買重疾險？

首先，醫保能補助的額度和項目有限。

具體來說，只能補助醫保項目裡的藥，而且並非全額補助，一些進口藥和高級別的療法都是不能補助的。比如我父親做過的心臟支架

手術，那個昂貴的支架費用就是需要自付的。

中國的社會保障體系目前還不是非常健全，因此，在規定的保障之外，為自己多增加一道「安全閥」，我認為是必要的。

我媽媽說過一句話，讓我印象深刻：「到了醫院才知道，什麼叫花錢如流水。」誰願意得了重疾躺在病床上的時候，還要擔心住院費、診療費、營養費呢？如果你自己不擔心，那到時候就是家人在焦慮、在憂心。

其次，重疾險是一次性給付型保險。

意思是說一旦由醫院確診罹患重疾，買了多少保額，就理賠多少。你拿著這筆錢作為醫療費用也行，作為療養期間的營養費也行，作為個人或者家庭的生活費用也行。

簡單來說，重疾險的意義在於，讓一個人在遭受重大疾病打擊的時候，得到一筆金錢的補助，它可以最大限度地幫助我們度過人生的困難時期，盡量不影響全家的財務安全。

如何選擇重疾險？

關於重疾險的選擇，理財達人三公子給出了四項原則。

第一，看產品的投保門檻。簡單點說，就是在多大的保額下是免體檢的，保額愈高愈好。

第二，產品的保障範圍盡可能廣一些，盡可能涵蓋比較多的疾病，至少要能保障到 50 種以上的重疾。

第三，看產品是否有豁免功能。豁免功能又分好多種，比如說輕症豁免。

第四，理賠門檻要低，容易獲得理賠。申請理賠時就怕有各種限

制，CP 值高的產品，肯定是限制少的。

定期壽險

為什麼要買定期壽險？

定期壽險，顧名思義就是一定期限內的壽命保險，如在保障期限內死亡，保險公司會向你的保險受益人理賠相應的保額。

這個險種身上背著兩個特別溫暖的詞彙——愛和責任。

因為定期壽險不同於重疾險，重疾險的受益人是投保人自己，而定期壽險的錢是留給家人的，可能是父母、愛人或者孩子。意思是說假如有一天自己突然離世，無法陪伴在他們左右，還能在經濟上給他們一些補償，讓他們過得好一點。

我覺得有兩種人無須買定期壽險。一是「心無顧念」的人，如果覺得自己離開人世誰也不在意，自己也不在意任何人，那完全不用買定期壽險；二是家產特別豐厚的人，家裡的錢幾輩子都花不完，家人的財務狀況不會因為有人離世而受到影響的人，也沒必要特地去買定期壽險。

這裡只說定期壽險，終身壽險價格太高，適合富裕階層。一般的定期壽險保障到六七十歲就差不多了，那時候房貸、車貸已經還完，孩子也已長大成人了，即使我們離開，也沒有很大的影響。

另外，中國的社保體系是在不斷完善的，將來能夠為公民提供的保障會愈來愈完善，因此並不建議花太多的錢用於風險管理，還是應該保證現金流不出問題。

在選擇定期壽險時，要著重看以下兩個方面。

1. 看期限

定期的這個「期」，主要看兩個方面，第一，是你承擔的債務，包括房貸等的期限，比如你家的房貸需要 30 年還清，那你買的定期壽險最好就能涵蓋 30 年；第二，是你的定期壽險受益人需要多長時間才能離開你。比如你希望受益人是孩子，那起碼到他大學畢業，都離不開你的財務支持。

2. 看保額

看保額也是看上面說到的兩個維度，你承擔的債務有多少，你的受益人需要多少錢，兩個加在一起就是你需要投保的保額。還有個簡單的算法，那就是看你的年收入，基本上保額設定在你年收入的十倍左右比較適宜。

簡單地說，定期壽險額度要看你「值多少錢」，比如小 A 的年收入是 5 萬元，那他買一份保額 50 萬元的定期壽險比較合適。當然，保額也不是必須一錘定音，現在收入少，可以先這樣配置，以後有了新的需求，再進行調整也可以。

醫療險

醫療險配不配置，完全看自己的需求。個人認為，之所以在重疾險之外配置醫療險，是因為重疾險能保的疾病，基本上都得是聽上去就要「嚇掉半條命」的疾病，比如惡性腫瘤、重大器官移植等等。

那「不大不小」的疾病怎麼辦？住院了，花費了十幾萬元，醫保能補助一部分，但剩餘的幾萬元呢？醫療險這個時候就起到很好的補充作用了。另外，費用基本上一年也就幾百元，不多，算是不錯的槓桿了。

送你金鐘罩，從出生起給孩子配置相應保險

熟悉又陌生的教育金保險

我這有一款教育金保險特別好：

高中三年每年給孩子 4000 元教育金，一共 1 萬 2000 元；

大學四年每年給孩子 12000 元教育金，一共 4 萬 8000 元；

60 歲的時候可以領取 26 萬元養老金；如果等到 80 歲的時候再領可以領 39 萬元呢！

每年才繳 5000 元，還比不上您的油錢呢，繳 15 年，本金一共也就 75000 元，孩子的教育和養老都給規劃好了。我們家孩子就是買這個保險，xx 家也是，xxx 家也是……

總之，產品好啊！

如果你已經有了孩子，肯定或多或少都聽過以上的介紹吧，這就是我們熟悉的教育金保險。

但你真的了解這份保險嗎？它能提供哪些保障？它的儲蓄功能又能提供怎樣的投資報酬率呢？

這三個問題相信會問倒不少朋友，所以我又說，這是我們陌生的教育金保險。

保險值不值，算一算就知道

我具體諮詢了一下，這款「萬能型」保險有兩種返還方式：一種是高中、大學時提領教育金，一種是不提領，到退休時領取養老金。

查閱了存款利率之後，我做了以下計算：

目前，我居住地商業銀行五年期定期的利率是 4.35%，存款還有本息的返還，下面按 5% 計算。

情況一：不提領

60 歲時累計 40 多萬元。如果錢放到銀行呢，按 5% 的利率計算，15 年後，按照複利終值計算公式，是 113288 元。這筆錢，繼續放到銀行，到 60 歲時，也就是 35 年後，是 624898 元。保險公司賺了你 20 多萬元。

情況二：提領教育金

15 至 17 歲共提領 1.2 萬元，18 至 21 歲共提領 4.8 萬元，累計提領 6 萬元。15 年後，本金 113288 元減去提領的 6 萬元，剩餘 53288 元。本金 53288 元，按 5% 利率，35 年後是 293937 元，實際數目還需要加上 21 歲前未取出教育金續存的利息。保險公司給出的則是 259000 元，還是賺了 3 萬多元。

這裡還沒算上扣除的保險費用。我還是按照銀行的利率進行對比的，如果我們稍微懂一點理財、做一點資產配置，把投資的年化報酬率再提高一些呢？ 35 年的期限，神奇的複利會給出更為可觀的本息金額。

學財務的人都知道一個 IRR 計算公式，專門用來計算「內部報酬率」，我一位從事保險業的朋友計算過後，發現這個數字大概為 2%。

什麼概念呢？

你現在每年掏 5000 元，不要買這個保險，自己去理財、買國債，甚至是存銀行定期，只要報酬率超過 2%，你就戰勝了這份教育金保

險能夠提供給你的收益。

有讀者可能會說了，這是保險，有保障功能，還有豁免功能呢！

但這份保障根本無須花這麼多錢啊，買一份意外險就行啦，只要 100 多元，保額 50 萬元，比這個項目高多了。

所以我認為，送給孩子金鐘罩的正確方式應該是：

第一，大人配置好意外險、重疾險和定期壽險。

第二，給孩子辦社保，然後買一份消費型的意外險和重疾險。

第三，儲備專門的教育金，學點理財，跑贏通膨。

我給孩子的保險選擇

1. 社保

這幾天研究保險，我順口一問：「給孩子的社保續保沒？」孩子爸爸竟然回答我：「錯過了繳費期限。」

錯過了？

我當時真想打他一頓出氣！之所以如此生氣，是因為在我看來，兒童社保是非常重要的。

儘管很多人詬病兒童社保，認為補助的比例太低，起付線又很高，很多藥物還不在補助範圍之內，但這是國家給的福利，繳納的費用也低，一年 60 元，絕對比商業保險要划算。

至於補充，就要看商業保險了。

再次提醒大家，中國每年 9 月 1 日至 12 月 31 日是城鎮居民醫保的繳費期，一定不要忘記給孩子的醫保辦理續保！

2. 意外險

養過孩子的人都知道，小朋友會跑會動之後，簡直就是移動的

「不定時炸彈」，你根本不知道他下一秒鐘可能發生什麼意外狀況。

所以兒童保險首選是意外險。

選擇很多，同等保額選擇更便宜的那款即可，我在支付寶上給孩子買了一年期意外險，100 多元，保額 30 萬元。

3. 重疾險

重疾險的作用在之前的文章中已經說得很多了，此處不再贅言。

為人父母都有一種無畏的奉獻精神，如果孩子生病，大人會不惜一切代價為孩子提供最好的醫療條件。這個時候如果有重疾險的保障，對大人、對孩子都是極大的好事。

兒童重疾險的價格都不貴，我選了一款 100 多元就有 30 萬元保額的重疾險。這就是消費型保險的好處──不會給家庭帶來很大的經濟負擔。

4. 醫療險

之前說過，大病有重疾險保障，小病給孩子吃點藥 100 元左右就能解決，「不大不小」的病就需要醫療險來進行保障了。

我的一個朋友是新手媽媽，她很有保險意識，孩子一出生就給孩子買了保險。孩子半歲的時候和一歲的時候分別住過兩次院，都是因為尿道感染，一次花了 4000 多元，一次花了 2000 多元，因為她給孩子買了 400 多元的醫療險，最後都理賠了 80% 以上的醫療費用。

這些錢，家長自己承擔也是沒有問題的，但保險還有一個樸素的意義，那就是──讓生活多一份安心。

5. 壽險

壽險的意義在於給有價值的人提供壽命的保障，你為社會創造的

價值愈多，可買的保額愈高。孩子在保險的體系中價值很低。因此，保額也很低。

中國《保險法》規定，未成年人的壽險保額上限是，10 歲以下 20 萬元，10 至 18 歲 50 萬元，超過的部分多付保費也沒有用。*

所以我不打算給孩子配置壽險，因為壽險是以死亡為賠償條件的保險，如果孩子真的發生這種意外，這錢我拿著也不知道怎麼花，對我來說沒有意義。

以愛的名義，給年邁父母配置高 CP 值的保險

生活不是電視劇

大人和孩子的保險功課做完，到了幫父母保險這個話題，相對而言，這是個有些沉重的話題。

很多人在回答「你是什麼時候意識到錢的重要性」的問題時，回答都是「在家人生病的時候」。這多是從「血淋淋的生活」中汲取的經驗。養老、醫療等問題對於很多家庭來說都不輕鬆，相對於年輕人，老年人更需要保險對他們的生活提供切實的保障，他們擔心自己的晚年生活因經濟問題而困難重重，也不希望未來在經濟上給孩子們帶來巨人的負擔，讓兒女的美好生活化為泡影。

先辦社保，不容置喙

如果你的父母是農村戶口，先給老人把「新農合」這些基本的社保保好。如果能加入城鎮的養老體系，馬上辦，別拖著，「一次性買

---

*臺灣的情況是，立法院 2020 年三讀通過保險法第 107 條修正案，6/12 開始實施，未滿 15 歲兒童身故將開放限額給付喪葬費，理賠上限為 61.5 萬元，一旦保額超過 61.5 萬元須簽署聲明書才可投保。

斷養老保險」，繳納夠 15 年，就可以每個月領取退休金。*

愈早愈好，因為愈晚繳得愈多，而且退休金會隨著薪資上調進行調整，基本上只要老人能領夠十年，一次性繳納的費用就都拿回來了。

不要覺得每個月幾百元或者一千多元的退休金少。「這點退休金」，對老人來說意義重大。

第一，這是老人的「保障」，老人辛苦了一輩子，每個月有固定的收入，是保障晚年體面生活的基礎。

第二，這是老人的「面子」，每個月自己領取退休金和從兒女手中要錢，這感受絕對是天差地別。

第三，這是老人的指望，人活一口氣，很多老人為了養老金領夠本，也會好好愛惜自己的身體，爭取多活幾年。

適當補充醫療保險

說句很現實的話，現在給老人買保險，在很大程度上，是為了給年輕人減輕負擔。到了六七十歲，見面聊天最多的話題是「×× 得病了」、「×× 去世了」，這個年紀的老人，身體多多少少會出些問題。

父輩那一代人，理財和保險意識較薄弱，大都只有基本的社保和醫保。可以說，除了家產很豐厚的家庭，大部分普通家庭的老人，養老和治病都是需要子女來概括承受的。一旦老人生了大病，在經

＊臺灣的情況是，根據行政院的最新資料，除軍、公教及勞保等社會保險之老年給付及退休金等為第一層老年經濟安全保障外，會針對未接受公費安置之中低收入老人，依其家庭經濟狀況，每月發給 7,759 元或 3,879 元「中低收入老人生活津貼」，並已於 97 年 10 月 1 日開辦國民年金保險，對於國民老年之基本經濟安全更多一層保障。

濟實力一般的家庭中,在選擇治療方案時更多的考量會是「經濟上能否承受」。

這個年紀了再買保險,要不是保費超級貴,就是保險公司根本就不承保。所以,年輕的時候就要給自己配置必要的保險,愈晚保愈貴,保險公司又不傻。老人雖然可能已經錯過了投保的最佳時機,但是只要符合投保條件,配置一定項目的保險還是很明智的選擇。

可以投保哪些險種呢?

1. 壽險

前面已經說過了,壽險是對「生命價值」進行的投保。父母到了這個年紀,上面基本上已經沒有老人要贍養了,孩子也已經長大成人,成家立業,無須他們供養,因此老年人購買壽險的意義不大。

2. 意外險

老人上了年紀,身體不方便,發生意外的風險很高,一旦發生意外,痊癒也需要更多的時間。比如我父親都 60 多歲了,還經常騎摩托車出門,有一次腳趾頭被摩托車砸傷,養了好幾個月。因此為老人購買意外險是有必要的。

推薦支付寶等線上保險管道銷售的意外險,價格很低,一兩百元就能獲取幾十萬元的保額,非常划算。

3. 重疾險

如果父母還沒到 50 歲,就應該抓緊時間買重疾險。過了 55 歲,可以說重疾險的車他們是錯過了。因為保險公司是最精明的,55 歲以上的人群患重大疾病的概率非常高,誰也不想做賠本買賣。

所以我個人認為,給 60 歲以上的老人購買重疾險的必要性比較

小。你要問，父母生病了怎麼辦？該怎麼辦就怎麼辦！

醫保補助一部分，剩下的自行支付。父母有一定的積蓄還好，沒有的話，子女就要盡己所能提供相應的醫療條件，這是我們為人子女的責任和義務。

所以，更要努力奮鬥，賺錢理財，手中有錢，心裡不慌。

4. 醫療險

醫療險雖然是年輕人保險險種的進階版，但對於老人，我覺得還是有必要購買的，可貼補住院費用。醫療險槓桿比例都比較低，但沒辦法，給老人買保險就是比較困難。

子欲養而親不待

在這些保險之外，我更想說，趁父母健在的時候，多陪他們，多愛他們，是更切實的「孝順之道」。

不是有句老話嗎，樹欲靜而風不止，子欲養而親不待。

我們的父輩這一代人，真的很不容易。年輕的時候吃了太多苦，上了年紀又都太過節儉，好像是天生的「付出型人格」。

給他們買東西，永遠要被罵：「花這麼多錢幹什麼！」有什麼最好的、最貴的，都要留給孩子，從年輕到年老，一直如此。

所以我的觀念是，給孩子買東西要講究 CP 值，給父母買東西，一定挑著好的買。孩子未來還有太長歲月，父母能享受的時間卻不多了。

去年，我給我父親買了臺手機，他嘴上嘮叨著我「亂花錢」，出門遇見親友，卻恨不能全世界的人都知道手機是女兒買給他的。

理財的最終目的，是讓我們的家人過上幸福的生活，讓我們的人

生減少遺憾，但要做到這一點，僅靠理財是不夠的。希望我們在為家人安排好財務上保障的同時，給家人更多陪伴和關懷。

保險配置完成後的幾點提醒

「買定投餘」未必適合你

「買定投餘」是保險行業的一個概念，意思是購買定期的消費型理財產品，剩下的錢去做投資理財。

這個概念，我個人認可並在實踐著，原因有兩個。

第一，CP 值較高。定期的消費型保險通常都很便宜，百十來元就有幾十萬元保額，槓桿比率很高，是保險「保障功能」的集中體現。

第二，適合上班族。我自己是上班族，每個月收入相對固定，我又有記帳和理財的習慣，每個月都會對薪資盈餘進行儲蓄和投資。所以，我堅信與保險公司幫我理財相比，我自己理財最終的收益更高。

然而，有兩種人並不適用這一概念。

第一種，收入不固定的人。比如都更得了一大筆錢的，這筆錢當時不買保險，之後很可能就花光了。這種人最好買儲蓄型的保險，一次性繳清更好，強制儲蓄，既有保障，還有一定的理財收益。

第二種，無法自律的人。「買定投餘」本身就要求很強的「自律意識」，能夠將買完消費型保險的錢，留下來存起來，然後合理理財。有的時候，我們真的不能高估自己。

所以，對號入座，選擇適合自己的保險類型。

保險不是萬能的

都說「買保險容易理賠難」，完全依賴商業保險其實是不夠有保

障的。

在購買保險之外，你還得存錢保護自己，儲備相應的養老金和醫療費。一是為了防範無法理賠或者理賠額度不夠的情況發生，二是為二三十年後保險到期做準備。

個人覺得對於大多數理財「小白」來說，可以選擇基金定投的方式。基金定投講究的是長期持有，既可以幫你強制儲蓄，長期來看又有不錯的報酬率。

假設每個月存 500 元，基金定投的年報酬率約為 10%，30 年後你的本金是 19 萬元，本息合計達到 114 萬元。

如果每個月存 1000 元呢，30 年後，你的本息合計是 38 萬元，跟重疾險的保額相當。

為自己的保險負責

保險從業的門檻很低，保險銷售員的素質和專業水準也參差不齊。

我的朋友圈裡，除了賣東西的人多，轉行拉保險的人也挺多，其中又以育兒媽媽居多，原因可能是保險銷售員工作時間較為寬鬆，也沒有太高的入行門檻。

我的提醒就是，千萬不要因為熟人推薦，就盲目買入不了解和不適合的保險，後期退保會很麻煩，還要承擔不小的經濟損失。

你起碼要對自己購買的保險有一定了解，知道它保障哪些項目、保額是多少、有哪些豁免條款等等。保險銷售員即使是熟人，也無法為你後期的理賠負責。

自己的情況自己最了解，自己的需求自己最明確，還是那句話，你的錢要自己負責，保險也是。

定期對保險配置進行檢視

保險配置並非一蹴可幾的事情，也需要適當地進行調整。

第一，根據人生階段調整。

比如，小 A 目前單身，買了一份 50 萬元保額的定期壽險，受益人寫的是爸爸媽媽，為的是「我已長大成人，對爸爸媽媽有著深切的愛和責任」。

過了幾年，小 A 結了婚，買了房子，背了房貸，有了小孩，身上的責任和擔子重了，她又買了一份保額為 50 萬元的壽險，受益人是孩子，為的是「如果有一天我離開人世，還有我的錢伴你長大」。

第二，根據經濟條件調整。

比如，小 B 剛開始工作，手中的資金不寬裕，可以先買小額保險，保額為 10 萬至 20 萬元，以後有條件了再另行添加。

定期的消費型保險基本上都是可以疊加的。

薪資水準會上漲，年輕人也未來可期，誰知道十年後你的收入水準會達到什麼程度？到時候你更「值錢」了，保額也應該相應提升。

基金定投

🖊 錯誤的基金投資方式——小 A 的故事

2015 年的股市是大牛市，全民熱議股票基金，小 A 聽朋友說買基金賺了不少，心癢癢的，在根本不知道基金為何物的時候盲目跟風，買入了兩支股票型基金，其中一支還是新基金。

很快其中一支基金盈利達到 30%，小 A 十分激動，覺得自己發現了新大陸，認為基金真是好東西，跟提款機一樣好，如果當初多買點，現在就要達到人生巔峰了。

於是小 A 追加了大筆資金。

結果你可能猜到了，很快股災到來，幾次熔斷，先前的盈利全部回吐，甚至虧損一度達到 40%。

基金跌了，小 A 心慌啊，每天忍不住看盤，幾乎沒心思工作了。一開始不知所措，裝死不動，後來眼瞅著帳戶上的錢愈來愈少，心臟承受不住，只得停損出局，發誓再也不碰這「坑人」的基金了。

小 A 在基金投資上犯了基金「小白」幾個十分常見的錯誤。

· 盲目跟風
· 追漲殺跌
· 裝死不動
· 停損不停利

 五年 100 萬元——你需要基金定投

這裡說的 100 萬元，不是指房產等固定資產，而是指現金流，也就是說，在你需要用錢的時候，可以調動支配的現金資產。

對於大城市的高薪人士來說，100 萬元可能一兩年就賺到了。如果就職得早，手中持有公司股票，身家百萬很容易。

在我眼中，100 萬元比 10 萬元和 1000 萬元對上班族更有吸引力，

10 萬元太容易，缺乏吸引力，1000 萬元實在太難，感覺努力了也達不到，100 萬元則恰好是個努力一點就有可能實現的目標。

這裡提一個小問題，你認為，每個月多投入 2500 元和把年化報酬率提高到 15%，對你來說，哪個更難？

認為第一個更難的，請努力提升自己，增加薪資收入，如果本職工作的收入提升空間有限，可以考慮透過副業開源，增加現金流流入。

認為第二個更難的，請認真學習基金定投，因為基金定投就是這樣一種幫你提升報酬率的穩健投資方式。

根據數據測算，長期定投指數基金可以獲取 13% 的年化報酬率，如果做好基金配置，採用一定投資策略，15% 的年化報酬率是可以達到的。

柏寶・薛佛在理財經典書《35 歲開始，不再為錢工作》中寫道：「通往幸福的路有兩條，減少欲望或增加財富，如果你聰明過人，就會雙管齊下。」

對我們來說，想快速賺到人生第一個100 萬元，一要努力存本金，二要提高報酬率，雙管齊下效果最好。

基金定投的含義和優勢

基金定投，指在固定的時間以固定或者不固定金額投資指定的基金，是類似於銀行零存整附的一種投資方式，是懶人投資利器。

舉個簡單的例子。

小 A 很喜歡吃海鮮，螃蟹剛剛上市時 50 元一斤，他買了兩斤回來，一共花了 100 元。過了一段時間，海鮮大量供應，價格大幅下降

到 25 元一斤了，小 A 這次花 100 元買回來四斤。

小 A 做的一件事就是，愈跌愈買，從而降低持有成本。

當然，小 A 買的是螃蟹，回來煮煮就吃掉了，慰勞的是肚子。回到基金市場上來，我們買入的就是資產了。

比如我今天以每單位 2 元的價格買了這支基金 500 單位，投資金額是 1000 元。很不幸，第二天股市突然暴跌，這支基金的淨值跌到了 1 元，帳面上我一下子就損失了 500 元。

心痛嗎？不，我選擇再投資 1000 元。以每單位 1 元的價格買入，同樣的 1000 元，這次我可以買到 1000 單位，這就是「逢低買入」，以更低的成本買到基金份額。

現在我投入 2000 元，持有 1500 單位，我這支基金的持有成本就是 2000÷1500 = 1.33（元），第三天這支基金只要從 1 元漲回到 1.33 元，我就解套了，等它漲回到 2 元時，我就賺翻了。

你看，我如果不採取定投策略，在每單位 2 元的時候就把所有錢投進去，那我就得等到基金重新漲回每單位 2 元的時候才能解套了。天知道那得等到什麼時候。

基金定投的優勢就在於，透過分批次小額買入基金，均攤購入成本，平攤投資風險。

基金定投適合的人群

上班族

每月收入固定，薪水到手，華麗地轉化為基金份額，在熊市時積累籌碼，到牛市時賣出賺取利潤。基金定投正適合這類手中資金不

多，希望透過長期投資獲取較高收益的理財人群。

「月光」族

基金定投有很好的強制儲蓄作用，利用基金定投，每個月強制存下收入的一部分，遵循了理財公式所說的「開支＝收入－儲蓄」的理念，無形中存下了一筆錢。

窮忙族

平時工作非常忙碌，沒有時間去研究股票市場，沒有時間去琢磨投資策略，這時候基金定投就顯示出「傻瓜」投資的好處了。

哪些基金適合定投

按照交易場所劃分，基金分為開放型基金和封閉型基金。

封閉型基金需要在券商開戶，在證券交易軟體當中進行購買，比如 ETF 和 LOF 基金，個人並不建議新手購買這種基金。

因為面對股票帳戶內的漲漲跌跌，我們很難做到心如止水，而且封閉型基金沒有自動定投的設置，必須手動購買，不利於定投紀律的遵守。*

下面介紹的七種基金，是一般投資者比較常見的類型。

貨幣基金

風險低、收益一般、流動性好，以餘額寶為代表，適合放置備用金或者基金定投用的資金，適合無法承受風險的投資者。

債券基金

風險和收益都略高於貨幣基金，適合風險承受能力居中的投資

＊臺灣已經有部分券商開放定期定額買賣 ETF。

者。其中還有一種特殊的可轉債基金,較為複雜,隨後會單獨說明。

平衡式基金

　　風險和收益都高於債券基金,種類繁多,有的偏重股票,有的偏重債券,比較靈活,適合風險偏好較高的投資者。

股票型基金

　　顧名思義,指投資於股票市場的基金,風險和收益略高於平衡式基金,白話一點來說就是漲得多,跌得也多,全看基金重倉股票＊的走勢,適合風險偏好較高的投資者。

指數型基金

　　追蹤特定指數的基金,以該指數的成分股為投資對象,比如滬深300 指數、標普 500 指數等等,可以場外購買,也可以場內購買。＊

特定行業基金

　　包括醫療主題基金、軍工主題基金、消費主題基金等等,是以某個特定行業的股票作為投資目標的基金,風險較高。

QDII 基金＊

　　投資海外市場的基金,具體還有細分,類似國內的基金分類,包括 QDII 債基、QDII 股基等等,風險較高,適合分散資產、進行資產配置。

　　此外,還有分級基金、對沖基金、量化基金、封閉型基金和定開基金等等,較為複雜,也不適合基金「小白」,此處略去。

＊重倉是指某基金買入某種股票,投入的資金占總資金的比例最大,這種股票就是這隻基金的重倉股。
＊臺灣是直接跟投信公司買,或透過金融通路進行買賣。
＊合格境內機構投資者(Qualified Domestic Institutional Investor),指經該國許可,能讓境內金融機構投資境外證券市場的基金。

找到適合你的「肥雞」

指數型基金

選擇指數型基金時，可以關注一下指數型基金投資領域的關鍵意見領袖銀行螺絲釘的自媒體平台，選擇低估值的指數基金進行定投。

基本策略為：低估值時買入，正常估值時持有，高估值時賣出。

主動型基金

選擇主動型基金的招數，我總結為「三板斧」。這些招數輪番上陣，基本就能幫助你辨別出基金中的「肥雞」了。

1. 看晨星評級。三星以下的不考慮，連續三年四星、五星的可以考慮列入基金池。

2. 看基金過往業績。看基金近三至五年的業績走勢，選擇四分位排名靠前、每年收益在 15% 以上的基金。

3. 看基金經理的水準。指數型基金的選擇不在此列，主動式基金非常考驗基金經理的水準，選個有經驗的基金經理更可靠些。

基金定投開始的最佳時機——現在

基金定投的一大優勢在於——不必擇時。

我曾經利用定投計算器測算過不同時間點開始定投的實際報酬率，證明在相對安全的區間內，隨時都是開始的最佳時機！

也就是說，在一個相對安全的區間內，你不必在意大盤是 3100 點、3200 點，還是 3300 點、3400 點。

具體來說——跟著大盤走。

大盤在 3500 點以下，別猶豫，開始定投；

大盤跌到 3000 點，增加定投金額，拉低持有成本；

大盤漲到 3500 點以上，減少定投金額，持續積累份額；

大盤漲到 4000 點，逐步停止定投，分批停利。

收益更高的定投策略

定時定額定投法

在固定的時間定投固定金額的資金，叫作定時定額定投法，這是最為基本的定投操作。

定時不定額定投法

目前，很多基金購買平台都推出了智慧定投，也就是固定的時間進行定投，但是根據一定的標準，「高了少買，低了多買」，實現「同樣資金積累更多基金份額」的目的，這種方式就叫作定時不定額定投法。

舉例說明，下圖中是我的基金池中的一支基金，採用的是「定時不定額」的智慧定投方法。

可以看到扣款金額不等，實施的參考均線是「指數 500 日均線」，

圖 11-1　採用定時不定額定投法購買基金

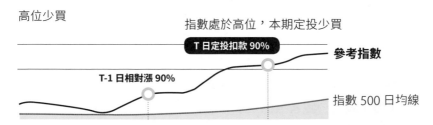

實際定投金額＝基礎定投金額 × 當期扣款率，當期扣款率由前一日收盤價和指數 500 日均線的比值決定。

　　其中參考均線是指對應指數過去一段時間收盤價的平均值，180日均線是指過去 180 天收盤價的平均值，500 日均線是指過去 500 天收盤價的平均值，時間愈長愈能反映指數的基本規律。

　　這不是說時間愈長一定愈好，事實上差異並不大，設置定投的時候，選擇系統默認的即可，會自動匹配過往收益最右的均線。

不定時不定額定投法

　　主要是指在固定的定投計畫之外，遇到暴跌或者基金達到投資者自己設定的加碼價格，進行回補的操作行為。

　　人的本能是趨利避害的，見到虧損就想趕快逃跑，在定投的領域，這絕不是什麼好方法。

　　巴菲特老早就教導我們：「在別人恐懼的時候貪婪，在別人貪婪的時候恐懼。」

　　很多時候，投資是一件「反人性」的事情。

停利的幾種方法

　　我們知道，定投的收益想要最大化，需要做到三點：便宜的時候多買，貴的時候少買，在高點果斷停利。

　　那這個停利的時機，如何判斷呢？

目標收益法

　　即為自己購買的基金設定一定的收益目標，達到就賣掉部分收益，然後將收益分成若干份，繼續定投。

比如，目標收益設定為 20%，那帳戶中的報酬率達到這一數字，就要嚴格執行贖回紀律，避免在下跌時錯過獲利的機會。

大盤點位法

不考慮基金本身的情況和收益，全跟著大盤走。大盤在 3000 點左右，放心地買；大盤在 2000 點以下，加倍地買；大盤達到 4000 點以上，減少定投金額並逐步賣出。

情緒判斷法

市場蕭條的時候就安心地買，在基金市場持續買入籌碼，積累份額，也不看大盤，也不看收益，放任自己的基金帳戶，直到你身邊的人都開始談論股票、證券開戶數屢創新高、全民炒股集體瘋狂的時刻，你就打開帳戶果斷賣出，然後該幹什麼幹什麼去。

股債平衡法

每半年將自己的基金持股進行平衡，也就是將債券型基金和股票型基金按照 50：50 的比例重新平衡。也就是說，將基金中股基和債基按照 50：50 的比例進行配置，半年後如果股基漲得快，債基漲得慢，比例變成了 60：40，那就賣掉部分股基，買入債基。表面上看，你是賣掉一個上漲快的優良資產，買入下跌或收益不佳的不良資產，實際上，這是高拋低吸的過程，透過紀律性投資實現賣高買低的調整過程。

均線偏離法

也就是根據均線調整定投的金額，進而決定賣出的時機。均線是指對應指數過去一段時間收盤價的平均值曲線，包括 180 日均線、250 日均線、500 日均線等等。選取與基金風格契合的參考指數，比如滬深 300 指數代表大盤、中證 500 代表中盤、創業板指數代表小盤。

選擇長期均線作為參考，指數高於均線，少買；指數低於均線，多買；指數高於均線 40%，考慮停利。

相對估值法

巴菲特的老師葛拉漢（Benjamin Graham）曾提出過盈餘殖利率法，他用這個方法來衡量股票的價值。雪球股達人銀行螺絲釘據此建議普通人按照估值高低買賣基金，尤其是指數基金。含義是在基金處於低估值狀態時買入，正常估值時減少定投直至停止定投，處於高估值狀態時考慮賣出停利。

關於停利的小提醒：

1. 不要奢求精準逃頂，考慮分批停利。

首先，我們要明白，定投並不能使我們暴富，那種動輒一兩年翻倍的情況少之又少，你得非常幸運地踩準市場的節奏，但你要知道，幸運這件事從來不公平。因此，在停利這件事上，我們不能抱有不切實際的幻想，分批停利是比較可靠的方法。

2. 停利的最佳階段是定投的中後期。

定投的初期，投入金額少，而且大部分一般投資者選擇定投的初衷是強制儲蓄，定投的早期停利拿回的資金金額不大，去處又是個問題，一不小心就變成了消費金額。定投的中後期，也就是積累了一定的資金量和基金份額之後，就要考慮停利了，上文的模擬也可以看出來，資金金額較大的時候盈利多少相差很多。

定投組合更賺錢

選一支基金定投也可以，但我個人不建議。這是典型的「把雞蛋

放到一個籃子裡」的做法，除非你有「上帝之手」，在龐雜的基金市場中剛剛好挑到那支業績好、長期收益好的基金。

因此，選擇適合自己的定投組合，分散投資風險，是更好、更賺錢的定投之道。

按照現代投資組合理論（Modern Portfolio Theory，簡稱 MPT），當組合中的資產類別相關性不大時，收益的平均值較高，也就是單位風險的水準上收益較高，或單位收益的水準上風險較小。

分散投資的理想狀態是投資在互不相關的投資品種上，比如股市、房產、黃金甚至是古玩等等。對一般投資者來說，這種分散投資並不容易實現。

房產雖然受中國人認可，但多為自住，投資性房產的門檻相對較高，需要較多的資金投入。而其他投資品種如黃金、古玩等等，則需要相對專業完備的相關知識，否則很容易賺不到錢，甚至還會賠錢。

對一般投資者來說，在證券市場上用資產組合進行分散投資，是相對容易實現的資產配置方法。方法就是尋找互不相關或者相關性很小的證券品種。比如，股票和債券相對獨立，大盤股和小盤股相關性較小，價值型基金和成長型基金的相關性也不大。

在股票和債券的比例之外，選擇其他主動型基金進行分散投資的

圖 11-1　晨星九宮格

價值型　平衡型　成長型

時候，可以參考「晨星九宮格」（如圖 11-1 所示），也就是在基金組合中盡量涵蓋「晨星九宮格」的全部。

橫向是三種投資策略：價值型、平衡型和成長型，縱向是投資股票的種類：大盤股、中盤股和小盤股。

有收益高波動大的基金，有收益低波動小的基金，兩者綜合，取中等收益和中等波動的基金。這種方式又稱晨星風格箱，旨在幫助投資人分析投資基金的風格，並被機構投資者和個人投資者廣泛認同。

如何便宜地買基金

盡量降低申購費用

投資基金時，交易成本，也就是申購費用，是很多人忽視的問題。

申購時付出的費用愈少，意味著我們持有投資標的物的成本愈低，理財投資是一場跑步比賽，你的成本更低，你就贏在了起跑線上。

我們來計算一下更明瞭。假設我要買 1 萬元的基金，根據中國證券監督管理委員會統一規定，基金申購費計算採用外扣法，計算公式為：

申購費用＝（申購金額 × 申購費率）÷（1 ＋申購費率）

・當透過銀行管道（申購費率為 1.5%）購買時

申購費用＝（10000×1.5%）÷（1 ＋ 1.5%）＝ 147.8（元）

・當透過基金公司管道（申購費率為 0.6%）購買時

申購費用＝（10000×0.6%）÷（1 ＋ 0.6%）＝ 59.6（元）

・當透過第三方平台（申購費率為 0.1%）購買時

申購費用＝（10000×0.1%）÷（1 ＋ 0.1%）＝ 9.9（元）

價格上的差異一目了然。

關於場外基金降低交易費用的三點提示

1. 後端收費比前端收費省錢

後端收費往往隨著持有基金時間的延長而減少。以某基金為例，如果投資者選擇前端收費，申購費率為 1.0%；而選擇了後端收費，只要投資者持有時間超過一年，贖回時費率只有 0.8%。持有時間超過三年申購費率只有 0.4%，並且贖回費全免；持有時間超過五年，則申購費和贖回費全免。這一條適用於長期持有的基金。

2. 紅利再投資比現金分紅省錢

基金投資者購入基金以後可以選擇兩種分紅方式，現金分紅或者紅利再投資。

紅利再投資購入的基金份額均不收取申購費，這種方式不但能節省再投資的申購費用，還可以發揮複利效應，提高基金投資的實際收益。這一條適合於你持續看好的基金。

3. 善用基金轉換更省錢

在同一家基金公司中有一些基金是可以免費轉換的，可以先買入低費率甚至是零費率的貨幣基金，再轉換為同一家公司的指數型基金，這樣可以大幅降低申購費用。

還有的提供股票基金和債券基金之間的轉換，轉換費＝轉出基金的贖回費＋轉出與轉入基金的申購費補差。

其他投資工具

銀行存款

　　這一條寫出來，你可能會有點疑惑。但先別急，我說的是存款利率市場化的地方性銀行和商業銀行的存款。四大行*的存款利率實在很低，但還是有很多人只相信銀行，錢放在銀行以外的地方就吃不下、睡不著。那就還是存在銀行吧，資金不多的情況下，沒必要為了一點利息讓自己日子都過不好。

　　若真的想存在銀行，可以關注一下地方性銀行或者商業銀行，利率較四大行要高一些，加上存款獎勵金，基本上存 1 萬元給 100 元，相當於在報酬率上加一個點。「矬子裡拔將軍」*，選擇利率更高一些的銀行，多出來的收益也是扎扎實實的錢。

銀行理財

　　銀行理財大體分為三種：一是保本收益類；二是保本浮動收益類；三是非保本浮動收益類。前兩者同屬保本類，這裡重點說說第三類。

　　名義上號稱「非保本」，但風險其實沒有那麼大。原因有兩個：第一，三類理財產品的資金投向並無實際差異，均為國債、金融債、企業債、央行票據等債權類產品，風險較低；第二，保本類產品收益較低，是因為根據中國銀行業監督管理委員會要求，對這類產品銀行

---

*由中國政府直接管控的銀行，包括：中國工商銀行、中國農業銀行、中國銀行、國建設銀行。
*在較差的條件中選擇最好的。

須繳納一定的保障金*，從而減少了銀行的運轉資金。

根據我身邊多位在銀行工作的親友的回饋，再加上我多年的實戰經驗，銀行理財類產品虧損的概率非常低，幾乎為零。但這裡有個小提醒，選擇理財產品時，R3 風險級別以上的慎選，R1 和 R2 風險級別的大可放心購買。

貨幣基金

貨幣基金裡最為人們所熟知的莫過於餘額寶了，2013 年餘額寶橫空出世，背靠阿里巴巴和支付寶，迅速擄獲了萬千投資者的心。餘額寶的真實身分是天弘增利寶貨幣基金。以餘額寶為代表的貨幣基金有安全性高、流動性好的特點，同時進入門檻低、免費率。貨幣基金的報酬率波動區間大致為 3% 至 5%，如今購買管道已經非常豐富，是最為便捷的保本投資方式之一。

至於如何挑選貨幣基金，可以從以下幾個方面入手。

第一，查看收益。主要指標是七日年化報酬率，選擇比較穩定且報酬率比較高的。

第二，查看限額。有的貨幣基金購買會限定額度，建議選擇購買限定額度較大的產品，避免出現買不到的情況。

第三，選擇購買管道。首選官方直銷，其次是網路合作機構，再來是第三方銷售管道，最後是銀行，標準是自己熟悉且方便實用。

國債

國債是國家發行的債券，由國家財政信譽做擔保，信譽度超高，

---

* 與臺灣做法不同，臺灣並沒有銀行須繳納一定保證金的規定。

歷來有「金邊債券」之稱，基本上屬於零風險投資。

中國目前三年期國債的利率是 3.8%，五年期的利率為 4.17%。分為電子式和憑證式兩種，可到銀行櫃檯購買，也可以透過網路銀行購買，在付息方式上有「到期一次還本付息」和「每年付息一次」兩種。國債起購點很低，理論上 100 元即可。

國債逆回購（臺灣稱為「票券附買回交易」）

國債逆回購對大多數「小白」來說是個陌生的投資品種，今天做個簡單介紹。

簡單來說，如果你炒股，一定要學會這招，這是股市閒置資金的好去處；如果你不炒股，可以將其作為投資產品備選，收益可觀，最重要的是，無風險。

什麼是國債逆回購

國債逆回購，用術語來說是透過國債回購市場拆借出的資金，將錢借給急需資金的國債持有者，並在約定的時間獲得本金和利息。

其本質幾個字就可以概括：一種短期借款。

舉個例子：A 手頭有錢，B 手頭有國債，B 需要用錢，把自己的國債抵押給 A，代價是支付相應利息，到期時 B 收回國債並支付本金和利息，A 呢，拿回本金和利息。

上文中的 A 就是我們這類一般投資者，手中有錢，想把錢借出去收點利息。

上文中的 B 多是證券公司、銀行、保險公司、信託公司等金融機構。普通散戶沒錢了透過融資融券借錢，機構則會選擇透過國債逆

回購來借錢。

國債逆回購有哪些優點

第一，報酬率高。一般來說報酬率維持在 4% 左右，和貨幣基金相當；在月底、年底資金面緊張的時候，報酬率會非常高，可能達到 30%，高的時候甚至可以達到 99%。

第二，安全性好。這種借款有證券交易的監管背書，而且抵押物為國債，安全性幾乎可以媲美國債；另外，一旦成交，收益立即鎖定，不會受到股票市場行情波動的影響。

第三，流動性強。資金到期自動到帳，可繼續用於股票操作或者購買其他理財產品。

第四，手續費低。國債逆回購的手續費一般是 1 萬元 1 天收費 0.1 元，按天計息，30 元封頂，且不收取印花稅、過戶費等費用。

第五，操作便捷。你只需要有一個股票帳戶，輸入國債逆回購的代碼就可以操作。

國債逆回購有哪些品種

目前中國國債逆回購品種在上交所（九支）、深交所（九支）兩個地方上市交易。上交所的國債逆回購品種交易金額 10 萬元起，深交所交易金額 1000 元起。

國債逆回購如何操作

操作非常簡單，只要有證券帳戶就能參與。而且只需要操作一次，到期後資金會自動回到證券帳戶。

下面我們就以門檻較低的深交所國債逆回購為例作為示範。

1. 登錄股票軟體，查找代碼 131803。

2. 進入對應頁面，點擊下面的「立即參與（賣出）」。

沒錯，和買入股票不同，國債逆回購的買入是「賣出」操作，因為你是把自己的資金使用權以一定的價格「賣出」了。

3. 確認報酬率和數量，成交。

把你要買的數量和預期報酬率填好，然後點擊下單。稍後可在「委託成交」欄目查看是否申購成功。成交後，資金到期會自動回到股票帳戶，無須操作。注意，如果遇到節慶假日，是不進行結算的，會自動順延。

參與國債逆回購的幾點提醒

1. 期限愈短，利率愈高，故優先選擇一天、兩天、三天期的品種。

2. 金額愈大，利率愈高，若資金充足，盡量購買上交所的品種。

3. 高利率一般出現在錢荒期，諸如月末、季末、半年末、年末等等，可重點關注。

4. 一般來說，上午比下午利率要高，建議 14：00 之後不要參與。

5. 若股票有資金需求，週一至週三尾盤可以將所有剩餘的可用資金全額參加一天回購，不影響資金使用，週四可以視週五資金是否需要轉出購買理財產品決定，週五和節慶假日前謹慎參與。

可轉債

可轉債是上市公司發行的一種債券。每張可轉債的身後，都有且只有一家相對應的上市公司，同時也必然有一支上市的股票，一般我們把它叫作「正股」。通俗來說，可轉債就是你把資金借給了上市公司，上市公司以期權作為抵押，也就是允許你將購買的債券轉換為股

票,即上文提到的「正股」。

可轉債很大程度上是股票＋債券的綜合體,因此兼具股性和債性。股性是指你買入的可轉債可以轉換成債券發行公司的股票。債性是指與其他債券一樣,可轉債有規定的利率和期限,投資者可以選擇持有債券到期收取本息。這是一種結合了股票長期增長潛力和債券本身安全優勢的投資產品。

但也要注意,可轉債有破發*風險, 受股市不利行情的影響,正股進入下行空間,可轉債價格就會受到影響。正股的股價如果持續下跌,必然會拖累可轉債的價值。

因此決定是否申購可轉債時,應首先關注發行可轉債的公司基本面是否優良,這決定了這支可轉債是否有長期投資的價值;其次關注正股的最新價格與轉股價格的溢價率;最後關注原股東的認購比例。

投資性房產

首先我個人不看好店面投資,現在實體經濟比較低迷,電商的競爭力愈來愈強大。小城市的人們都已經全面認可網購,「凡購物必上網」的人群愈來愈多,遑論物流更為便捷的大城市。「一鋪養三代」的口號如今已非金科玉律,我所在城市租不出去或者頻繁轉租的店面數不勝數。

那我為什麼要提投資性房產呢?因為有升值潛力的房產投資報酬率很高。一般人能夠從銀行獲得貸款的管道,除了買房定期繳款,幾乎別無他途。如果所在城市未來房價可期,自己的家庭支付能力和還

＊在股市中,當股價跌破發行價時即為破發。

貸能力尚可，購入投資性房產，獲得租金，將是很好的被動收入來源。

如何判斷一個城市的房子是否值得購買？

判斷一個城市的房產能否保值增值，要看這個城市是否有發展潛力。最直觀的指標就是，看看這個城市是否有持續的人口流入。有人來，就有人在這裡消費投資、創造價值，也就有人來接手買下房產。

另外可以參考的指標有：城市規模、人均收入、土地供應、兒童人數的增速、上市公司的數量、財政收入、服務業占比。

其中關於兒童數量的增速，北京地產大亨任志強有過相關的論述，他說：小學生增長的數據最為有效。因為小學生一來，說明一家子都在這裡生根了，小學加中學 12 年都跑不掉，孩子大了得買大房子，再長大還要買房結婚，這是真實的人口增長。

所以，小學生人數增長的城市一定是未來房價上漲的城市。至於去哪裡看一個城市的小學生增長數量，你可以試試當地的教育局網站。

自用住宅還需要觀望一下再買嗎？

香港人把買房稱為「上車」，說得特別具體。在一個城市買下一間房子，就是買入了這個城市的未來，人才真正算是在這裡扎下了根。

北大的徐遠教授給出的原則更為明確──先上車原則。

他說：「中國經濟就像一列快速前進的列車，一個個大中城市就像一節節車廂，買房就相當於買票上車。不管是商務座、二等座還是站票，一定要先買票上車，才能不被列車拋下。」

如果你是剛需一族，可以先確保買一間，再去考慮位置、大小、是否為學位房、配套設施等等。

選擇郊區便宜的大房子，還是市區高價的小房子？

徐遠教授對此給出了第二條原則——稀缺原則。房子的價值，更多的不是體現在房子身上，而是體現在周圍的稀缺資源上。

這也是學位房特別保值、更容易升值的原因。

學校、醫院、商圈等配套基礎設施帶來的便利性才是房子升值的根本原因所在。

如果有選擇的話，盡量選擇位於城市中心、附帶各種稀缺資源的房子，實在買不起，買捷運沿線的房子，交通上的便利性可以部分彌補基礎設施的不完善。

買房怎麼貸款更划算？

總體來說，房貸是普通人一輩子最好的借錢機會，利率低、週期長。

從銀行貸款，等於是讓銀行幫我們抵禦通貨膨脹。

貨幣具有時間價值，現在的 100 元，比明年的 100 元購買力更強。

在理財的領域裡，有一項基本概念——貨幣的時間價值，了解了這個概念，很多問題就迎刃而解了。

因此，買房子貸款的時候，牢記這三點就夠了。

第一，盡量降低頭期款比例。

第二，貸款年限愈長愈好。

第三，貸款請首選公積金。

後記

讀書的時候，一直身處象牙塔中，不曾為錢的事情煩憂過。那時候的輕鬆自在、歲月靜好，其實是父母一直在身後替我默默付出、負重前行換來的。

步入社會，開始工作，組建家庭，養育孩子，照顧父母，當不同的人生階段依序在我面前揭開面紗，我才明白，寧靜的生活背後原來是超常的付出和巨大的壓力，我意識到，到了該自己成長、承擔的時候了。

從哪裡開始呢？

這時候閱讀和寫作拯救了我，一系列自我管理類圖書，包括《小強升職記》、《把時間當作朋友》等等，幫助我掌握高效的時間管理法則，最大限度利用有限的時間，在工作之餘努力提升自己，寫作也讓我獲得了薪資之外的可觀收入。

當現金流逐漸充沛起來，一系列投資理財類書籍，包括《小狗錢錢與我的圓夢大作戰》、《富爸爸，窮爸爸》、《35歲開始，不再為錢工作》等，又為我打開了投資理財的大門。在這個嶄新

的世界中，我發現，原來金錢還可以自動為人們工作，而且這並不那麼難以實現。

透過幾年時間，我的家庭財務狀況有了很大改善，自用住宅之外，陸續又買了兩間房子。我每年會帶著家人一起長途旅行，會做一些以前想做，但是沒錢沒時間更沒有勇氣去做的事。

比如，去看五月天的演唱會，或者來一場說走就走的旅行。每次回來後我會鄭重地在自己的「夢想清單」上記錄一筆。

去年，我們一家人到泰國的普吉島自助旅行。我們乘坐遊艇在碧藍的大海上航行，熱心的船員拿來了海釣的工具，船上的人紛紛開始坐在船上釣魚。

海風吹拂，天上雲卷雲舒，魚卻遲遲沒有上鉤，人們開始散去。我卻不肯，回憶著船員教的方法，不斷調整著下鉤的位置，仔細觀察和感受著手中的釣魚線，心情在拉起釣魚線的失望和再次下鉤的希望之間反覆切換，就這樣過了很久。

突然，真的就是一剎那間，我感覺到了釣魚線極其輕微的晃動，於是我果斷收線。

釣魚線的另一頭，是一條金光閃閃的小魚，不足巴掌大小。船員忍不住給我鼓掌，其他放棄的遊客中也有人投來羨慕的目光。

我是那天船上唯一海釣成功的人，船員幫我留下了珍貴的照片，這張照片一直貼在我的電腦桌上。

並不是我有釣魚的天分，只是我選擇了「堅持」二字。

一如那些早起寫作的清晨，是偷懶多睡一會兒，還是掙扎著爬起來洗把臉坐在電腦前。或者啃那些難懂的理財書，更是無數抓耳撓腮

頭痛欲裂的時刻，是放棄還是繼續。

　　很慶幸，自己在絕大多數時候選擇了後者。這無數個小小的堅持，匯聚成了今天的我。

　　所以我也想告訴你，堅持的力量是巨大的。

　　人生是一條長長的路，早一點意識到時間和金錢的作用，就少走一點彎路。多一點投資理財的知識和實踐，就多一分自由和選擇權。

　　此時的我，肚子裡有了新的生命，我們的三口之家也要升級為四口之家。

　　我知道，自己是媽媽，是女兒，是妻子，但我更知道，我還是我自己。真正的財富自由，並不是擁有了多少錢，而是有權利選擇自己喜歡的生活，並且有能力過好它。

　　與你共勉。

好想法 29

我的財富自由手冊
才女到財女的人生必修課
我的財富自由手冊：才女到財女的人生必修課

作　　者：亭主
資料審訂：梁亦鴻
主　　編：劉瑋
校　　對：劉瑋、林佳慧
封面設計：許晉維
美術設計：YuJu
行銷公關：石欣平
寶鼎行銷顧問：劉邦寧

發 行 人：洪祺祥
副總經理：洪偉傑
副總編輯：林佳慧
法律顧問：建大法律事務所
財務顧問：高威會計師事務所
出　　版：日月文化出版股份有限公司
製　　作：寶鼎出版
地　　址：台北市信義路三段 151 號 8 樓
電　　話：(02)2708-5509 ／傳　真：(02)2708-6157
客服信箱：service@heliopolis.com.tw
網　　址：www.heliopolis.com.tw
郵撥帳號：19716071 日月文化出版股份有限公司

總 經 銷：聯合發行股份有限公司
電　　話：(02)2917-8022 ／傳　真：(02)2915-7212
製版印刷：中原造像股份有限公司
初　　版：2020 年 10 月
定　　價：400 元
I S B N：978-986-248-915-4

國家圖書館出版品預行編目資料

我的財富自由手冊：才女到財女的人生必修課／亭主著．
-- 初版 . -- 臺北市：日月文化，2020.10
352 面；14.7×21 公分 . -- （好想法；29）
ISBN 978-986-248-915-4（平裝）

1. 個人理財 2. 女性

563　　　　　　　　　　　　　109012030

日月文化集團
HELIOPOLIS
CULTURE GROUP

客服專線 02-2708-5509
客服傳真 02-2708-6157
客服信箱 service@heliopolis.com.tw

廣告回函
台灣北區郵政管理局登記證
北台字第 000370 號
免貼郵票

日月文化集團 讀者服務部 收

10658 台北市信義路三段151號8樓

對折黏貼後，即可直接郵寄

日月文化網址：**www.heliopolis.com.tw**

最新消息、活動，請參考 FB 粉絲團

大量訂購，另有折扣優惠，請洽客服中心（詳見本頁上方所示連絡方式）。

大好書屋

寶鼎出版

山岳文化

EZ TALK

EZ Japan

EZ Korea

大好書屋・寶鼎出版・山岳文化・洪圖出版　EZ叢書館　EZ Korea　EZ TALK　EZ Japan

日月文化集團
HELIOPOLIS
CULTURE GROUP

感謝您購買　我的財富自由手冊：才女到財女的人生必修課

為提供完整服務與快速資訊，請詳細填寫以下資料，傳真至02-2708-6157或免貼郵票寄回，我們將不定期提供您最新資訊及最新優惠。

1. 姓名：_____　性別：□男　　□女

2. 生日：_____年_____月_____日　　職業：

3. 電話：（請務必填寫一種聯絡方式）

　　（日）_____（夜）_____（手機）_____

4. 地址：□□□_____

5. 電子信箱：_____

6. 您從何處購買此書？□_____縣/市_____書店/量販超商
　　□_____網路書店　□書展　　□郵購　　□其他

7. 您何時購買此書？　　年　　月　　日

8. 您購買此書的原因：（可複選）
　　□對書的主題有興趣　□作者　□出版社　□工作所需　　□生活所需
　　□資訊豐富　　□價格合理（若不合理，您覺得合理價格應為 _____ ）
　　□封面/版面編排　□其他_____

9. 您從何處得知這本書的消息：□書店　□網路／電子報　□量販超商　□報紙
　　□雜誌　□廣播　□電視　□他人推薦　□其他

10. 您對本書的評價：（1.非常滿意 2.滿意 3.普通 4.不滿意 5.非常不滿意）
　　書名 _____ 內容_____ 封面設計_____ 版面編排_____ 文/譯筆_____

11. 您通常以何種方式購書？□書店　□網路　□傳真訂購　□郵政劃撥　□其他

12. 您最喜歡在何處買書？
　　□_____縣/市_____書店/量販超商　　□網路書店

13. 您希望我們未來出版何種主題的書？_____

14. 您認為本書還須改進的地方？提供我們的建議？

_____

_____

_____

_____

好想法 相信知識的力量

the power of knowledge

寶鼎出版

好想法 相信知識的力量
the power of knowledge

寶鼎出版